Die Steine zum Sprechen bringen

Waltraud Bierwirth (Hg.)

Die Steine zum Sprechen bringen

200 Jahre Jüdischer Friedhof in Regensburg

Verlag Friedrich Pustet
Regensburg

Bibliografische Information der Deutschen Nationalbibliothek
Die Deutsche Nationalbibliothek verzeichnet diese Publikation
in der Deutschen Nationalbibliografie; detaillierte bibliografische
Daten sind im Internet über http://dnb.dnb.de abrufbar.

© 2022 Verlag Friedrich Pustet, Regensburg
Gutenbergstraße 8 | 93051 Regensburg
Tel. 0941/920220 | verlag@pustet.de
ISBN 978-3-7917-3347-0

Einbandgestaltung: Heike Jörss, Regensburg
Covermotiv: Jüdischer Friedhof an der Schillerstraße 29 in Regensburg
(mauritius images/Ernst Wrba)
Satz: Vollnhals Fotosatz, Neustadt a. d. Donau
Druck und Bindung: Friedrich Pustet, Regensburg
Printed in Germany 2022

Unser gesamtes Programm finden Sie unter
www.verlag-pustet.de

Inhalt

Zum Geleit
Warum der Friedhof ein guter Ort ist 9
von Ilse Danziger

Einleitung 15
von Waltraud Bierwirth

**Der jüdische Friedhof an der Schillerstraße 29 –
ein „Haus der Ewigkeit"** 29
von Klaus Himmelstein

**„Da is gekumen zu kewer jissroel" – Friedhofskultur
im Zeitenwandel** 49
von Nathanja Hüttenmeister

**Was die Grabsteine erzählen – Lebensbilder aus
zwei Jahrhunderten** 79

    Dem Paar gebührt die Goldmedaille: Friederike und
    Philipp Reichenberger 81

    Ein kurfürstlicher Schutzbrief im Gepäck: Moses Levi Koch .. 87

    Ein Neuanfang mit Rabbi Weil: Jakob Weil 93

    Bankier aus einer Wiener Hofjudenfamilie: David
    Philippsohn Wertheimber 98

    Ein Gerechter, der seinen Glauben lebt: Sigmund Weil 102

    Der „Lerchenfelder Hof", Familiensitz für 100 Jahre:
    Rosa und Jonas Schwabacher 108

    Krone ihres Gatten und Zierde ihrer Kinder:
    Ricka Niedermayer 119

Inhalt

Die Patriarchin von vier Generationen: Marie Schwarzhaupt	125
Weltoffenes und kosmopolitisches Brüderpaar: Jakob und Max Koch	127
Das Lebeswerk der Hebamme: Therese / Ester Grünhut	135
Webermeister, Bürger und Bankier: Moritz Uhlfelder	139
Das Regensburger Kulturhaus und sein Patron: Bernhard und Peppi Degginger	141
Modeschöpfer des Jahrhunderts: Emanuel und Babette Schwarzhaupt	146
Ein Mann mit vielen Talenten: Julius Uhlfelder	151
„Der Familie Wohl war sein Glück": Joseph Niedermaier	155
Das gute Leben beendeten die Nazis: Bernhard und Carolina Gutmann	161
Als die Eulogien verschwanden: Jakob Degginger	165
Das letzte Zuhause in der Proskestraße: Sara und Abraham Firnbacher	169
Wohltätigkeit und Fürsorge: Isidor Grünhut	175
Die jüdische Stimme aus Regensburg: Seligmann Meyer	181
Streiter und Versöhner: David und Meta Heidecker	189
Rebbetzin und Malerin: Mathilde Meyer	193
Der Deportationszug fuhr gen Osten: Adolf Niedermaier	199
Ein emanzipiertes Leben: Betty und Salomon Schwarzhaupt	205
Das Regensburger Hilfswerk lindert die Not: Louis Niedermaier	211
Früher Tod und großes Leid: Irma Levite	217
Und dann zerbrach sein Lebenswille: Guido Mandelbaum	219

Inhalt

Koscheres Fleischernes zum Kiddusch: Nathan und Nannette Regensburger	223
Ein weltläufiger Viehhändler: Leopold und Sofie Firnbacher	229
Regensburg – Shanghai – Regensburg: Max Hirsch	233
Der Kürschner aus Czernowitz: David und Pola Reif	237
Zeitzeuge und Chronist – „Als Gott und die Welt schliefen": Otto Elias und Gela Schwerdt	243
Rückkehr mit argentinischem Pass: Hans / Juan Rosengold	249
Zwangsarbeit in der Kriegsproduktion: Rachela und Max Schwerdt	255
Ein zweites Leben mit italienischen Schuhen: Janina / Janka und Chaim Lustanowki	261
1945 – KZ überlebt: Im Wartestand in Regensburg	267

Anhang

Dank	272
Autorinnen und Autoren, Fotos, Transkription und Übersetzung, Bildnachweis	273
Übersichtskarte des Friedhofs an der Schillerstraße 29	274
Quellen- und Literaturverzeichnis	276

Gebet beim Betreten des Friedhofs

Gelobt seist du, Ewiger, unser Gott, König der Welt; er hat euch in Gerechtigkeit erschaffen, euch in Gerechtigkeit ernährt und erhalten, euch in Gerechtigkeit sterben lassen, er kennt euer aller Anzahl in Gerechtigkeit und wird euch wieder zum Leben zurückrufen in Gerechtigkeit. Gelobt seist du, Ewiger, der du die Toten wieder belebst.
Du bist mächtig in Ewigkeit, Herr, belebst die Toten, du bist stark zum Helfen. Du ernährst die Lebenden mit Gnade, belebst die Toten in großem Erbarmen, stützest die Fallenden, heilst die Kranken, befreist die Gefesselten und hältst die Treue denen, die im Staube schlafen. Wer ist wie du, Herr der Allmacht, und wer gleichet dir, König, der du tötest und belebst und Heil aussprießen lässt. Und treu bist du, die Toten wieder zu beleben.

Aus dem jüd. Gebetbuch

Zum Geleit
Warum der Friedhof ein guter Ort ist

Ilse Danziger

Da, wo vor 200 Jahren ein elendes Stück Land kümmerte, wirkt heute der Zauber des Zusammenspiels: Natur und Grabsteinreihen gehören zusammen. Hochgewachsene Bäume aus alter Zeit umschließen Grabsteine mit verwitterten Inschriften, Ruhe und Geborgenheit umfängt die Lebenden. Die Toten sind nicht wirklich fort, sie sind präsent in Erinnerungen, in Grabinschriften und an einem Platz, der ihnen Heimat ist und auf ewig die Totenruhe sichert. Hier sind die Vorfahren, Familienmitglieder aus oftmals fünf Generationen, begraben.

Deshalb weiß auch der Besucher: Er lebt auf den Tod hin, der neues Leben bringt. Möglicherweise hat ein jüdischer Friedhof deshalb so viele Namen: Euphemistisch wird er das „Haus des Lebens" *(Beth haChajim)* genannt, als Haus der Ewigkeit *(Beth Olam)* und jiddisch als „Guter Ort" angesehen.

Der „Gute Ort" sollte auch vor 200 Jahren deutlich vom Bereich der Lebenden durch eine Einfriedung getrennt sein. Auch deshalb liegen jüdische Friedhöfe meist außerhalb von Ortschaften. So war es auch in Regensburg vor zwei Jahrhunderten, als den Juden ein Stück Land verkauft wurde, das niemand haben wollte. Es war weder landwirtschaftlich nutzbar noch als Baugrund geeignet. Vorgelagert waren die christlichen Friedhöfe von St. Lazarus und unweit vom künftigen Gottesacker übten Soldaten das Schießen. In Zeiten von Unwissenheit und aufflammendem Judenhass boten die distanzierte Lage zur Stadt und die massive Einfriedung nur einen geringen Schutz für die Gräber. Das zeigte sich 1845/46, als Taharahaus und Friedhof grob geschändet und verwüstet wurden.

Die brutale Vernichtung jüdischer Friedhöfe im späten Mittelalter ist aus vielen Regionen bekannt, als Pest und Cholera wüteten und Hetzer des christlichen Antijudaismus nach einem Sündenbock verlangten. So war es 1519 auch in Regensburg: Als die Juden aus der Stadt vertrieben wurden, riss man nicht nur das jüdische Viertel nieder – auch der 1210 südlich vom Kloster St. Emmeram angelegte zentrale Friedhof fiel der Zerstörungswut des Volkes zum Opfer. Bestattete wurden geschändet, Grabsteine als billiges Baumaterial in der Stadt verbaut oder als Trophäen in Mauern eingelassen.

Von vermuteten 4000 Grabsteinen sind heute 130 bekannt, darunter die *Mazewot* (Grabsteine) großer Persönlichkeiten, die in der jüdischen Welt bis heute als legendäre Wundertäter verehrt werden wie Rabbi Jehuda he-chasid und sein Vater Samuel he-chasid. Sie hatten europaweit den Ruf Regensburgs als Ort jüdischer Gelehrsamkeit mitbegründet. Ihre Taten gingen in den „Regensburger Zyklus" des „Ma'assebuchs", einer Sammlung von Legenden und Erzählungen, ein. Das erstmals 1510 in Basel gedruckte Werk findet seine Leser bis in die Gegenwart.

Tod und Begräbnis

Der Tod eines Angehörigen war und ist für die Familie nicht nur schmerzlich, sondern auch teuer. Die Finanzierung des Begräbnisses, besonders bei armen Juden, konnte vor der Einführung der Sozialversicherung die Wohltätigkeit einer Gemeinde und ihrer Mitglieder auf eine harte Probe stellen. Gleichwohl ist Wohltätigkeit (hebr. *Zedaka*) ein jüdisches Gebot *(Mitzwa)*, dem Männer und Frauen bis heute gleichermaßen verpflichtet sind.

In Regensburg wurde 1863 der Wohltätigkeitsverein *Chewra Kadischa* gegründet, dessen Hilfe besonders bei Krankheits- und Sterbefällen gefragt war. Über viele Jahre leitete Josef Grünhut den Verein, der 1913 sein 50-jähriges Bestehen feierte. Neben der Bruderschaft für Männer gab es auch eine für Frauen. Selbstverständlich werden die rituellen Reinigungen *(Tahara)* und die Bekleidung der Toten bei Männern von männlichen und bei Frauen von weiblichen *Chewra*-Mitgliedern vollzogen. Nach der *Tahara* wird der oder die Verstorbene mit den Totengewändern bekleidet. Sie bestehen aus einem weißen Leinenkittel ohne jede Verzierung. Den männlichen Verstorbenen wird der Gebetsmantel *(Tallit)* angezogen, von dem zuvor das verzierte Kragenband und einer der vier Schaufäden entfernt werden – als Zeichen dafür, dass ein Toter keine Gebote mehr erfüllt.

Die Beerdigung findet in der Regel am Folgetag statt, außer am Schabbat und an jüdischen Festtagen. Sehr lange wurde ohne Sarg, nur auf einem Brett beerdigt, bis deutsche Gesetze eine Sargpflicht verlangten. Der Sarg besteht aus sechs Brettern, die ohne Nägel nur durch Holzdübel zusammengehalten werden. Unter den Kopf des Toten wird ein Säckchen mit Erde aus Israel gelegt: „*... denn Sühne bringt sein Erdreich seinem Volk.*" (5. Mos. 32,43) Bei einer jüdischen Beerdigung *(Lewaja)* gibt es keine Blumen. Der Dahingeschiedene wird durch das Geleit vieler Teilnehmer geehrt, was auch als *Mitzwa* gilt.

Jüdische Friedhöfe werden üblicherweise in der Reihenfolge des Sterbens belegt. So wurde es auch von 1822 bis zur Schließung 1999 auf dem Friedhof an der Schillerstraße gehalten. Die Gräber sind nach einem alten Brauch nach Osten ausgerichtet, damit die Auferweckten direkt nach Jerusalem gelangen. Bis der Grabstein spätestens zum ers-

Ilse Danziger

Die hebräischen Grabinschriften, soweit sie noch lesbar sind, geben Auskunft über die Männer, Frauen und Kinder, die hier begraben sind.

ten Jahrzeittag gesetzt wird, markiert ein Brettchen mit dem Namen und dem Sterbetag das Grab.

Von der Zedaka *zur staatlichen Wohlfahrtspflege*

Das Gebot der *Zedaka*, der Wohltätigkeit, führte über die Jahrhunderte hinweg in allen jüdischen Gemeinden zur Gründung von Beerdigungsvereinen und Hilfsorganisationen, zumeist von Frauen ins Leben gerufen. Aus diesen Anfängen entwickelte sich zu Beginn des

20. Jahrhunderts das Bedürfnis, die gemeindliche Wohltätigkeit auf eine breitere Basis zu stellen und zu professionalisieren. 1917 wurde in Berlin die Zentralwohlfahrtstelle als Dachverband für die vielfältigen Organisationen der jüdischen Gemeinschaft gegründet. Den Anstoß dazu gab die Gründerin des Jüdischen Frauenbundes, Bertha Pappenheim. 1939 lösten die Nazis die organisierte jüdische Wohlfahrtspflege zwangsweise auf. 1951 erfolgte in Frankfurt / Main die Neugründung unter dem Namen „Zentralwohlfahrtsstelle der Juden in Deutschland". Wie sich aus der gemeindlichen, rein innerjüdischen *Zedaka* eine organisierte, sozialwissenschaftliche Wohlfahrt in Deutschland entwickelte, ist heute Thema wissenschaftlicher Forschung.

Für die Erforschung Jüdischen Lebens in Regensburg ist die digitale Rückkehr des jahrhundertealten Gemeindearchivs aus Jerusalem ein Meilenstein. Als erste Stadt Bayerns stellt das Stadtarchiv Regensburg 43.000 Blatt des einst von den Nazis geraubten jüdischen Gemeindearchivs online. Die originalen Akten lagern weiterhin im Archiv über die „Geschichte des Jüdischen Volkes" in Jerusalem. In der Pogromnacht 1938, als die Synagoge brannte, beschlagnahmte die Gestapo das Archiv für eigene Forschungen. 1945 wurde es gesichert und nach Jerusalem gebracht. In digitaler Form steht es nun für Forschungszwecke zur Verfügung.

Mit der Herausgabe des vorliegenden Buches ist der Anfang für die Erforschung der ältesten Teile des Friedhofs an der Schillerstraße gemacht. Das „steinerne Archiv" gibt Auskunft über die Menschen, die hier ihre ewige Ruhe gefunden haben. Sie waren Mitglieder der „Israelitischen Kultusgemeinde Regensburg", die zu ihren Lebzeiten die Stadt, die sie liebten, mit prägten und gestalteten. Was ihr Leben ausmachte, wird im vorliegenden Band in 41 Lebensbildern berichtet.

Einleitung

Waltraud Bierwirth

Was geschah am Ende des Mittelalters, nachdem die Juden fast flächendeckend vertrieben worden waren? Als in Regensburg nach dem Pogrom von 1519 mit der Zerstörung von Synagoge und Friedhof alles Jüdische aus dem Stadtbild verschwunden war? Es dauerte über 300 Jahre, bis es hier wieder ein *Bet Olam,* ein Haus der Ewigkeit für die jüdischen Toten gab: Im November 1822 wurde auf dem Jüdischen Friedhof an der Schillerstraße mit dem achtjährigen Leopold, dem Söhnchen von Seligmann Rosenthal, der erste Verstorbene beigesetzt. 860 Grabsteine zählt der unter Denkmalschutz stehende Friedhof, der 1999 für Neubelegungen geschlossen wurde.

Der Jüdische Friedhof ist bis heute eine unerschlossene Quelle deutsch-jüdischer Kultur des 19. Jahrhunderts und zugleich ein „steinernes Archiv". Es ist allerhöchste Zeit, diesen bisher unbeachteten Nachlass jüdischen Lebens in Regensburg wissenschaftlich zu dokumentieren, denn die Verwitterung der Grabsteininschriften schreitet stetig voran – für die Grabsteinepigraphik im ältesten Teil des 200 Jahre alten Friedhofs sind bereits dutzende wertvolle Inschriften für immer verloren. Es ist ein Wettlauf gegen die Zeit.

Mit der Transkription und Übersetzung von 15 Grabsteininschriften wurde vor zehn Jahren dank der Initiative von Andreas Angerstorfer zwar ein Anfang gemacht, doch dabei blieb es – der plötzliche Tod des Regensburger Wissenschaftlers, eines profunden Kenners biblischer Sprachen, stoppte die Dokumentation der ältesten Grabsteine für die epidat-Datenbank. Der unwiderrufliche Zerfallsprozess führte mittlerweile dazu, dass etliche der in hebräischer Schrift beschriebenen Grabsteine, die vom religiösen Leben der Regensburger Juden in poetischen Eulogien – *Segenssprüchen* – erzählen, nicht mehr zu entziffern sind.

Waltraud Bierwirth

Noch gibt es viele Steine, die Aufschluss über jüdisches Leben im frühen 19. Jahrhundert in Regensburg geben. Dem Verfall sind insbesondere die Inschriften auf den Grabsteinen aus heimischem Sand- und Kalkstein ausgesetzt. Deutlicher sichtbar und damit noch lesbar sind die Inschriften auf Steinen aus Marmor oder dem klassischen Granit.

Geschichte des Friedhofs

Wie es nach 300 Jahren ohne eine jüdische Begräbnisstätte in Regensburg wieder zur Errichtung einer solchen kam, recherchierte Klaus Himmelstein. Er stellt die wechselvolle Baugeschichte des Jüdischen Friedhofs vor, berichtet über den dazugehörenden Wandel der Gebäude – vom kleinen Leichenhaus zum klassischen Taharahaus – und informiert über die antisemitischen Angriffe, denen der Friedhof im 19. Jahrhundert preisgegeben war. Das steigerte sich im 20. Jahrhundert in Hitlerdeutschland zu radikalen Vernichtungsplänen, die das Kriegsende verhinderte.

Warum ist die Erforschung von frühneuzeitlichen Friedhöfen wichtig? Wir wissen nicht, welche Wege die Juden nach ihrer Vertreibung aus den urbanen Zentren am Ende des Mittelalters nahmen. Welche Herrschaftsräume mussten sie beachten, wenn jüdische Siedlungen entstehen und Friedhofsnetze geknüpft werden sollten? Friedhöfe sind wichtige Quellen, wenn es keine Memorbücher mehr gibt, in denen die Namen der Verstorbenen verzeichnet sind. In den drei Jahrhunderten ohne eigenen Friedhof in Regensburg, wussten die ansässigen Schutzjuden, wo ihre Vorfahren begraben waren. In mühsamen mehrtägigen Reisen brachten sie ihre Toten zu den jüdischen Friedhöfen in Pappenheim, Schnaittach, Georgensmünd, Fürth und Wallerstein. Dabei handelt es sich um große regionale Friedhöfe in Mittelfranken, die zum Teil vor dem Dreißigjährigen Krieg angelegt worden waren.

Ein altes Archiv gibt Auskunft

Auf den Gräbern des *Bet Olam* blühen keine Blumen zur Freude der Lebenden. Steinchen, die Besucher auf die *Mazzewot* legen, erinnern

Einleitung

an die biblisch-jüdische Geschichte der vierzigjährigen Wüstenwanderung des Volkes Israel: Die Gräber der dort Verstorbenen wurden mit Steinen gesichert. Doch was wissen wir über die Toten, die in den letzten 200 Jahren auf dem Friedhof an der Schillerstraße begraben wurden? Welche Berufe übten sie aus und welche soziale Stellung hatten sie inne? Was prägte die Beziehungen zwischen Juden und Christen? Auskunft darüber gibt das digitalisierte Archiv der Jüdischen Gemeinde im Online-Modus, weltweit einsehbar. Als erste Stadt Bayerns hat Regensburg das Archiv der Gemeinde, das seit Anfang der 1950er-Jahre in Jerusalem lagert, in digitalisierter Form zurückgeholt. Über das Stadtarchiv sind seit Herbst 2021 etwa 43.000 Blatt online zugänglich. Der Archivbestand reicht vom 17. Jahrhundert bis ins Jahr 1940.

In der Pogromnacht am 9. November 1938, als die Synagoge brannte, beschlagnahmte die Regensburger Gestapo das umfangreiche Archiv der Gemeinde. Zu „Forschungszwecken" sammelte der Gestapo-Sicherheitsdienst (SD) die Archivalien ein, schaffte diese ins Staatsarchiv Amberg, von wo sie nach 1945 von Überlebenden der Gemeinde zurückgeholt wurden. Nach einer Zwischenlagerung in der einstigen jüdischen Likörfabrik Binswanger in Regensburg retteten Wissenschaftler aus Jerusalem überall in Deutschland das von der Vernichtung bedrohte jüdische Kulturgut – auch das Regensburger Archiv, das in den Bestand der „Central Archives for the History of the Jewish People" in Jerusalem gelangte.

So fügte es sich, dass der digitalisierte Archivbestand für das vorliegende Buch zur wichtigen Auskunftsquelle werden konnte. Das gilt für etliche der 35 Lebensbilder, die über das jüdische Leben im Regensburg des 19. Jahrhunderts berichten. Ein besonders bedeutender und außerordentlich einflussreicher Mann war der langjährige Gemeindevorsteher Philipp Reichenberger. Sein Wirken hinterließ prägende Spuren. Mit seinem Namen verbindet sich sichtbar ein „deutsch-jüdisches Erbe" in der Domstadt. Es ist nicht so kenntlich wie z. B. das „Misrach-Denkmal" des israelischen Künstlers Dani Karavan am Neupfarrplatz, aber es ist unverzichtbar als Teil der wenigen grünen Erholungsplätze in einer Stadt aus Steinen: der Dörnbergpark – angelegt von einem Juden.

Waltraud Bierwirth

Eine Goldmedaille für die Verschönerung

Philipp Reichenberger, der Ehemann von Friederike Reichenberger, war ein Mann mit vielen Gaben: *„Reichenberger stand bei den höchsten Fürstlichkeiten in großer Gunst und genoss ein für einen Juden der damaligen Zeit ganz außergewöhnliches Ansehen"*, schwärmt der Chronist der Jüdischen Gemeinde Isaak Meyer über den Finanzier der Fürsten Karl Anselm und Karl Alexander von Thurn und Taxis, des Markgrafen Alexander zu Ansbach und des Fürsten zu Hardenberg. Selbst der Preußenkönig Friedrich Wilhelm benötigte seine Dienste, stellte ihm einen Freipass aus und ernannte ihn zum Kammeragenten.

Reichenberger errichtete sein Bank- und Geschäftshaus in Regensburg in der Ludwigstraße 6 (Gewerbevereinshaus), erwarb 1804 als erster Jude auf eigenen Namen ein riesiges stadtnahes Grundstück, auf dem er eine prächtige Villa baute, bekannt als Dörnberg-Palais, und einen Park mit Gärtnereien und Gewächshäusern, den heutigen Dörnbergpark. Dafür belohnte Kurfürst Karl Theodor von Dalberg ihn am 9. November 1804 mit einer Goldmedaille samt Dankesurkunde für die Verschönerung der Stadt.

Die Infotafeln an den Eingängen zum Dörnbergpark verschweigen bis heute, wem Park und Palais zu verdanken sind.

Edikt von 1813 – Eine Enttäuschung

Für die Mehrheit der Regensburger Juden waren die Rechtsverhältnisse noch zu Beginn des 19. Jahrhunderts trostlos: ohne bürgerliche Rechte, verpflichtet zur Zahlung von jährlich 50 Gulden Schutzgeld an den fürstlichen Schutzherrn, der keinen echten Schutz vor antisemitischen Attacken bot. Wirtschaftlich reduziert auf den Trödel- und Kleinhandel. Daneben gab es eine Handvoll privilegierter sprachkundiger jüdischer Großhändler, ausgestattet mit Freipass und fürstlichen Dekreten, um über Grenzen hinweg Dienstleistungen, Bank- und Kommissionsgeschäfte für die Oberschicht zu erbringen.

Aus dieser Position heraus setzte sich Philipp Reichenberger als Vorsteher der jüdischen Gemeinde für die *„missliche Lage seiner Glau-*

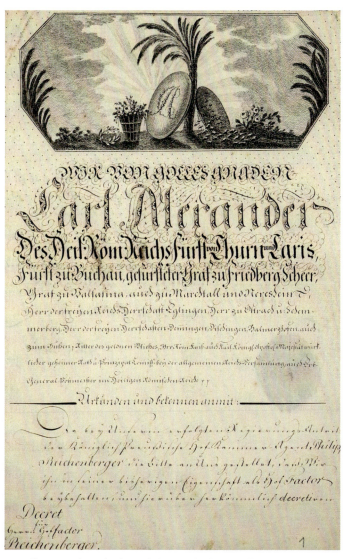

Bestellungs-Dekret des königlich-preußischen Hofkammeragenten Philipp Reichenberger zum fürstlichen Hoffaktor in Regensburg durch Karl Alexander, den Reichsfürsten von Thurn und Taxis, 1805. Die Originalurkunde aus jenem Jahr befindet sich mit Wachssiegel und Illustration im Zentralarchiv für die Geschichte des jüdischen Volkes in Jerusalem.

bensbrüder" ein und stieß bei Dalberg auf Unterstützung. In einer Bittschrift bat er im November 1808 um das Bürgerrecht für die Regensburger Juden und den Zugang für alle Erwerbszweige, was sich wirtschaftlich für Land und Leute auszahle – und wie es in Frankreich seit 1790 bereits gesetzlich geregelt war: ein Ergebnis der Französischen Revolution.

Als die Regensburger Händler von diesem Gesuch hörten, verfassten sie gehässige Gegenschriften, stellten Bedingungen wie die Zahlung von unverhältnismäßig hohen Steuern. Damit verzögerten sie um einige Jahre, was deutschlandweit nicht mehr aufzuhalten war: einen rechtlichen Rahmen für die bürgerliche und politische Existenz der Juden. Das Ergebnis war 1813 das Edikt *„Über die Verhältnisse der jüdischen Glaubensgenossen in dem Königreiche Baiern"*. In 34 Paragraphen wurden die Beziehungen der Juden zum Staat und zur bürgerlichen Gesellschaft abgesteckt. Eine Gleichberechtigung nach französischem Vorbild wollte das Edikt nicht – es ging vielmehr um eine Verbesserung der Stellung der Juden zum Nutzen des Staates.

Die gravierendste und zugleich zutiefst diskriminierende Regelung brachte dabei der § 12 des Edikts: *„Die Zahl der Juden-Familien an den Orten, wo sie dermal bestehen, darf in der Regel nicht vermehrt werden, sie soll vielmehr nach und nach vermindert werden, wenn sie zu groß ist."* Die Idee einer Gleichberechtigung verleugnete das Edikt in seiner Substanz. So verlangte § 2, dass jeder Jude sich in einer Matrikel eintragen lasse – aber das erfolgte nur bei Beachtung des Vermehrungsverbots in § 12.

Das Edikt enttäuschte die bayerischen Juden, weil es im Kern das alte Schutzjudentum, die „Knechtschaft" bestätigte. Die jüdische Emanzipationsbewegung erreichte erst 1861, dass die entwürdigenden, entwicklungshemmenden Matrikelbestimmungen aufgehoben wurden. Die volle Gleichberechtigung erhielten die 50.648 bayerischen Juden schließlich 1871 mit der Reichsgründung Otto von Bismarcks. Diese Tatsache kommentierte die „Allgemeine Zeitung des Judentums" bezogen auf Bayern: *„Bis zuletzt war Bayern bei der Rechtsstellung der Juden im Vergleich zu den anderen deutschen Staaten rückständig. Fast alle zivilisierten Länder der westlichen Welt waren Bayern vorausgegangen. Eine offizielle Abschaffung des Judenedikts durch die bayeri-*

schen Kammern erfolgte nicht. Es musste ein Reichsgesetz ergehen, das den bayerischen Juden eine annähernde Gleichberechtigung mit den christlichen Einwohnern gewährte." Weil der politische Wille in Bayern für die Anerkennung der Juden als gleichberechtigte Bürger fehlte, blieb der gesellschaftliche Wandel aus.

Antisemitismus im bayerischen Landtag

Antisemitische Reden im bayerischen Landtag blieben auf der Tagesordnung. Insbesondere der bayerische Parlamentarier und katholische Priester Georg Ratzinger (1844–1899), ein Großonkel von Joseph und Georg Ratzinger – dem späteren Papst Benedikt XVI. und dem langjährigen Domkapellmeister der Domspatzen –, fiel durch seine antisemitische Hetze auf. In seinem Buch „Erwerbsleben" vollzieht er den Schritt zum Rassenantisemitismus, wenn er den Juden beschreibt: *„Langes schwarzes Kopf- und Barthaar, große mandelförmig geschlitzte Augen mit melancholischem Ausdrucke, längliche Gesichtsform und stark gekrümmte Nase."* Damit nahm er vorweg, was der spätere Nazi-Propagandist und NSDAP-Gauleiter Julius Streicher in seinem antisemitischen Wochenblatt „Der Stürmer" viele Male ungestraft beschreiben und abbilden sollte. Juden galten Ratzinger als das Subjekt der Abkehr vom Christentum, er schlug im Vorfeld der Vernichtungsvorstellungen eine Entrechtung und Vertreibung der Juden vor. In seiner Studie „Über die Rechtsstellung der Juden in Bayern von 1818 bis 1918" kam der Wissenschaftler Hannes Ludyga zum Ergebnis: *„... handelte es sich bei Ratzingers Forderungen mit um die stärksten Exzesse der katholischen Bildungselite. Ratzinger wollte Judengettos, Enteignungsmaßnahmen und eine Kennzeichnung der Kleidung von Juden schaffen."*

Wie sich der christliche Antijudaismus in der sakralen Darstellung im Mittelalter ausformte, ist bis heute am südlichen Seitenschiff des Regensburger Doms zu besichtigen: Dort findet sich die Darstellung einer „Judensau", hingewendet zum mittelalterlichen Judenviertel. Die kommentierende Erklärungstafel zur Darstellung – *„ekelerregende Propaganda und Angriff auf die jüdische Religion"* – ist ein gutgemeinter Versuch, eine problematische Darstellung weiterhin an Ort und

Stelle zu belassen. Kritiker der antisemitischen Schmähung sähen die „Judensau" am Dom lieber als Exponat im Historischen Museum für die Judenfeindlichkeit des Mittelalters.

Bis zur Aufhebung der Matrikelpflicht 1861 zählte die Israelitische Gemeinde in Regensburg etwa 150 Seelen. An der jüdischen Emanzipationsbewegung des 19. Jahrhunderts, die in Regensburg von Rabbiner Dr. Seligmann Schlenker geprägt wurde, beteiligten sich einige der in den „Lebensbildern" porträtierten Matrikeljuden. Zu ihnen gehören Jakob und Max Koch, die Söhne von Moses Koch, Moritz Uhlfelder oder die Familie Schwabacher. Sie ruhen im ältesten Teil des Friedhofs, und ihre Grabsteine würdigen in hebräischer Schrift in manchmal ausführlichen Eulogien ihr Leben und Wirken. Das gilt auch für das Leben ihrer Ehefrauen, die im Gegensatz zu christlichen Friedhöfen in Einzelgräbern ruhen (s. hierzu den Beitrag von Nathanja Hüttenmeister in diesem Band).

Sondersteuer für jüdische Warenhäuser

Befreit von den Fesseln der Matrikel, erstmals seit Jahrhunderten gleichberechtigt und im Besitz der Bürgerrechte, konnte sich in den Jahren vor der Jahrhundertwende jüdisches Leben entfalten. Das gilt auch für Regensburg. 1880 erreichte die Israelitische Gemeinde mit 675 Mitgliedern ihren Höchststand. Mit der Anstellung von Rabbiner Dr. Seligmann Meyer ließ sich 1882 ein wortgewaltiger Prediger in Regensburg nieder, der mit der Herausgabe der *„Deutschen Israelitischen Zeitung"* und der Beilage *„Die Laubhütte"* zur *„jüdischen Stimme"* in Regensburg wurde.

1888 eröffnete das Kaufhauskette Tietz in der Ludwigstraße, und die Menschen klatschten Beifall für das Konzept „Warenhaus". Sie kamen in Scharen – zum Verdruss der nichtjüdischen Konkurrenz. Im bayerischen Landtag kam die antisemitische Propaganda in Fahrt: Die Einführung einer Warenhaussteuer stand zur Debatte. Der Grundton war von Neid und Missgunst geprägt.

Neben Georg Ratzinger profilierte sich bei der Einführung dieser Sondersteuer für jüdische Warenhäuser Dr. Georg Heim, der „Bauern-

Im 1882 in Regensburg eröffneten Kaufhaus Tietz in der Ludwigstraße sah der antisemitische „Bauerndoktor" Georg Heim das „Feindbild Warenhaus" manifestiert.

doktor" aus Regensburg. In den Kaufhäusern Tietz, Schocken oder Wertheimer sah er die Verantwortlichen für Entlassungen und schlechte Löhne. Die mangelhafte Sozialpolitik in jener Zeit blendete er aus. Gerade im Kaufhaus Tietz manifestierte sich für Heim das Feindbild Warenhaus: *„Besser, wir erdrosseln den Tietz, als der Tietz Tausende von Geschäftsleuten."*

Mit der Verabschiedung der Sondersteuer für jüdische Kaufhäuser, die zum 1. Januar 1900 in Kraft trat, blieb die „Judenfrage" im bayerischen Landtag weiter aktuell. Heim setzte die *„Verjudung"* des

Rechtswesens auf die Tagesordnung und forderte allen Ernstes in einem Antrag, „*die Ergebnisse der Judenemanzipation aufzuheben*". Im Protokoll der Landtagsfraktion der bayerischen Zentrumspartei findet sich auch folgende Überzeugung Heims: „*Uns Katholiken geht es immer schlechter, wenn die Richter immer aus Juden bestehen und das Judentum stets überhandnimmt. Das Judentum spekuliert immer auf Destruktion aller Dinge. Dem Juden immer eine aufs Maul und sie mucken sich nicht mehr.*"

Selbstverständlich erlaubte die Gesellschaft nicht, dass Juden in der bayerische Justiz führende Positionen innehatten. Die Diskussionen im bayerischen Landtag zur „Judenfrage" griff deutschlandweit die Presse auf. Antisemitismus wurde zur Chiffre der politischen Kultur.

Der antisemitische Zentrumspolitiker, der von 1907 bis 1933 in Regensburg die Zentralstelle des Christlichen Bauernvereins leitete, war ein programmatischer Wegbereiter der Nazi-Partei. Er ist bis heute mit der Dr.-Heim-Straße im Stadtteil Prüfening präsent.

Das verfluchte 20. Jahrhundert

Im südlichen Teil des Friedhofs, der ersten Erweiterung, wo die Toten des 19. Jahrhunderts begraben sind, finden sich auf vielen der dicht stehenden Grabsteinen Erinnerungsplaketten oder nachträglich eingravierte Inschriften. Es sind die Namen von engen Familienmitgliedern, die in der NS-Zeit „*verschollen, vermisst oder im Osten verblieben*" sind. Die nackte Wahrheit – ermordet in Auschwitz, erstickt in einer Gaskammer in Belzec, verhungert im KZ Theresienstadt – steht auf keinem der Grabsteine. Für die Überlebenden, die sich „schuldig" fühlten, weil sie überlebt hatten, war das Unerträgliche zu nah.

Im nördlichen Teil des Friedhofs, der zweiten Erweiterung von 1923, sind die Toten aus den letzten Jahren vor der Shoah bestattet. Hier sind aber auch diejenigen begraben, die KZ, Folter und Zwangsarbeit überlebt hatten, aus Polen zugewandert waren und 1950 die neue Jüdische Gemeinde gründeten. Hier ruhen also die letzten Toten der alten Gemeinde Regensburg sowie die ersten Verstorbenen der 1950 wieder gegründeten Gemeinde.

Einleitung

Eine Ausnahme ist der schlichte Grabstein von Otto Selz, der durch seine Inschrift auffällt. Was war geschehen? So wie alle jüdischen Viehhändler auf dem Regensburger Schlachthof, stellte sich auch der 48-jährige Selz robust in den Weg, wenn die SA-Schlägertrupps anrückten. Kein Pardon gab er auch dem Hetzblatt „Stürmer", als seine Familie 1932 in einem Artikel diffamiert wurde. Das Landgericht Regensburg entschied auf Gegendarstellung. Das war vor der Machtübernahme. Am 15. März 1933 rückte frühmorgens ein Trupp vermummter Nazis im Lastwagen an und entführte Otto Selz aus seiner Straubinger Wohnung. Drei Stunden später wurde er in einem Waldstück bei Wenig tot aufgefunden. Er war grausam gefoltert worden. Die Nazi-Täter mit dem Hakenkreuz am Arm blieben unbehelligt.

Ebenfalls ein Opfer von Nazi-Drangsalierungen wurde der 54 Jahre alte Fritz Kahn, der in Regensburg seit Jahren sehr erfolgreich eine Weingroßhandlung und drei Verkaufsfilialen betrieb. 1932 plante er die Auswanderung, einigte sich mit der Stadt auf den Verkauf seines Hauses in der Ludwigstraße 5a zum amtlichen Schätzpreis. Dann passierte nach der Machtübernahme Seltsames: Die Stadt verweigerte – trotz Vertrag – die vereinbarte Auszahlung der Kaufsumme. Die Auswanderung scheiterte. Aus Verzweiflung schied im November 1933 Kahns 48-jährige Ehefrau Johanna aus dem Leben, und im Juni 1934 ging der Witwer in die Donau.

An den Folgen der schweren Misshandlungen in der Pogromnacht am 9. November 1938 starb fünf Tag später der 66 Jahre alte Julius (Joel) Lilienthal. Um 5 Uhr morgens war ein Trupp SS- und SA-Schläger in seine Wohnung in der Glockengasse eingebrochen und hatte Julius und seinen Sohn Kurt mit Gewehrkolben malträtiert. Trotz blutender Kopfverletzungen wurde der Vater der Tortur des „Schandmarschs" ausgesetzt, halb bewusstlos in einem Handkarren liegend.

An den Spätfolgen der Misshandlungen der Pogromnacht starb auch Josef Lilienfeld, Inhaber eines Schuhgeschäftes am Neupfarrplatz. Er ist der letzte Verstorbene der alten Israelitischen Gemeinde, der im neuen Teil des Regensburger Friedhofs für die Ewigkeit ruht.

Der erste Tote einer neuen Generation jüdischen Lebens in Regensburg, Weihnachten 1945 feierlich beigesetzt – begleitet von einer großen Trauergemeinde mit Fahnenträgern und Blumengebinden –, war

Der 200 Jahre alte Jüdische Friedhof an der Schillerstraße ist eine bisher unerschlossene Quelle für deutsch-jüdische Kultur des 19. Jahrhunderts

ein KZ-Überlebender und Opfer eines Verbrechens: Der 14 Jahre alte Benjamin (Berek) Goldfeier, der als einziger seiner Familie die Nazi-Lager überlebt hatte, wurde kurz vor Weihnachten 1945 auf dem Bahnhofsgelände, am Postamt II, erdrosselt aufgefunden. Was er bei sich getragen hatte – Brieftasche mit Ausweispapieren, Lebensmittelkarten, Armbanduhr und silberner Siegelring –, war verschwunden. Trotz intensiver Fahndung wurde der Mordfall nie aufgeklärt. Der Grabstein in Form einer abgebrochenen Säule steht im neuen Teil des Friedhofs.

Hier ruhen auch die Verstorbenen, die die Hölle der Konzentrations- und Vernichtungslager knapp überlebt hatten. Schwach und krank kamen KZ-Überlebende und Verfolgte aus Osteuropa in das von den Nazis befreite Nachkriegs-Deutschland. Sie alle sprachen Jiddisch. Diese gemeinsame Sprache, die sich deutlich vom Deutschen unterscheidet, machte es ihnen möglich, im „Land der Mörder" zu leben. Im Mai 1945 gründete sich die Jewish Community, eine „Exodus-Gemeinde", die sich nach der Staatsgründung Israels auflöste. Die Lebensbedingungen der bis zu 3.000 KZ-Überlebenden, die nach Kriegsende in Regensburg und der Oberpfalz lebten, werden im letzten der „Lebensbilder" in vorliegendem Band dargestellt.

Am 1. August 1950 gründete sich die „Jüdische Gemeinde Regensburg". 1951 standen auf der Mitgliederliste 186 Personen, Überlebende der Shoah. Viele von ihnen hatten seit Generationen in den oberschlesischen Industriezentren gelebt. Ihre Muttersprache war Jiddisch, daneben sprachen sie polnisch und deutsch. Vorstandsmitglieder der Gemeinde waren Max Hirsch, Chajim Max Schwerdt, Chajim Pomeranz, Dr. Marian Rottenberg, Josef Ciecierski und Markus Kalfus. 1952 kamen Jakob Neuburger, Siegfried Mangel, Aron Schwarzbart, Wolf Lubelski, David Reif und Moses Citronenbaum hinzu. Präsident war Jakob Parasol. Mit wenigen Ausnahmen blieben sie bis zu ihrem Lebensende in Regensburg und fanden hier ihre letzte Ruhestätte.

Hinweis zur Benutzung des Buches: Pfeile (→) innerhalb der „Lebensbilder" markieren Personen, zu denen im vorliegenden Band ebenfalls ein „Lebensbild" enthalten ist.

Im November 1822 wurde mit der Beisetzung des achtjährigen Leopold Rosenthal der Friedhof eröffnet, der 1999 nach etwa 860 Begräbnissen geschlossen wurde.

Der jüdische Friedhof an der Schillerstraße 29 – ein „Haus der Ewigkeit"

Klaus Himmelstein

Der Regensburger Stadtrat, Innerer und Äußerer Rat, beschloss am 21. Februar 1519 einstimmig, die jüdische Gemeinde zu vertreiben. Vertreter des Rates teilten dies unverzüglich der Gemeinde mit, ließen das jüdische Viertel abriegeln und das Steueramt beschlagnahmte verschiedene Vermögenswerte. Am 24. Februar, einem Donnerstag, bei eisiger Kälte, begann die „Ausschaffung", die Vertreibung der 500 Regensburger Jüdinnen und Juden und der 80 Talmudschüler. Die Gelegenheit für die Vertreibung hatte sich am 12. Januar 1519 ergeben: Kaiser Maximilian, unter dessen Schutz die Regensburger Juden standen, war gestorben, und der Stadtrat der Freien Reichsstadt nutzte dies unverzüglich.

Mit der Vertreibung wurde eine der ältesten und bedeutendsten Gemeinden im Deutschen Reich zerstört, die Synagoge abgerissen und der große Friedhof der Gemeinde vor dem Peterstor verwüstet. Tausende Grabsteine wurden geraubt und in der Stadt als Baumaterial (Neupfarrkirche) oder als Trophäen verbaut. Etwa 130 Steine sind heute bekannt.

Es dauerte rund 150 Jahre, bis erstmals wieder Juden während des Immerwährenden Reichstags nach Regensburg kamen. Diese Versammlung trat 1663 in der Freien Reichsstadt zusammen und blieb hier. Die Versorgung der Gesandten übertrug der Kaiser einem Reichserbmarschall. Dieses Amt hatten stets die regierenden Grafen von Pappenheim inne. Sie nutzten die Fähigkeiten europaweit tätiger jüdischer Kaufleute zur Beschaffung der für die Verpflegung der Gesandten notwendigen Güter, aber auch zur Versorgung mit Luxuswaren wie Schmuck und Kleidung. Diese Juden, „Schutzjuden" des jeweiligen

Klaus Himmelstein

Grafen von Pappenheim, erhielten seit 1669 die Erlaubnis, sich in der Reichsstadt Regensburg anzusiedeln. Gegen den entschiedenen Willen der Stadt entstand durch den Zuzug der „Reichstagsjuden" und deren Familien um die Wende vom 18. zum 19. Jahrhundert wieder eine jüdische Gemeinde, die „Israelitische Kultusgemeinde Regensburg" mit etwa 110 Mitgliedern.

Starben Juden in Regensburg, so mussten sie auf einem Friedhof im Gebiet der Schutzherren begraben werden. Die Stadt Regensburg ließ die Anlage eines jüdischen Friedhofs nicht zu. Dies galt in der Zeit der Freien Reichsstadt, ebenso in der anschließenden Dalberg-Periode, d. h. in der durch Napoleon bestimmten, 1803 beginnenden siebenjährigen Herrschaft des Kurfürsten Karl Theodor von Dalberg im Fürstentum Regensburg. 1810 übergab Kaiser Napoleon die Stadt an das neu entstandene Königreich Bayern. Auch hier ließ die Stadt einen jüdischen Friedhof zunächst nicht zu.

Die größte Zahl der verstorbenen Regensburger Juden wurde während des Immerwährenden Reichstags auf dem jüdischen Friedhof in Pappenheim beerdigt. Der Transport der Leichen dorthin, 82 Kilometer Luftlinie entfernt, war ein entwürdigender Vorgang, denn die Toten konnten nicht am Sterbetag bestattet werden, wie es der jüdische Brauch erfordert. Die Überführung über Hemau, Dietfurt, Beilngries und Kinding erfolgte mit einem Pferdefuhrwerk und dauerte in der Regel zwei Tage. Vor der Bildung des Königreichs Bayern benötigten die den Toten begleitenden Personen Pässe sowie einen Leichenpass und mussten für den Durchzug durch die Landesteile bis Pappenheim „Leichenzoll" bezahlen . Das kostete viel Geld, hinzu kam der Kauf des Grabs.

Mit dem Ende des Kaiserreichs und des Immerwährenden Reichstags 1806 endete das Schutzjudentum der Grafen von Pappenheim und damit die Beerdigung Regensburger Juden in Pappenheim. In der Dalbergschen Zeit und am Beginn des Königreichs Bayern ersetzten die Friedhöfe in der fränkischen und schwäbischen Region, aus der die Regensburger Juden stammten, den Friedhof in Pappenheim. In Fürth, Georgensmünd, Schnaittach und anderen Orten befinden sich Grabstätten Regensburger Juden. Der Transport der Toten in diese Orte dauerte noch länger als der nach Pappenheim.

Der jüdische Friedhof an der Schillerstraße 29 – ein „Haus der Ewigkeit"

Das 1806 aus dem Bündnis mit dem französischen Kaiser Napoleon neu entstandene Königreich Bayern, regiert von König Max I. Joseph, setzte sich aus verschiedenen Landesteilen zusammen, die unterschiedliche Judengesetze hatten. Unter dem Einfluss der Französischen Revolution, in deren Folge den französischen Juden die volle Gleichberechtigung ausgesprochen worden war, erließ König Max I. Joseph 1813 ein „Edikt, die Verhältnisse der jüdischen Glaubensgenossen im Königreiche Bayern betreffend", das mit seinen 34 Paragraphen als „Judenedikt" bezeichnet wurde und in Teilen bis zum Ende des Königreichs galt. Es regelte die rechtliche Stellung der Juden im Staat und in der bayerischen Gesellschaft und war damit ein weiterer Schritt der Emanzipation der Juden als Bürger in Bayern. Das Edikt war für die bayerischen Juden aber auch eine Enttäuschung, denn die erwartete volle Gleichberechtigung brachte es nicht; zudem wurde ihre Zahl drastisch begrenzt.

Um die Zahl der Juden in einem Ort wie Regensburg festzustellen und zu begrenzen, musste ein Verzeichnis (Judenmatrikel) der Familien angelegt werden (§ 2); jeder Familienvater erhielt eine Matrikelnummer. „*Die Zahl der Juden-Familien an den Orten, wo sie dermalen bestehen, darf in der Regel nicht vermehrt werden, sie soll vielmehr nach und nach vermindert werden, wenn sie zu groß ist*" (§ 12). In Regensburg wurde 1814 die Matrikelzahl auf 17 Familien festgelegt, die zusammen rund 100 Mitglieder hatten. Hinzu kamen Familienhäupter, die entsprechend den Anforderungen des § 13 des Edikts, d. h. aufgrund bedeutender wirtschaftlicher Tätigkeit, „über die Zahl hinaus" ansässig werden durften. In Regensburg erhielten 15 Familienväter in den Jahren nach 1814 die *„Ansässigmachung über die Zahl hinaus"* zugestanden.

Ein neuer Friedhof auf dem „öden Gemeindeplatz"

Im § 24 des Edikts war festgelegt, dass es wenigstens 50 Familien, die in einer territorialen Einheit lebten, gestattet war, „*eine eigene kirchliche Gemeinde zu bilden und an einem Ort, wo eine Polizeibehörde besteht, eine Synagoge, einen Rabbiner und eine eigene Begräbnisstätte zu haben"*. Die Israelitische Kultusgemeinde Regensburg bestand nicht aus 50 Familien – zu wenig also, um *"eine eigene Begräbnisstätte zu haben"*. Sie wandte sich aber Ende 1820 an die Königliche Regierung des Regenkreises, um die entwürdigenden, tagelang dauernden Leichentransporte zu beenden. Die Gemeinde bat darum, in Regensburg eine Begräbnisstätte errichten zu dürfen. Die Regierung des Regenkreises genehmigte dies. Die Suche nach einem geeigneten Grundstück erwies sich jedoch als sehr schwierig. Schließlich schlugen die „Vorsteher" der jüdischen Gemeinde, der Großhändler Gustav Wilhelm Henle und der Thurn und Taxi'sche Hoflieferant Jacob Guggenheimer, dem Regensburger Magistrat im November 1821 vor, der jüdischen Gemeinde *"einen Teil des öden Gemeindeplatzes hinter der Schießstätte, von der Größe eines halben Tagwerks käuflich zu überlassen"*. Der Magistrat ging auf das Kaufgesuch ein und verkaufte das wertlose Grundstück an der heutigen Schillerstraße 29 am 28. November 1821 für 110 Gulden an die jüdische Gemeinde. Dieser „öde Gemeindeplatz" hatte jedoch einen erheblichen Mangel: Er lag hinter den Kugelfängen des Schießplatzes Unter den Linden. Hier übte neben anderen auch das Königlich Bayerische Militär. Geschosse, die über die Erdwälle flogen, konnten auch auf dem Grundstück einschlagen. Der Friedhof, den die Gemeinde hier anlegte, weist eine Besonderheit auf, die wohl auf seine Lage zurückzuführen ist: Die Grabsteine sind nach Norden ausgerichtet und nicht nach Osten, wie es jüdischer Brauch ist – so wies nur die Schmalseite der Grabsteine, nicht die Schauseite mit ihren Inschriften, in Richtung des Schießplatzes und bot damit weniger „Trefferfläche".

Es dauerte rund ein Jahr, bis am 13. November 1822 die Arbeiten am neuen Friedhof abgeschlossen waren. Die Kosten dafür hatte die Gemeinde selbst durch Spenden ihrer Mitglieder aufgebracht. Sie beliefen sich auf rund 2.000 Gulden: für das Grundstück, die Vermessungsarbeiten und einen Brunnen, für das Leichenhaus, für eine Bahre, einen Leichenwagen und schließlich einen Bretterzaun, der den Friedhof umgab. *„Dieser Friedhof war das erste der jüdischen Gemeinde gehörige Grundstück."*

Im April 1822 hatte der Regensburger Magistrat den Bau eines *„ein Stock hohen Totenhäuschens"* auf dem jüdischen Friedhof genehmigt.

Die Bauzeichnung von Maurerpolier Liebherr jr. von 1822 zeigt das „ein Stock hohe Totenhäuschen".

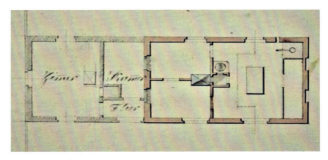

Grundriss des „Totenhäuschens" mit dem Anbau der Wohnung für den Friedhofswärter, 1828

Es handelt sich um ein Taharahaus, ein Bet Tahara, in dem die Verstorbenen vor der Beerdigung gewaschen und in ein Totengewand gekleidet werden. Der Maurermeister Liebherr bezeichnete das Objekt seines Auftrags: Bau eines *„Gebäudchens"*. Sechs Jahre später, 1828, beauftragte die Gemeinde Liebherr, eine Wohnung für einen Friedhofswärter an das kleine Taharahaus anzubauen.

Im Juli 1834 wurde der Bretterzaun durch eine Steinmauer ersetzt, die etwa 800 Gulden kostete. Sie wurde ohne Baugenehmigung errichtet und stand außerhalb des Friedhofsgeländes. Hierfür kassierte der Magistrat 9 Gulden Strafe. Um wenigstens einen Teil der Mauer-Kosten zu begleichen, forderte der Vorstand der Gemeinde von Babette Wertheimer, geborene Obermeyer, der Frau von → David Philippsohn

Wertheimber, die Zahlung 17 Jahre nicht gezahlter Beiträge von 39 Gulden, also 612 Gulden. Babette Wertheimer war Inhaberin einer Matrikelnummer, da ihr Mann krank war an Geist und Gemüt. Den langwierig geführten Rechtsstreit um die Nachzahlung der Beiträge an die Gemeinde verlor sie schließlich 1838 und musste die bis dahin aufgelaufenen Beiträge von 738 Gulden zahlen. Damit konnte der größte Teil der durch den Mauerbau entstandenen Kosten beglichen werden.

Das erste Begräbnis, das auf dem neuen Friedhof der Gemeinde stattfand, galt Leopold, dem Sohn des Seligmann Rosenthal. Leopold wurde 8 Jahre alt. Die zweite Beerdigung, die von Elias Gumpertz, erfolgte am 28. März 1823. Die meisten Juden, die in diesem Friedhofsteil ruhen, sind vor 1880 gestorben. Fast alle Grabinschriften sind in Hebräisch verfasst und zu einem Teil aufgrund ihres Alters verwittert. Von den über 300 Gräbern sind etwa 56 Kindergräber. Sie liegen an der Mauer zum nördlichen Friedhofsabschnitt und zur Schillerstraße.

Im Februar 1830 erhielt die jüdische Gemeinde ein Schreiben des Magistrats der Stadt Regensburg, in dem dieser beanstandete, *„dass die verstorbenen Juden öfter schon acht Stunden nach dem Tode begraben wurden"*. Damit verstoße die Gemeinde gegen die polizeiliche Verordnung über die Liegezeit der Toten, die zwei oder drei Tage betragen müsse, damit kein Scheintoter beerdigt werde. Am 26. November 1830 erinnerte der Magistrat die jüdische Gemeinde nochmals an die Vorschriften über die Liegezeit der Toten und forderte, *„den Empfang dieses* [Schreibens] *zu bestätigen"*. Am 11. Januar 1833 starb Rabbiner → Jakob Weil und wurde am nächsten Tag, ohne die Einhaltung der Liegefrist, beerdigt. Der Regensburger Bürgermeister Dr. Friedrich Brügel tadelte die jüdische Gemeinde und drohte bei weiterem Verstoß mit einer Strafe von 25 Talern. Meistens hielt sich die Gemeinde an die Liegezeit.

Am 12. September 1848 erschien der Wärter des jüdischen Friedhofs, Anton Schwarz, beim Magistrat der Stadt. Er gab an, dass gegen 8 Uhr früh eine Kugel durch das Fenster seiner Wohnung im Taharahaus geflogen und in einem Blumenstock stecken geblieben sei. Ähnliche Vorfälle habe es schon mehrmals gegeben. Der Magistrat meldete dies dem 4. Infanterieregiment der Bayerischen Armee, das damals in Regensburg stationiert war und den Schießplatz benutzte, und schlug eine Erhöhung des Erdwalls vor, der als Kugelfang diente. In den vorliegenden Quellen finden sich keine Mitteilungen über weitere „Fehlschüsse".

Die Schändungen des Friedhofs 1845 und 1846

Die schwere Schändung des jüdischen Friedhofs am 24. April 1845 hatte keinen erkennbaren äußeren Anlass: Das eiserne Friedhofstor und die Metallteile des Brunnens wurden gestohlen. Die Täter schlugen alle Fenster des Taharahauses ein; sie demolierten den Kachelofen und die Ziegelbedachung an der östlichen Seite des Taharahauses, beschmierten den steinernen Tisch für die Waschung der Toten mit Menschenkot und hinterließen Inschriften voll fanatischem Judenhass. Die Täter wurden nicht gefasst. Der Magistrat veranlasste, dass der Friedhof dreimal in der Nacht beobachtet wurde. Doch in der Nacht vom 1. auf den 2. Februar 1846 wurden alle Grabsteine umgeworfen und teilweise beschädigt. Und wieder entkamen die Täter.

Die Zerstörungen 1845 und 1846 waren in der Geschichte des jüdischen Friedhofs an der Schillerstraße die barbarischsten und zeugen von *„dem rohesten Vandalismus"*, kommentiert 1845 die „Allgemeine Zeitung des Judentums" und weist besonders darauf hin, dass hier *„das allen Menschen Ehrwürdige und Heilige"*, ein Friedhof, vollständig verwüstet wurde.

Den Hintergrund für diesen Ausbruch fanatischen Judenhasses bilden die Auseinandersetzungen um die Emanzipation der bayerischen Juden seit dem Beginn des Königreichs Bayern. Im Mittelpunkt standen die Diskussionen im Landtag, bei denen in den ersten vier Jahrzehnten des Königreichs die Ablehnung einer Verbesserung der rechtlichen und wirtschaftlichen Stellung der Juden überwog, begleitet von teilweise massiven judenfeindlichen Ausfällen. In der Öffentlichkeit, die diese Debatten verfolgte, war die Ablehnung der Judenemanzipation sehr viel stärker und führte immer wieder zu

Klaus Himmelstein

antisemitischen Ausschreitungen – ein Zeichen von „latenter Brutalität" (Ruth Gay) gegen Juden in dieser Zeit. Hierzu gehören die pogromartigen „Hepp-Hepp"-Ausschreitungen im August 1819 in Würzburg. Die Juden wurden unter „Hepp-Hepp"-Geschrei durch die Straßen getrieben, jüdische Häuser und Läden angegriffen. Als die Krawalle immer bedrohlicher wurden, flohen die 400 Würzburger Juden aus der Stadt und kehrten erst nach Wochen wieder zurück. Die Ausschreitungen griffen in unterschiedlichen Formen auf andere bayerische Städte und über Bayern hinaus auf Städte im Deutschen Bund über. *„Die von Würzburg ausgehenden ‚Hepp-Hepp'-Unruhen stellten den ersten massenhaften Ausbruch von Judenhass in der neueren deutschen Geschichte dar ... Offene Judenfeindschaft begleitete die Anfänge des bayerischen Emanzipationsprozesses"* – so auch in Regensburg.

Die Erweiterung des Friedhofs 1867

Das Jahr 1861 brachte für die Juden in Bayern und damit auch für die Regensburger Juden einen Wendepunkt in ihrer schwierigen Emanzipationsgeschichte. Diese Wende hatte zugleich Auswirkungen auf die weitere Entwicklung des Friedhofs der Regensburger jüdischen Gemeinde. Bis dahin sei Bayern der einzige Staat in Europa, der noch die einschränkenden Matrikelbestimmungen besitze, charakterisierte die „Allgemeine Zeitung des Judentums" im Februar 1861 die Rechtslage in einem Artikel, der *„an die bayer'schen hohen Kammern"*, den Landtag und den Reichsrat, gerichtet war. Die Zeitung fordert *„die Tilgung einer Schmach, welche a l l e i n noch auf Bayern lastet, wir meinen das sogen. Judenmatrikelgesetz"*.

Immer wieder waren jüdische Gemeinden, so auch die Regensburger, und immer mehr bedeutende jüdische Persönlichkeiten für die Beendigung der Matrikelgesetze eingetreten: in der Öffentlichkeit, in Petitionen an den Landtag und die königlich bayerische Regierung. In den 50er-Jahren mündeten die Auseinandersetzungen im Landtag über die Verbesserung der rechtlichen, wirtschaftlichen und sozialen Lage der bayerischen Juden schließlich in die Einsicht der Mehrheit

Der jüdische Friedhof an der Schillerstraße 29 – ein „Haus der Ewigkeit"

der Abgeordneten, dass insbesondere die Beschränkungen des Wohnrechts und der Gewerbefreiheit aufgehoben werden sollten. Ein entsprechender Antrag fand im Mai 1861 die Mehrheit der Abgeordneten und die Zustimmung des Reichsrats, obwohl aus vielen Orten Bayerns Proteste gegen die Aufhebung der Matrikelgesetze kamen, besonders *„aus kleinen Orten, in welchen niemals Juden ansässig waren"*. Die „Allgemeine Zeitung des Judentums" sah hierin einen *„Beweis ... für die Gesinnung des bayer'schen Volkes"*.

König Max I. akzeptierte die Entscheidung der Kammern und verordnete im „Gesetzblatt für das Königreich Bayern" am 8. November 1861 in wenigen dürren Worten *„mit Gesetzeskraft: Die gemäß der §§ 12, 13 und 18 Absatz 1 des Edikts vom 10. Juni 1813, die Verhältnisse der israelischen Glaubensgenossen betreffend, rücksichtlich der Ansässigmachung und des Gewerbebetriebs der Israeliten in den Provinzen diesseits des Rheines bestehenden Beschränkungen sind aufgehoben."*

Die neue Gesetzeslage löste einen dynamischen Prozess in der wirtschaftlichen und der Mitglieder-Entwicklung der bayerischen jüdischen Gemeinden aus. Insbesondere vom Land her setzte ein Zuzug in die Städte ein. In Regensburg wuchs die Mitgliederzahl der Gemeinde von 1863 bis 1880 um das dreifache von 227 auf 675. In den Jahrzehnten bis zum Ende der Weimarer Republik sank sie wieder auf Zahlen zwischen 400 bis 500.

Die Israelitische Kultusgemeinde Regensburg erkannte im Verlauf der 1860er-Jahre, dass die vorliegende Fläche ihres Friedhofs bald nicht mehr für die Bestattungen reichen würde. 1866 wandte sie sich deshalb an den Magistrat der Stadt mit dem Ersuchen, ihr im Anschluss an den jüdischen Friedhof nach Süden einen weiteren Teil des „öden Gemeindeplatzes" von der Größe eines Tagwerks zu verkaufen. Der Friedhof der Gemeinde, heißt es in dem Schreiben an den Magistrat, *„hat sich im Laufe der Zeit derart bevölkert, dass die Räume desselben in allernächster Zeit, wie dies der Augenschein zeigt, von den angelegten Gräbern absorbiert werden"*. Ihrem Ersuchen legte die Gemeinde ein Verzeichnis der Sterblichkeitsverhältnisse in der israelitischen Kultusgemeinde in den zehn Jahren zwischen 1856 und 1866 bei.

Sterblichkeitsverhältnisse			
Jahr	*Todesfälle*	Erwachsene	Kinder
1856	6	3	3
1857	3	1	2
1858	6	2	4
1859	2	1	1
1860	1	1	0
1861	4	2	2
1862	1	1	0
1863	2	1	1
1864	8	3	5
1865	9	7	2
1866	9	6	3
Summe	51	28	23

Mit dieser Statistik über die Sterblichkeit in zehn Jahren begründete die Gemeinde die Notwendigkeit der Erweiterung des Friedhofs.

Die Gemeinde brachte in ihrem Kaufgesuch zum Ausdruck, dass ein jüdischer Friedhof und seine Gräber ein „Haus für die Ewigkeit" (Bejt olam) seien, sie blieben „*bis zum Ende aller Tage*". Ein Grundsatz des jüdischen Glaubens ist die ewige Totenruhe. So „wächst" ein jüdischer Friedhof und bleibt über Jahrhunderte erhalten, wie der Friedhof an der Schillerstraße.

Am 8. Juli 1867 fand im Büro des königlich-bayerischen Notars Christian Kappelmeyer in Regensburg die Beurkundung des Kaufvertrags über eine Grundstücksfläche von 1 Tagwerk für 500 Gulden statt, die die Stadt Regensburg an die Israelitische Kultusgemeinde verkaufte. Als Vertreter der Gemeinde unterzeichneten die Großhändler Samuel Eismann und Raphael Höchstaedter den Vertrag. Max Beck, rechtskundiger Magistratsvertreter, unterzeichnete für die Stadt. Im April 1867 hatte die königliche Bezirksregierung der Oberpfalz und von Regensburg den Verkauf des Grundstücks genehmigt. Die Fläche schloss an

Der jüdische Friedhof an der Schillerstraße 29 – ein „Haus der Ewigkeit"

den bisherigen Friedhof in Richtung Süden an (s. Friedhofsgrundriss S. 274/275) und an diesen ein „Communalweg", der frei bleiben musste. Er ist heute von der Schillerstraße aus ein Zugang zum Stadtpark.

Die Gemeinde entschloss sich 1869, ein neues Taharahaus zu bauen, denn das bestehende kleine Haus genügte nicht mehr den Anforderungen. Planung und Finanzierung zogen sich bis 1871 hin. Zunächst wurde das Taharahaus mit der angebauten Wohnung abgetragen und an der Stelle das neue, deutlich größere Gebäude gebaut mit einer Vorhalle im Süden und einem Eingang im Norden. Es erhielt ein schiefergedecktes Giebeldach. Im Osten wurde die Friedhofsmauer in den Bau einbezogen mit einem Durchbruch für einen Eingang in das Taharahaus vom späteren Stadtpark her. Das Haus erhielt einen Keller und ein ausgebautes Dachgeschoss mit einer Wohnung für einen Friedhofswärter. Im Parterregeschoss befanden sich mehrere Räume, darunter einer für die Leichenwäsche. Ausgehend von Größe und Baustruktur entspricht dieses Taharahaus dem heutigen.

Da der Kugelfang des Schießplatzes sich mittlerweile als sicher erwiesen hatte, wurden die Grabsteine auf diesem Teil des Friedhofs wieder, entsprechend dem jüdischen Brauch, nach Osten, nach Jerusalem ausgerichtet. Die Jüdinnen und Juden, die hier begraben sind, starben in der zweiten Hälfte des 19. oder im ersten Drittel des 20. Jahrhunderts. Die Grabinschriften sind normalerweise zweisprachig, hebräisch und deutsch, gestaltet. Von den etwa 360 Grabstätten sind ungefähr 30 Kindergräber. Sie liegen an der südlichen Mauer.

1904, als das Königliche Amtsgericht und das Landgericht aus der Schäffnerstraße (heute Brixener Straße) auszogen, kaufte die jüdische Gemeinde von der Stadt den größeren Teil des frei gewordenen Grundstücks. Sie wollte hier eine neue Synagoge bauen (1912). Die Stadt willigte in den Kauf ein, verlangte allerdings von der Kultusgemeinde die Abtretung eines Teils des Grundstücks beim jüdischen Friedhof, das die Gemeinde 1867 aus Sparsamkeitsgründen nicht ummauert hatte. Die Stadt beabsichtigte, diesen Grundstücksteil in den geplanten Stadtpark einzugliedern. Für die Abtretung des Grundstücksteils verpflichtete sich die Stadt, *„den jüdischen Friedhof auf ewige Zeiten als unverletzbares Eigentum der Kultusgemeinde anzuerkennen"*.

Klaus Himmelstein

Die Erweiterung des Friedhofs 1923

Nach dem Ende des Ersten Weltkriegs und dem Ende des Königreichs Bayern sah sich die Israelitische Kultusgemeinde wieder mit der Notwendigkeit konfrontiert, ihren Friedhof zu erweitern. Das veranlasste die Regensburger Gemeinde, am 16. September 1920 der Israelitischen Kultusgemeinde Straubing mitzuteilen, dass sie den Regensburger Friedhof infolge Platzmangels nicht mehr mitbenutzen könne. Die Straubinger Gemeinde existierte seit 1897, besaß aber keinen eigenen Friedhof. Sie begann nach der Absage aus Regensburg mit der Suche nach einem geeigneten Grundstück. Die Straubinger Stadtverwaltung half bei der Suche, und im November 1923 bedankte sich die Gemeinde für das Grundstück am Thomasweg 4. Nach der Zustimmung der Regierung von Niederbayern konnte die Straubinger Gemeinde ihren Friedhof 1924 in Betrieb nehmen.

Die Überlegungen für eine neuerliche Erweiterung des Regensburger Friedhofs fielen in eine wirtschaftlich schwierige Zeit. Deutschland hatte den Krieg verloren, kämpfte mit den Kriegskosten und musste eine Riesenlast an Reparationsforderungen der alliierten Sieger bewältigen. Das hatte eine Inflation zur Folge, die sich in den Jahren 1921 bis 1923 katastrophenartig zuspitzte und schließlich zum Zusammenbruch der deutschen Währung führte. Im November 1923 wurde mit der Rentenmark eine neue Währung eingeführt, was zur Beruhigung und Erholung der wirtschaftlichen Lage führte.

Wie der Friedhofsreferent der Kultusgemeinde in einem Rückblick sich erinnerte, war es *„nur der außerordentlichen Opferfreudigkeit einzelner Gemeindemitglieder … zu verdanken"*, dass eine Erweiterung des Friedhofs in dieser Zeit überhaupt möglich wurde. Besonders der Bankier → Louis Niedermaier nahm *„durch Vorstreckung von Mitteln einen großen Teil der Last auf sich"*. Er hat sich dieses Geld später nicht erstatten lassen.

Ein erstes Gesuch *„um Bewilligung der Vergrößerung des alten isr. Friedhofs"* im Juli 1920 lehnte der Regensburger Stadtrat ab und empfahl einen neuen Friedhof am Eisbuckel zu errichten. Dies scheiterte an den Kosten und dem Widerstand der dortigen Hauseigentümer. Die Gemeinde wiederholte ein Jahr später das Gesuch um Erweiterung

Der jüdische Friedhof an der Schillerstraße 29 – ein „Haus der Ewigkeit"

Das neue Taharahaus, in Benutzung bis zur Schließung des Friedhofs 1999; es wurde 1871 erbaut und 1923 renoviert.

ihres Friedhofs. Da ein Kauf nicht realisierbar war, bat sie um Überlassung einer von der Stadt nicht genutzten Grundstücksfläche von rund 1.100 m² im Anschluss an den Friedhof nach Norden (s. Friedhofsgrundriss S. 274/275). Der Stadtrat entschied in einer Sitzung am 16. Dezember 1921: *„Der Erweiterung des israelitischen Friedhofes an der Schillerstraße nach Norden wird grundsätzlich zugestimmt und der dazu nötige Grund und Boden zur Verfügung gestellt unter der Bedingung, dass die Kultusgemeinde alle aus Anlass der Erweiterung entstehenden Kosten selbst trägt."* Dies sicherte die Gemeinde zu.

Nach der Beurkundung des Grundstücks, der Planung der Erweiterung und der Ausschreibung der anfallenden Arbeiten konnten diese 1923 – in der Zeit der Hyperinflation – beginnen. So musste die Mauer zwischen dem alten Friedhof und der neuen Fläche abgetragen und eine Mauer um den nördlichen Friedhofsteil gebaut werden. Die neue, höher liegende Friedhofsfläche wurde durch Kanalisationsarbeiten entwässert und durch eine Treppe mit der tiefer liegenden Fläche des alten Friedhofsteils verbunden. Das eiserne Tor am Haupteingang zur Schillerstraße wurde erneuert. Am Taharahaus mussten Schäden am Schieferdach ausgebessert werden. Das Haus erhielt neue Fenster und Türen, im Haus waren Renovierungsarbeiten notwendig und die sanitären Anlagen insbesondere in der Wohnung des Friedhofswärters wurden erneuert.

Eine Vielzahl Regensburger Firmen, etwa 14, arbeiteten am neuen Friedhofsteil. Einige seien hier genannt: die Baugesellschaft „Oberpfälzisch-Niederbayerische ‚Bauhütte'" in der Lederergasse 27–29, die Bauschreinerei und Treppenfabrik Georg Kapfberger im Stahlzwingerweg 3, das Gas-, Wasserleitungs- und Installationsgeschäft Fritz Lang in der Von-der-Tann-Straße 14, der Schiefer- und Ziegeldeckmeister Karl Gundermann in der St. Albans-Gasse 2 und die Kunst- und Bauschlosserei Jakob Kaiser in der Brunnleite 1.

Die Firmen, die 1923 an der Erweiterung des Friedhofs arbeiteten, verlangten aufgrund der Inflation tägliche oder wöchentliche Bezahlung. So zahlte die jüdische Gemeinde beispielsweise am 10. August 1923 der Baugesellschaft „Oberpfälzisch-Niederbayerische ‚Bauhütte'" für die bis dahin geleistete Arbeit an der Erweiterung der Friedhofsmauer 30 Millionen Mark und zehn Tage später, am 21. August, für Löhne und Material 280 Millionen Mark. Die Gesamtkosten 1923 für die Erweiterung des jüdischen Friedhofs beliefen sich auf rund 30 Milliarden Mark.

Die Toten, die in diesem Friedhofsabschnitt liegen, sind überwiegend im 20. Jahrhundert gestorben; es gibt zudem reservierte Gräber aus dem 21. Jahrhundert. Die Grabinschriften sind in der Regel zweisprachig und kurz gehalten.

Kaum war der Friedhof eröffnet, kam es in der Nacht vom 14. auf den 15. August 1924 zu einer Schändung des Friedhofs. Zehn Grabsteine wurden mit Hakenkreuzen beschmiert, die Täter nicht gefasst. Drei Jahre später, in der Nacht vom 7. auf den 8. Mai 1927, wurde der Friedhof wieder geschändet. Vier Grabsteine wurden umgeworfen. *„Der Friedhofswärter nahm die Beschädigungen wahr und gab einige Schreckschüsse ab"*, berichtete die jüdische Zeitschrift „Der Israelit" am

19. Mai 1927. *„Die Täter flüchteten über die Friedhofsmauer."* Die Kriminalpolizei habe Fingerabdrücke genommen *„und man hofft, die Täter, die, wie sicher anzunehmen ist, aus gewissen politischen Kreisen stammen, bald feststellen zu können".* Die Täter wurden nicht gefunden.

Der Rabbiner der jüdischen Gemeinde, → Dr. Seligmann Meyer, starb am 31. Dezember 1925. Daraufhin übernahm der Distriktsrabbiner von Neumarkt, Dr. Magnus Weinberg, auf Bitten der Kultusgemeinde Regensburg am 11. Februar 1926 die religiöse Einweihung des neuen Friedhofsabschnitts. Sie begann um halb eins in der Synagoge mit Bußgebeten zum „kleinen Versöhnungstag" (Jom Kippur Katan) und wurde um 15 Uhr auf dem Friedhof fortgesetzt.

Programm der Nazis: Der Friedhof soll verschwinden

Am 20. März 1933 übernahmen die Nazis mit der Amtseinsetzung des Oberbürgermeisters Dr. Otto Schottenheim die Herrschaft in Regensburg. Schottenheim, Arzt, Mitglied der NSDAP und SS-Brigadeführer, ein fanatischer Rassist und Antisemit, setzte die antijüdische Politik in der Stadt um.

1936 beabsichtigte die Nazi-Stadtspitze, den Stadtpark bis zur Schillerstraße hin zu erweitern. Da war der jüdische Friedhof im Weg. Ein juristisches Gutachten sollte die Möglichkeit der Enteignung prüfen. Das Ergebnis: Es gab grundlegende rechtliche Schwierigkeiten für die Enteignung eines Friedhofs, auch wenn es sich um einen jüdischen handelte. Daraufhin nahm Schottenheim zunächst Abstand von der Beseitigung des Friedhofs. Formal sollte es ja rechtlich korrekt zugehen.

1938, in der Nacht vom 9. auf den 10. November, inszenierte die Führung der NSDAP deutschlandweit ein Pogrom. Mehrere hundert Juden wurden ermordet, etwa 1.400 Synagogen zerstört, ebenso tausende jüdische Wohnungen und Geschäfte. Auch in Regensburg überzogen die Nazi-Organisationen in der Pogromnacht die Stadt mit Terror. Schottenheim sorgte dafür, dass als erstes die Synagoge, in seinen Augen ein „Schandfleck" der Stadt, geplündert und abgebrannt wurde, beobachtet von den Regensburger NSDAP-Oberen mit Schottenheim in SS-Uniform. Nach dem Brand der Synagoge zogen Trupps verschie-

Klaus Himmelstein

dener Nazi-Organisationen durch die Stadt, zerstörten und plünderten jüdische Geschäfte, drangen in Wohnungen ein. Sie verhöhnten, quälten und misshandelten jüdische Regensburgerinnen und Regensburger. Den jüdischen Friedhof – er lag nicht im Zentrum des Terrors – suchte ein Trupp von SA-Leuten heim. Sie schlugen Fenster des Taharahauses ein und durchschnitten die Telefonleitungen.

Im September 1942 fand die letzte Beerdigung in der NS-Zeit auf dem jüdischen Friedhof statt. Es handelte sich um den Schuhhändler Josef Lilienfeld, verstorben am 7. September 1942. Er hatte über Jahrzehnte mit seiner Frau Ida, geborene Grünhut, am Neupfarrplatz 12 ein gutgehendes Schuhgeschäft betrieben. Die Nazis zwangen die Lilienfelds zehn Tage vor dem Pogrom 1938 zur Aufgabe. Mit Unterstützung der Nazi-Führung übernahm der Konkurrent Schuh-Schwaiger das Geschäft. Eine Ausreise gelang nicht mehr: Ida Lilienfeld musste nach dem Tod ihres Mannes in das Jüdische Altenheim an der Weißenburgstraße 31 ziehen. Am 23. September 1942, rund zwei Wochen nach dem Tod ihres Mannes, deportierte die Gestapo sie und 38 weitere Bewohner des Altenheims sowie die älteren Juden aus dem Gemeindehaus, aus den sog. Judenhäusern und Privatwohnungen in das KZ Theresienstadt. Es waren insgesamt 117. Ida Lilienfeld kehrte nicht nach Regensburg zurück, über ihren Tod ist nichts bekannt.

Ein halbes Jahr zuvor, am 4. April 1942, hatte die Gestapo Regensburg 213 jüdische Männer, Frauen und Kinder nach Piaski im Generalgouvernement deportiert, von dort in die Gaskammern von Belzec und Sobibor. Damit war die Israelitische Kultusgemeinde Regensburg ausgelöscht.

1943, nach dem Aufruf zur „Reichsmetallspende", wurden die Metallgitter und -ketten der Grabumfassungen auf dem jüdischen Friedhof geraubt.

1943 unternahm Oberbürgermeister Schottenheim einen neuen Versuch, in den Besitz des jüdischen Friedhofs an der Schillerstraße zu gelangen, diesmal durch Kauf. Wieder ging es darum, den Stadtpark bis an die Schillerstraße zu erweitern und den jüdischen Friedhof zu beseitigen. Am 6. August wurde der Kaufvertrag über den jüdischen Friedhof zum Kaufpreis von 11.855, 50 RM abgeschlossen, und zwar zwischen der Stadt Regensburg, vertreten durch den bevollmächtigten

Amtmann Hans Eckel, und der „Reichsvereinigung der Juden in Deutschland" als Eigentümerin des Friedhofs. Die Israelitische Kultusgemeinde Regensburg existierte nicht mehr, ihre Mitglieder waren emigriert und 1942 deportiert und ermordet worden. Als Vertreter der „Reichsvereinigung" fungierte daraufhin der Notar Dr. Reiser. Zugleich beurkundete er den Kaufvertrag – ein rechtlich unmögliches Vorgehen. Die Gauleitung Bayreuth der NSDAP und der Regierungspräsident in seiner Eigenschaft als Preisüberwachungsstelle genehmigten den anrüchigen Vertrag.

Schottenheim reichte den Vertrag zur Genehmigung beim „Reichssicherheitshauptamt" (RSHA) in Berlin ein, unter dessen Kontrolle und Weisung die „Reichsvereinigung der Juden in Deutschland" seit 1939 stand. Das RSHA hatte die „Reichsvereinigung" am 10. Juni 1943 aufgelöst und deren Vermögen beschlagnahmt. Den Vertragspartner „Reichsvereinigung der Juden in Deutschland" im Kaufvertrag der Stadt Regensburg gab es also nicht mehr. Die mehrfachen Eingaben und drängenden Anfragen Schottenheims während des Jahres 1944 an das RSHA, zugleich Hauptamt der SS, blieben unbeantwortet. Der Eintrag ins Grundbuch fand bis zum Ende der Nazi-Herrschaft 1945 nicht mehr statt. Der zweite scheinlegale Versuch, den jüdischen Friedhof in Regensburg endlich zu übernehmen und zu zerstören, scheiterte. So blieb der jüdische Friedhof an der Schillerstraße erhalten.

Die Frage, warum das RSHA auf die drängenden Anfragen Schottenheims nicht reagierte, lässt sich anhand der vorliegenden Quellen nicht beantworten.

Neuanfang jüdischen Lebens in Regensburg

Am 27. April 1945 besetzten Truppen der US-Armee Regensburg. Die Stadt hatte ohne Widerstand kapituliert. Am 8. Mai 1945 kapitulierte die Deutsche Wehrmacht bedingungslos. Der Zweite Weltkrieg war zu Ende, ebenso die Herrschaft der Nazis.

In den Besatzungszonen der alliierten Sieger sammelten sich Überlebende der Shoah, deutsche und eine große Zahl polnischer Juden, die nach Palästina, Kanada oder in die USA auswandern wollten. Die

Klaus Himmelstein

Alliierten bezeichneten sie als „Displaced Persons" (DPs), als „Personen am falschen Ort". Die meisten kamen in die amerikanische Zone, da die Briten die Auswanderung nach Palästina, in ihr Mandatsgebiet, nicht erlaubten; die Amerikaner ließen es inoffiziell zu.

Regensburg wurde, da kaum zerstört, zu einem Zentrum für jüdische DPs in Ost-Bayern. Es bildeten sich drei jüdische DP-Gemeinden, von denen die größte, die „Jewish Community – Jüdische Gemeinde, Region Niederbayern-Oberpfalz", die Vorläufergemeinde der späteren Jüdischen Gemeinde Regensburg wurde.

Da es dem Regensburger Nazi-Oberbürgermeister nicht gelungen war, den jüdischen Friedhof an der Schillerstraße in den Besitz der Stadt zu bringen und zu zerstören, konnte ihn die US-Militärregierung ohne Probleme an die jüdische Gemeinde, in diesem Fall die Jewish Community, übergeben. Die Stadt übernahm die Pflege des Friedhofs.

Nach 1945 kam es in Bayern zu einer Vielzahl von Schändungen jüdischer Friedhöfe. Dies veranlasste das Bayerische Staatsministerium des Innern im Mai 1948 zu einem Erlass, in dem die Landratsämter und Städte aufgefordert werden, die jüdischen Friedhöfe durch besondere Bewachungsdienste zu schützen, da *„gewöhnliche Streifengänge"* der Polizei erfahrungsgemäß nicht ausreichten. Im Erlass wird auf zwei besonders gravierende Friedhofsschändungen hingewiesen, ohne die Orte zu nennen. In einem Fall wurden 100 Grabsteine umgestürzt und teilweise schwer beschädigt, in einem anderen Fall *„wurden so schwere Grabsteine umgeworfen, dass besondere technische Vorrichtungen angewendet"* werden mussten, um sie wieder aufzurichten. Das Ministerium ging davon aus, dass es sich bei den Schändungen der jüdischen Friedhöfe in Bayern *„um ein planmäßiges Vorgehen verbrecherischer Elemente handelt"*, d. h. es handelte sich sicher um Nazis, denn der Nationalsozialismus ist nach 1945 nicht einfach verschwunden.

Das Ministerium nennt als Motivation für die Aufforderung, die Bewachung der jüdischen Friedhöfe zu verstärken: *„Das Ansehen des deutschen Volkes in der Welt"* werde durch die Schändung der jüdischen Friedhöfe gefährdet. *„Falls die deutschen Dienststellen bei ihrer Abwehr versagen, wäre mit schwerwiegenden politischen Auswirkungen zu rechnen."* In der Weltöffentlichkeit und in den USA.

Der jüdische Friedhof an der Schillerstraße 29 – ein „Haus der Ewigkeit"

In Regensburg wurde Anfang März 1946 im südlichen Teil des jüdischen Friedhofs aus Versehen und Unachtsamkeit durch ein wendendes Auto der Grabstein des Bankdirektors Josef Haymann umgestoßen. *„Der ziemlich umfangreiche Grabstein ist auf ein zweites Grab gefallen und hat damit auch diese Grabstätte beschädigt."* Die Stadt reparierte die Schäden. Hierbei handelte es sich nicht um eine Schändung des Friedhofs.

Die Stadt beantragte bei der US-Militärregierung, dass der Friedhofswärter, der bis zum Kriegsende die Wohnung im Taharahaus bewohnte, dort wieder einziehen dürfe, was einen gewissen Schutz des Friedhofs bedeute. Die Regierung von Niederbayern und Oberpfalz verlangte 1948 aufgrund des Erlasses des Bayerischen Innenministeriums, den Schutz der jüdischen Friedhöfe im Regierungsbezirk zu verstärken. Daraufhin ordnete die Stadt im Juni 1948 an, dass der jüdische Friedhof *„mit sofortiger Wirkung ... während der Zeit der Dunkelheit (gegenwärtig von 22:00–5:00 Uhr) durch Wachmänner der Regensburger Zivilwache ständig zu bewachen"* sei. Die Kontrolle und Einteilung der Wachmänner führte die Polizei durch. Zusätzlich wurden im Winter 1948 auf dem Friedhof Lichtmasten zur nächtlichen Beleuchtung des Friedhofs aufgestellt.

Auswandern nach Israel

Nach der Gründung des Staates Israel am 14. Mai 1948 und nachdem die USA ihre Einwanderungsbegrenzung gelockert hatten, verließen die meisten jüdischen DPs Regensburg. Am 31. Juli 1950 löste sich die „Jewish Community" auf und am nächsten Tag, dem 1. August, erfolgte die Gründung der neuen „Jüdischen Gemeinde Regensburg" sowie die Wahl des ersten Vorstands der Gemeinde. Nur ein Mitglied des Vorstands, → Max Hirsch, hatte von 1933 bis 1940 in Regensburg gelebt. Er war aus dem Exil in Shanghai nach Regensburg zurückgekehrt. Die anderen Vorstandsmitglieder stammten aus Polen, waren DPs, die in Regensburg blieben. Die neue jüdische Gemeinde hatte bei ihrer Gründung 288 Mitglieder.

Klaus Himmelstein

Die Stadt Regensburg sanierte in den Jahren 1983 bis 1985 den Friedhof an der Schillerstraße. Die Sockel von Grabsteinen wurden befestigt und einige Wege gepflastert.

1989 hatte die Jüdische Gemeinde noch 117 Mitglieder mit abnehmender Tendenz. Doch 1994 kamen die ersten jüdischen Kontingentflüchtlinge aus den GUS-Staaten, den Staaten der ehemaligen Sowjetunion, nach Regensburg und die Jüdische Gemeinde wuchs in den folgenden Jahren auf tausend Mitglieder. In den 90er-Jahren waren alle Grabstätten des Friedhofs belegt oder reserviert und die Gemeinde benötigte aufgrund des Zuzugs der Kontingentflüchtlinge dringend einen neuen Friedhof. Die Stadt Regensburg ermöglichte es, dass auf dem städtischen Friedhof Am Dreifaltigkeitsberg eine Abteilung für einen neuen jüdischen Friedhof eingerichtet werden konnte. Am 7. September 1999 erfolgte die offizielle Übergabe des neuen Friedhofs. Der jüdische Friedhof an der Schillerstraße 29 ist seit 1999 „geschlossen" und steht unter Denkmalschutz. Es finden nur noch einzelne Beerdigungen bei den reservierten Grabstätten statt. Der Friedhof hat eine Fläche von 3.690 m^2 mit etwa 860 Grabstätten. Auf vielen Grabsteinen im südlichen und nördlichen Teil des Friedhofs wird neben den traditionellen Inschriften auf die Familienangehörigen hingewiesen, die in der Zeit des Nationalsozialismus ermordet wurden.

Der jüdische Friedhof in der Schillerstraße ist heute ein Ort der Ruhe und des Gedenkens. Im restaurierten Taharahaus soll eine Ausstellung an die über die 200-jährige Geschichte des Friedhofs und seiner Grabstätten erinnern; die Inschriften einer Auswahl von Grabsteinen werden über das Leben von Regensburger Jüdinnen und Juden und ihrer Stellung in der Gemeinde und in der Regensburger Gesellschaft erzählen.

„Da is gekumen zu kewer jissroel" – Friedhofskultur im Zeitenwandel

Nathanja Hüttenmeister

Ein jüdisches Grab wird für die Ewigkeit angelegt, die Totenruhe muss gewahrt bleiben bis zur einstigen Wiederbelebung der Toten am Jüngsten Tag. Die Auflassung und Neubelegung eines Grabes ist halachisch – religionsgesetzlich – nicht erlaubt. Daher musste es im Mittelalter und der Frühen Neuzeit im Bestreben eines Einzelnen wie auch seiner Gemeinde liegen, entsprechenden obrigkeitlichen Schutz zu erwirken und – wenn auch lange Zeit nicht möglich – das Gelände für einen Friedhof auf Dauer zu erwerben.

Auch musste den halachischen Bestimmungen nach ein Friedhof außerhalb einer Siedlung liegen. Im Mittelalter befanden sich die jüdischen Friedhöfe meist unmittelbar vor den Toren der Städte, sie hatten also eine prominente Lage und waren gut erreichbar. In jener Zeit spricht man von der sog. „Friedhofsgemeinde": Der Friedhof einer städtischen Gemeinde diente auch den in der Umgebung lebenden Juden, wobei der Einzugsbereich eines Friedhofs oft dem Einflussbereich des jeweiligen jüdischen Gerichts entsprach. Im Zuge der Vertreibung der Juden aus den mittelalterlichen Städten wurden häufig auch die Friedhöfe zerstört.

Nur in Worms und Frankfurt stehen hierzulande heute noch mittelalterliche Steine auf ihren Gräbern, die meisten Grabmale haben sich nur deshalb erhalten, weil sie geraubt und als Spolien verbaut wurden. Meist dienten sie als billig verfügbares Baumaterial, wie z. B. beim Bau des Markusklosters in Würzburg, bei dessen Abriss im Jahr 1987 mit über 1.500 Grabmalen und Grabmalfragmenten das bisher größte Corpus mittelalterlicher jüdischer Grabsteine wieder aufgefunden wurde. Sie konnten aber auch als sichtbares Zeichen des Triumphes der Ecclesia über die Synagoga eingesetzt werden. So war z. B. der Weihestein zur Grundsteinlegung des Ulmer Münsters ein jüdischer Grabstein von 1377, und in Parchim betritt man die St. Marien-Kirche über Stufen, die aus jüdischen Grabsteinen zusammengesetzt sind. Die Grabsteine des mittelalterlichen jüdischen Friedhofs in Regensburg wurden in der Altstadt selbst und im ganzen weiteren Umkreis deutlich sichtbar verbaut und teilweise sogar mit deutschen Inschriften versehen und dienten so als Siegestrophäen, die an die Vertreibung der Juden aus der Stadt im Jahr 1519 erinnern sollten.

Mit der Zerstreuung der Juden in den ländlichen Gebieten nach der Vertreibung aus den mittelalterlichen Städten galt es zunächst, für ein – wie auch immer beschränktes – Ansiedlungsrecht und den täglichen Lebensunterhalt zu sorgen, doch gehörte die Sorge für eine Begräbnisstätte stets zu den ersten Anliegen einer neuen Gemeinschaft. Dies war jedoch in dieser unsicheren Zeit, in der der Erwerb von Grundbesitz für Juden oft nicht möglich war und von der Willkür der Obrigkeit abhing, äußerst schwierig und mit hohen Kosten verbunden. Und so war es vielerorts notwendig, lange Wege auf sich zu nehmen, um den Verstorbenen eine würdige und sichere ewige Ruhe zu gewähren.

Gründung von Verbandsfriedhöfen

Im 16. Jahrhundert begannen die weit über das Land zerstreuten jüdischen Familien und kleinen Gemeinden, sich in den Landjudenschaften wieder territorial zu organisieren. Dies führte vor allem in Süddeutschland zur Gründung von großen Verbandsfriedhöfen. So diente beispielsweise der 1574 angelegte Friedhof in Kleinbardorf 28 Gemeinden und Niederlassungen als Begräbnisstätte, der Friedhof im pfälzischen Essingen wurde Anfang des 17. Jahrhunderts für 26 Gemeinden angelegt und der auf das Jahr 1665 zurückgehende Friedhof im unterfränkischen Allersheim diente vorübergehend 23 Gemeinden. Einige dieser Orte, wie Fürth und Rödelsee, entwickelten sich zu religiösen Zentren von regionaler und überregionaler Bedeutung. An anderen Orten hat es nie eine jüdische Gemeinde gegeben, wie z. B. im mittelfränkischen Zeckern, im unterfränkischen Ebern oder in Oberöwisheim, wo der Friedhof für die Juden im ganzen Kraichgau als Bestattungsort diente. Solche Verbandsfriedhöfe mussten also nicht zwingend dort liegen, wo es auch eine jüdische Gemeinde gab; oft lagen sie mehrere Tagesreisen – über mehrere Zollgrenzen hinweg – von den beerdigenden Gemeinden entfernt.

Günstiger war die Situation dort, wo sich ein jüdischer Hoffaktor für die Anlage eines Friedhofs einsetzen konnte. So ließ z. B. den Friedhof in Georgensgmünd der markgräfliche Hofbankier Jakob aus Roth am Wohnort seines Bruders anlegen, und auch in neuen städtischen Gemeinden konnte durch die Fürsprache eines Hofjuden ein Begräbnisort entstehen, wie dann Ende des 17. Jahrhunderts z. B. in Berlin.

Der lange Weg nach Pappenheim

Den Regensburger Juden, die sich unter dem Schutz der Reichserbmarschälle von Pappenheim seit der zweiten Hälfte des 17. Jahrhunderts wieder in der Reichstadt Regensburg ansiedeln konnten, blieb ein eigener Friedhof lange verwehrt. Und so konnten sie nicht dem religiösen Gebot nachkommen, ihre Toten möglichst schnell, am besten noch am Todestag, beizusetzen, denn sie mussten ihre Toten auf pappenheimischem Gebiet begraben, und der Friedhof im über 80 km entfernten Pappenheim, auf dem auch pappenheimische Juden aus Ellingen, Treuchtlingen und Berolzheim ruhen, birgt heute noch eine Vielzahl sorgfältig gravierter und verzierter Grabstelen aus Solnhofener Kalkstein, die für Regensburger Juden errichtet wurden.

Die großen Verbandsfriedhöfe wurden oft bis in die 1940er-Jahre belegt, doch nahm die Zahl der beteiligten Gemeinden im Laufe der Zeit ab, denn seit dem 18. Jahrhundert gelang es immer mehr Gemeinden, einen eigenen Friedhof anzulegen, vor allem aus dem Bestreben heraus, besser dem religiösen Gebot nachzukommen, einen Toten möglichst schnell beizusetzen.

Bei den meisten älteren Friedhöfen ist unbekannt, wann und unter welchen Umständen sie angelegt wurden. Manchmal wird ein Friedhof lange vor dem ältesten erhaltenen Grabstein in den Quellen er-

Im November 1822, mit der Beisetzung des achtjährigen Leopold Rosenthal, eröffnet die Israelitische Gemeinde Regensburg nach über 300 Jahren ihren eigenen Friedhof.

währt, und nicht immer ist sicher, ob es sich um den später existierenden Friedhof handelt oder um ein anderes Gelände. Andernorts existieren Grabsteine aus einer Zeit lange vor der ersten Erwähnung des Friedhofs. Viele Friedhöfe dieser frühen Zeit nach der Vertreibung aus den mittelalterlichen Städten sind vermutlich wieder verschwunden, manchmal deuten Flurnamen wie „Judenkirchhof" darauf hin, dass es an einem Ort einstmals einen solchen gegeben haben könnte.

Häufig wurden den Juden in jener Zeit für ihre Friedhöfe in erster Linie Gelände zur Verfügung gestellt, die anderweitig kaum mehr nutzbar waren: abgelegene Steilhänge, Nordhänge, steiniges oder sumpfiges Gebiet, auch Überschwemmungsgebiete; oft waren sie nur mühsam zu erreichen. Damit waren sie auch für das Begraben von Toten denkbar schlecht geeignet.

Im 19. Jahrhundert ermöglichte die nach und nach erfolgte bürgerliche Gleichstellung den Juden nun endlich, Grundbesitz zu erwerben und Friedhöfe (vermeintlich) auf Dauer anzulegen. Die Mehrzahl der heute noch über 2.000 erhaltenen jüdischen Friedhöfe geht in diese

Zeit zurück. Und auch in Regensburg konnte nun die inzwischen stark angewachsene Gemeinde, die nach Beendigung der Pappenheimischen Schutzherrschaft 1806 ihre Toten in Fürth, Georgensgmünd, Schnaittach und andernorts beisetzen musste, im Jahr 1822 einen eigenen Friedhof einweihen.

Darüber hinaus sahen es die Kommunen vielerorts seit Ende des 19. Jahrhunderts als ihre Pflicht an, auch den jüdischen Bürgern Begräbnisplätze auf den neuen städtischen Friedhöfen anzubieten. So entstanden manchmal jüdische Abteilungen innerhalb von städtischen Friedhöfen. Von den meisten Gemeinden wurden diese jedoch nicht in Anspruch genommen, da dort das dauerhafte Ruherecht nicht gewährleistet war. Stattdessen bemühten sie sich um die Anlage eigener Friedhöfe, die aber nun vielerorts unmittelbar an die städtischen Friedhöfe grenzten. Während ältere Friedhöfe mit der Zeit gewachsen und häufig auch mehrfach erweitert worden waren, flossen in die Gestaltung dieser jungen städtischen Friedhöfe – entsprechend den neuen Zielen der Friedhofskunst – landschaftsgestalterische und architektonische Überlegungen mit ein. So wurde z. B. der 1880 angelegte Friedhof in Berlin-Weißensee – mit seinen über 115.000 Beisetzungen bis heute einer der größten jüdischen Friedhöfe Europas – in Form eines Renaissance-Gartens mit streng geometrisch angelegtem Wegenetz und mit Gebäuden in Formen der italienischen Frührenaissance gestaltet.

Von Tahara-Häuschen zu Trauerhallen

Um den halachischen Vorschriften bezüglich der rituellen Reinheit Genüge zu tun, musste es auf oder in der Nähe eines Friedhofs eine Wasserquelle für das vorgeschriebene Händewaschen beim Verlassen des Friedhofs geben. Die Reinigung der Toten, die *Tahara*, konnte im Trauerhause geschehen; mancherorts wurden zu diesem Zweck auch kleine schlichte Häuschen auf den Friedhöfen errichtet, vor allem auf Verbandsfriedhöfen, bei denen aufgrund der langen Wege die Wahrung der rituellen Reinheit eines Toten während des oft langen Transports nicht immer gewährleistet werden konnte. In ihnen stand ein steinerner Waschtisch, oft mit einer umlaufenden Rinne und leicht zum Fußende geneigt, damit das Wasser ablaufen konnte, sowie ein Ofen zum Erwärmen des Waschwassers. Das älteste bekannte Gebäude ist das 1625 gestiftete Tahara-Häuschen auf dem Friedhof in Worms. Die Bauweise der Tahara-Häuschen richtete sich nach dem am jeweiligen Ort und zur jeweiligen Zeit üblichen Baustil. Seit der Mitte des 19. Jahrhunderts wurden anstelle von kleinen Tahara-Häuschen vielerorts große repräsentative, häufig von namhaften Architekten entworfene Trauerhallen errichtet, die neben der eigentlichen Trauerhalle nicht nur Einrichtungen für die Tahara, sondern auch Räume für die Gerätschaften der Totengräber und Friedhofsgärtner und manchmal auch eine Wohnung für einen Friedhofswärter umfassen konnten. Auch in Regensburg wurde ein erstes, 1822 errichtetes kleines Leichenhaus mit später ergänzter Wohnung für einen Friedhofswärter Anfang der 1870er-Jahre durch ein größeres repräsentativeres Tahara-Haus mit Vorhalle und Friedhofswärter-Wohnung ersetzt.

Die Belegung des Friedhofs

Eine Grabstelle wurde meist von der Chewra Kadischa bestimmt, der ehrenamtlichen und spendenfinanzierten Beerdigungsgesellschaft, die sich seit der Frühen Neuzeit allerorten um Krankenbesuch und die Begleitung Sterbender, die rituelle Bestattung und den Friedhof kümmerte. Die Wahl einer Grabstelle war je nach Zeit und Gemeinde wechselnden Kriterien unterworfen, zu denen Alter und Geschlecht, gesellschaftliche und wirtschaftliche Stellung, Familienzugehörigkeit und Herkunft, religiöse Vorstellungen, der Lebenswandel sowie die Umstände des Todes einer oder eines Verstorbenen gehörten. Und so kann die Lage eines Grabes auf einem jüdischen Friedhof im Verhältnis zu den anderen Gräbern heute Aufschlüsse geben über den religiösen, sozialen und gesellschaftlichen Stand einer Person.

Da bis auf Worms und Frankfurt alle jüdischen Friedhöfe des Mittelalters zerstört wurden, lässt sich nur sehr wenig darüber sagen, wie die Aufstellung der Grabsteine in dieser Epoche erfolgte. In Worms begrub man wahrscheinlich in Familiengruppen. Auch lässt sich hier mit dem sog. „Rabbinertal" schon früh ein eigener Bereich für hochgestellte Persönlichkeiten erkennen. In Frankfurt begrub man Verstorbene lange in Familiengruppen, wobei aus Frankfurt stammende Frauen jeweils bei ihren Vätern (und nicht bei ihren Ehemännern, sofern diese aus Frankfurt stammten) beigesetzt wurden. Darüber hinaus gab es spätestens seit dem 18. Jahrhundert eigene Bereiche für Rabbiner, Märtyrer und die besonderen Reinheitsvorschriften unterliegenden Kohanim, die Nachfahren der aaronidischen Hohepriester, für nicht gekennzeichnete Kindergräber, Auswärtige, Arme und Dienstboten sowie unverheiratete Ortsfremde.

Dagegen ist auf keinem dieser beiden Friedhöfe für die ältere Zeit eine deutliche chronologische Abfolge der Gräber zu erkennen, ebenso wenig eine – aus der Synagoge bekannte – Trennung der Geschlechter, anders als z. B. auf dem Ende des 16. Jahrhunderts angelegten Verbandsfriedhof in Georgensgmünd. Hier erfolgte die Belegung ebenfalls vor allem nach Familiengruppen, mit eigenen Bereichen für bestimmte Personengruppen, wie hochgestellte Persönlichkeiten (Rabbiner, Gelehrte), Wöchnerinnen, Kinder und Märtyrer.

Zu Beginn werden Frauen und Männer nicht getrennt voneinander begraben, doch bilden sich schon früh deutlich einzelne Reihen bzw. Felder heraus, in denen vorzugsweise Frauen bzw. vorzugsweise Männer begraben wurden. Mit der ersten Erweiterung des Friedhofs ab 1700 und der damit einhergehenden Anlage regelmäßiger Grabreihen wird diese Trennung deutlicher, mit einer weiteren Erweiterung des Friedhofs ab ca. 1820 wird die Beisetzung in Familiengruppen ganz aufgegeben und in strikt nach den Geschlechtern getrennten Reihen in chronologischer Reihenfolge beerdigt. Dagegen spielte der Herkunftsort auf diesem Verbandsfriedhof für die Wahl der Grabstelle keine Rolle.

Oft auf den ersten Blick erkennbar sind fast überall vorhandene eigene Kinderfelder, denen in erster Linie praktische Erwägungen zugrunde liegen – ging man doch immer sehr sparsam mit dem zur Verfügung stehenden Raum um und nahm ein Kindergrab weit weniger Platz ein als ein Erwachsenengrab. So wurden z. B. in Regensburg die Kinder am Ende der Reihen entlang der Mauern begraben. Auf den Friedhöfen großer Gemeinden kann man manchmal auch eigene Felder für die gefallenen Soldaten des Ersten Weltkriegs finden, wie z. B. auf dem Friedhof in Köln-Deutz.

Nathanja Hüttenmeister

Kein „Gerechter" neben einem „Frevler"

In der zweiten Hälfte des 19. Jahrhunderts legten die neo-orthodoxen Austrittsgemeinden eigene Felder auf bestehenden Friedhöfen an, wie in Chemnitz oder Bingen, wenn sie nicht eigene Friedhöfe gründeten, wie in Berlin, Frankfurt, Karlsruhe oder Köln. Hier suchten sie die alten Traditionen zu wahren; die meist schlicht und einheitlich gestalteten Grabsteine tragen bis zuletzt vornehmlich hebräische Inschriften, auf Ornamentik und Prunk wurde verzichtet, ebenso auf Neuerungen wie die Urnenbeisetzungen. Feuerbestattungen widersprachen den religiösen Vorstellungen und blieben vielerorts heftig umstritten. Gleichwohl nahm die Zahl derer, die sich kremieren lassen wollten, seit Anfang des 20. Jahrhunderts deutlich zu, und so wurden auf vielen Friedhöfen eigene Reihen oder Felder für Urnenbeisetzungen eingerichtet, in deutlichem Abstand zu den anderen Gräbern des Friedhofs. Diese waren sichtbar als Urnenfelder gestaltet, wie z. b. auf dem neuen jüdischen Friedhof in Erfurt oder auf dem Friedhof in der Humboldtstraße in Halle, oder nicht von anderen Grabstätten zu unterscheiden.

Laut Talmud soll kein „Gerechter" neben einem „Frevler" begraben werden. Damit erklären sich eigene Felder für Personen, deren Sterben nicht den Vorstellungen der Gemeinschaft oder zumindest der Rabbiner entsprochen hatte, wie z. B. Selbstmörder oder Personen mit ungeklärter Todesursache und Personen, die aufgrund ihres Lebenswandels nicht neben den anderen begraben werden sollten. So gab es auf dem alten Frankfurter Friedhof schon in der Frühen Neuzeit einen solchen „Schandplatz", auf dem Selbstmörder, Taufschwindler und Gebannte, weltliche Verbrecher, Bankrotteure, uneheliche Kinder und „sittlose" Frauen begraben wurden. Da solche Gräber früher in der Regel nicht gekennzeichnet wurden, lassen sich solche „Schandecken" heute nur selten erfassen und meist nur dann, wenn es andere Aufzeichnungen wie z. B. hebräische Begräbnisregister gibt. Ein solches hat sich z. B. für den 1810 angelegten Friedhof in Heidingsfeld erhalten, der auch der neuen jüdischen Gemeinde Würzburgs als Begräbnisort diente. Aus diesem Begräbnisregister lässt sich schließen, dass auf dem Kinderfeld auch eine ganze Reihe von Personen begraben wurden, die Selbstmord begangen hatten oder die tot aus dem Main gezogen wurden. Für manche von ihnen existiert heute noch ein Grabstein, andere haben vermutlich nie einen erhalten. Die Reihenfolge der Beisetzung war also von Ort zu Ort recht unterschiedlich und in erster Linie von lokalen Traditionen bestimmt. Eine ursprüngliche Beisetzung nach Familiengruppen wird – spätestens seit dem 19. Jahrhundert – zunehmend von einer Beisetzung in chronologischer Reihenfolge abgelöst, wobei mancherorts eine Trennung der Geschlechter zu beobachten ist. Eigene Felder für bestimmte Personengruppen sind fast überall nachzuweisen. Spätestens im 20. Jahrhundert, als Friedhofsanlagen nicht mehr mit der Zeit wuchsen, sondern durchgeplant angelegt und gestaltet wurden, nimmt die Zahl von nebeneinander beigesetzten Ehepaaren und Familiengrabstätten deutlich zu.

Blick nach Jerusalem

Der Mindestabstand zwischen den einzelnen Gräbern ist halachisch festgelegt. Die Grabsteine stehen am Kopfende des Grabes, wie auch den Formulierungen der ältesten Inschriften zu entnehmen ist. Die Gräber selbst waren hierzulande oft – altem Brauch entsprechend – nach (Süd-)Osten ausgerichtet, so dass der Tote in Richtung Jerusalem blickte, dem Ort der erhofften Wiederbelebung am Ende der Tage. Selten lässt sich jedoch Genaueres über die unsichtbare Lage der Gräber sagen. In Worms weisen die beschrifteten Seiten der Grabsteine nach Nord(west)en, und so ist zu vermuten, dass die jeweiligen Gräber auf den von den Grabinschriften abgewandten Seiten, also sozusagen hinter den Grabsteinen liegen. Nur ein Grabmal wurde in Worms anders ausgerichtet: der Stein des berühmten Maharil, R. Jaakow ben Mosche Halevi Mölln (1375–1427), der mit seiner Schrift ungefähr nach Westen zeigt. Der Maharil stammte aus Mainz, und auch bei einem mittelalterlichen Grab, das mitsamt zugehörigem Grabstein 2007 auf dem Mainzer „Judensand" gefunden wurde, weist die beschriftete Seite des Grabsteins in etwa nach Westen und war vom Grab abgewandt. Das Grab lag also hinter dem Grabstein, der Kopf des Toten liegt vermutlich auf der westlichen Seite, so dass er, wenn er sich bei der Wiederbelebung der Toten am Ende der Tage erhebt, nach Osten, in Richtung Jerusalem blickt.

Erst als im 19. Jahrhundert vielerorts Grabeinfassungen üblich werden, wird die Lage des Grabes deutlich: Es liegt in der Regel nun vor dem Grabstein, dessen Schriftseite dem Grab zugewandt ist. Dem Brauch, die Gräber bzw. Grabsteine auf Jerusalem auszurichten, wurde jedoch nicht überall gefolgt, ihre Ausrichtung konnte auch von den örtlichen Gegebenheiten bzw. Traditionen bestimmt werden.

Ähnliches galt auch für Regensburg: Hier wurden die Grabsteine nach Norden ausgerichtet, um den Geschossen des angrenzenden Schießplatzes des Königlich Bayerischen Militärs mit ihren Schmalseiten weniger Angriffsfläche zu bieten. Mit der Erweiterung des Friedhofs 1867 und nachdem der Kugelfang zwischen Friedhof und Schießplatz erhöht worden war, stellte man die Grabsteine dann nach Osten ausgerichtet auf. Es konnten also auch auf einem Friedhof unterschiedliche Traditionen aufeinandertreffen.

Manchmal gab es rituelle Gründe, einzelne Grabsteine anders auszurichten als die übrigen. So wurden z. B. auf dem Friedhof in Hamburg-Altona die Grabsteine derjenigen, die im 17. Jahrhundert an der Pest gestorben waren, mit ihrer Schriftseite anders herum aufgestellt als alle anderen Grabmale des Friedhofs. Auf dem Friedhof in Bayreuth stehen die Grabsteine der Wöchnerinnen Ende des 18. Jahrhunderts anders herum als alle anderen Grabsteine – also jeweils die Grabsteine von Personengruppen, die ohne eigenes Verschulden im Zustand der rituellen Unreinheit gestorben waren und deren Gräber durch die Art ihrer Aufstellung als eine Mahnung an die Lebenden und als eine Würdigung der Toten aus der Masse der übrigen Grabsteine herausgehoben wurden.

Die Grabmale

Nicht nur die Position und Ausrichtung eines Grabmals, auch seine Gestaltung und sein Material geben vielfältige Auskünfte über den Status der oder des Verstorbenen, wobei jede Gemeinde ihre eigenen Vorstellungen und Bräuche entwickelte, die im Laufe der Jahrzehnte und Jahrhunderte einem ständigen Wandlungsprozess unterworfen waren.

Die Grabmale der aschkenasischen Juden, also der mittel- und osteuropäischen Juden, stehen in der Regel aufrecht, im Gegensatz zu den Grabmalen der sefardischen Juden, der Nachfahren der Ende des 15. Jahrhunderts aus Spanien und Portugal vertriebenen oder zwangschristianisierten und später zum Judentum zurückgekehrten Juden: Diese wurden in Form von liegenden Grabplatten, Scheinsarkophagen und Pyramidalgräbern gestaltet, wie in Deutschland vor allem auf den Friedhöfen in Hamburg-Altona und Glückstadt zu sehen.

Bis weit ins 19. Jahrhundert waren die Grabsteine in der Regel aus Sandstein gefertigt, seltener auch aus Muschelkalk. Doch ist es keinesfalls selbstverständlich, dass ein jüdisches Grabmal immer aus Stein gefertigt war. So hatte z. B. die Berliner Chewra Kadischa, die Beerdigungsbruderschaft, im Jahr 1727 eine Ergänzung in ihre Statuten eingefügt, die besagte, dass Ledige keinen Grabstein, sondern *„nur ein Brett aus Holz"* bekommen sollten, und vom 1671 angelegten Berliner Friedhof in der Großen Hamburger Straße weiß man aus Berichten, dass es dort auch eine große Zahl von Holzgrabmälern gegeben hat, von denen einige in den 1860er-Jahren, als der Privatgelehrte Elieser Leiser Landshuth (1817–1887) die Inschriften des Friedhofs aufnahm, noch erhalten waren.

Auf dem jüdischen Friedhof in Fischach bei Augsburg stehen noch heute die großen hölzernen Stelen des Abraham Levi von 1815 und seiner Frau Brendel von 1833, mit Rundbogenabschluss und eingravierter Inschrift, den steinernen Grabmalen nachempfunden. Im oberschwäbischen Aulendorf begnügten sich die Juden der Überlieferung nach mit eichenen Stöcken oder Säulen mit eingeschnittenen Inschriften, sog. „Judenhölzle". Und so kann man zumindest vermuten, dass es weit mehr und auch andernorts solche Holzgrabmale gegeben hat, von denen sich nur noch wenige Beispiele erhalten haben.

Dazu kommt, dass ein Grabstein nicht sofort nach der Beisetzung gesetzt wurde. Üblich war zumindest in jüngerer Zeit eine Steinsetzung nach einem Jahr, am ersten Todestag, der sog. „Jahrzeit". Doch wird es sicherlich vorher eine provisorische namentliche Kennzeichnung des Grabes gegeben haben, vermutlich in Form einer beschrifte-

Mit der Aufhebung der Matrikelpflicht vergrößert sich die Gemeinde um das Vierfache. Mit der ersten Friedhofserweiterung von 1867 kommt es zu einer Anpassung der Sepulkralkultur an die Umgebungsgesellschaft.

ten Tafel aus Holz, und nicht immer wird in den teilweise unruhigen und wirtschaftlich schwierigen Zeiten dieses Provisorium durch ein Grabmal aus Stein ersetzt worden sein.

Vielfalt der Gestaltung

Die auf den ersten Blick vielleicht gleichförmig erscheinende, aber doch so vielfältige und variationsreiche Gestaltung der Grabmale im Laufe der Jahrhunderte kann an dieser Stelle nur in groben Zügen umrissen werden.

Die ältesten erhaltenen Grabsteine aus dem 11. und 12. Jahrhundert schließen oben meist gerade ab, doch spätesten im 13. Jahrhundert treten vereinzelt die ersten Rundbögen auf. Die Schriftfelder sind oft eingetieft und ihre Gestaltung wird im Laufe der Zeit vielfältiger. Dafür sind auch die erhaltenen Grabmale vom mittelalterlichen Regensburger Friedhof ein gutes Beispiel. Seit dem 17. Jahrhundert nimmt die Zahl der rundbogigen Abschlüsse deutlich zu, sie werden immer mehr variiert und die geraden Abschlüsse werden fast ganz verdrängt. Spätestens jetzt entwickelt jede Region, jeder einzelne Friedhof, sein ganz eigenes Profil mit eigenen Formen und eigenem Stil.

Die oft relativ schlicht gestalteten Grabsteine mit der hebräischen Schrift als vorherrschendem Gestaltungsmerkmal waren teilweise bis weit ins 19. Jahrhundert hinein üblich. Dann jedoch kommt es – aufgrund neuer technischer Fertigungs- und Transportmöglichkeiten einerseits und der Bedürfnisse einer zunehmend bürgerlichen Gesellschaft andererseits – geradezu zu einer Explosion von Formen und Variationen. Deutlich wird nun eine zunehmende Orientierung an der Sepulkralkultur der Umgebungsgesellschaft, doch gab es auch eigenständige Entwicklungen, wie z. B. im Zuge des Historismus mit maurischen Stilelementen gestaltete Grabmale.

Üblich werden nun Sockel und Grabeinfassungen, und viele Grabsteine werden größer und aufwändiger gestaltet. Auf städtischen Friedhöfen werden große Familienerbbegräbnisstätten mit repräsentativen Grabbauten immer beliebter. Zunehmend treten die Schrift und damit auch die Bedeutung der Inschrift insgesamt hinter die teilweise schon überbordend zu nennende Ornamentik zurück. Gleichzeitig werden neben dem traditionellen Sandstein oder Muschelkalk nun neue Materialien wie Kunststeine und vor allem schwarz polierte Hartsteine beliebt, die seit den 1880er-Jahren und oft bis heute das Bild der Friedhöfe bestimmen, auch in Regensburg. Vielerorts werden die Gräber nun mit metallenen Ziergittern eingefasst, selten findet man auch anstelle von Grabsteinen ganze Gitterwände, wie z. B. auf dem jüdischen Friedhof in Berlin-Weißensee. Erst nach dem Ersten Weltkrieg werden im Zuge des veränderten Zeitgeschmacks einerseits und durch eine Rückbesinnung auf die eigenen alten Traditionen andererseits die Grabsteine wieder schlichter, auch die Rundbögen werden wieder häufiger.

Im 20. Jahrhundert haben sich auch jüdische Künstler mit der Gestaltung von Grabmalen befasst, wie z. B. die Bildhauer Leopold Fleischhacker (1882–1946) aus Düsseldorf und Benno Elkan (1877–

1960) aus Dortmund, deren Werke sich auf vielen jüdischen Friedhöfen (nicht nur) im Rheinland und im Ruhrgebiet finden lassen. Der Hamburger Kunstprofessor Friedrich Adler (1878–1942) gestaltete eine Reihe von Jugendstil- und Art Déco-Grabmalen auf dem Friedhof seines schwäbischen Heimatortes Laupheim. Für den Friedhof in Berlin-Weißensee haben viele bekannte und weniger bekannte – jüdische wie nichtjüdische – Architekten und Bildhauer Grabsteine entworfen, wie Alexander Beer, Hans Dammann, Gustav Eberlein, Benno Elkan, Louis Fränkel, Walter Gropius, Paul Lewy, Alfred Messel und Ludwig Mies van der Rohe.

Während sich im 19. Jahrhundert die Beisetzung in strikter chronologischer Reihenfolge vielerorts durchgesetzt hatte, wird nun vor allem dort, wo Doppelgrabstellen oder Familienerbbegräbnisse nicht üblich waren, die Gestaltung der Grabmale oft ein Mittel, familiäre Verbundenheit auszudrücken: Häufig wurden die Grabmale von Ehepartnern, manchmal die ganzer Familien identisch oder sehr ähnlich gestaltet. Zudem wurden seit Mitte des 19. Jahrhunderts auf vielen Friedhöfen nicht nur alte Grabsteine restauriert, sondern manchmal auch durch neue, dem Zeitgeschmack besser entsprechende Grabmale ersetzt.

Auch ist zumeist unbekannt, wer die Grabsteine herstellte. Steinmetzsignaturen finden sich erst seit Mitte des 19. Jahrhunderts, und dann sind es meist die örtlichen christlichen Steinmetze, die ihre Namen hinterließen. Nur selten gibt es seit Mitte des 19. Jahrhunderts hier und dort jüdische Steinmetze, wie Adam Wolff in Krefeld, Simon Löwensohn in Fürth oder Max Koppel in Nördlingen, der auch für den Regensburger Friedhof Grabmale fertigte.

Zunehmend werden im 19. Jahrhundert in Steinmetzbetrieben Mustergrabsteine und seriell gefertigte Ware ausgestellt. Dies führte dazu, dass man manchmal auf jüdischen Friedhöfen auch Grabsteine mit mehr oder weniger deutlichen christlichen Anklängen finden kann, wie Grabmale in Form von stilisierten Kreuzen oder die Abbildung von Alpha und Omega. Zudem finden sich vor allem seit den 1930er-Jahren immer häufiger vor den Daten kleine Kreuze für „gestorben", ein Symbol, das man aufgrund seiner christlichen Konnotation lange vermieden hatte.

Symbolik

Grundsätzlich muss man die Ornamentik auf jüdischen Grabmalen unterscheiden von der Symbolik, also den reinen Schmuck einerseits, und die Darstellungen und Verzierungen mit tieferer Bedeutung andererseits. Die Symbolik lässt sich wiederum trennen in jüdische Symbolik einerseits und allgemeine, von der Umgebungskultur übernommene Darstellungen, insbesondere Vanitas-Symbole, andererseits. Hier sollen vor allem die jüdischen Symbole in den Blick genommen werden.

Symbolik bleibt im Mittelalter selten, erst in der zweiten Hälfte des 16. Jahrhunderts finden sich z. B. in Frankfurt die ersten Abstammungssymbole, die segnenden Priesterhände und die Levitenkanne, die also die Abstammung des Verstorbenen vom aaronidischen Priestergeschlecht der Kohanim oder von den Leviten symbolisieren. Die Kohanim waren im Tempel für die Darbringung des Opfers zuständig und sprachen den Segen über das Volk. Bei diesem Segen, der bis heute im Synagogengottesdienst gesprochen wird, erhebt der Kohen die Hände in der typischen Fingerhaltung. Die Leviten waren für die kultische Reinheit zuständig und wuschen den Kohanim vor dem Segen die Hände. Dies wird auf Grabsteinen mit einer Kanne symbolisiert, die häufig in Form eines zeitgenössischen Waschgeräts gestaltet ist.

Die segnenden Priesterhände der Kohanim: Abstammungssymbol des Verstorbenen von diesem Priestergeschlecht

Nathanja Hüttenmeister

Die Levitenkanne: Symbol für das Geschlecht der Leviten

Andere Symbole stehen für verschiedene Funktionen innerhalb der jüdischen Gemeinschaft. Die Tätigkeit des Mohels, der die jüdischen Knaben am achten Lebenstag beschnitt, wird durch ein Messer symbolisiert, manchmal flankiert von Salbenfläschchen. Ein Schofar, wie auf dem Grabmal des Regensburger Distriktsrabbiners Dr. Seligman Meyer von 1926, steht für die hohe Ehre und große Kunst des Schofar-Blasens an den hohen Feiertagen Neujahr und Versöhnungstag, kann aber auch für die Auferstehungshoffnung stehen, denn auch am Jüngsten Tag wird das Schofar ertönen. Eine schreibende Hand steht für den Sofer, der in mühevoller Arbeit Thorarollen und andere religiöse Texte herstellte, später aber auch die Funktion eines Gemeindesekretärs einnehmen konnte.

Bücher können für Gelehrsamkeit stehen, Gebetsbücher für Frömmigkeit, oder sie symbolisieren die religiösen Werke eines bekannten Gelehrten. Zedaka-Büchsen sind ein Symbol für das Gebot der Wohltätigkeit.

Lampen und Leuchter können verschiedene Bedeutungen haben. Das kleine Öllämpchen auf dem Regensburger Grabmal des Louis Niedermaier von 1926 steht für das ewige Licht, wie es auch in der Synagoge brennt als Symbol für die Gegenwart Gottes. Dieses findet man in Regensburg auch in Form von als Grabmalaufsatz gestalteten Flammen. Vor allem in Süddeutschland findet man auf Grabsteinen

Die Öllampe steht für das ewige Licht als Symbol für die Gegenwart Gottes.

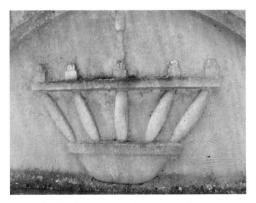

Die Schabbatlampen finden sich auf Frauengrabsteinen.

von Frauen, die am Freitagabend die Schabbat-Kerzen entzünden, manchmal die Darstellung von Schabbatlampen und -kerzen, wie die nach traditionellen mittelalterlichen Vorbildern gestaltete Lampe auf dem Grabmal der Regensburger Rabbinersgattin Mathilde Meyer von 1936. Auf dem Grabmal der 1814 gestorbenen Vogel auf dem Friedhof in Heidingsfeld bei Würzburg kündet ein großer Leuchter von ihrer jahrelangen ehrenvollen Aufgabe, die Lampen in der Synagoge mit Kerzen zu bestücken – hier ein neunarmiger Leuchter, eigentlich ein

Der Davidstern, der Schild Davids, wurde im 20. Jahrhundert zum Symbol des Judentums

Chanukka-Leuchter, nicht zu verwechseln mit dem siebenarmigen Leuchter, der Menora. Die Menora war schon in der Antike das Symbol für das Judentum und geht zurück auf die Leuchter, die im Tempel rechts und links des Altars standen und nach der Zerstörung des Tempels durch die Römer geraubt wurden, wie auch in Rom auf dem Titusbogen dargestellt. Schon in der Antike findet man die Darstellung der Menora auf jüdischen Grabsteinen, und hierzulande vor allem seit dem 20. Jahrhundert hier und dort – neben dem zweiten Symbol für das Judentum, dem Davidstern.

Der Davidstern, wörtlich Magen David, der Schild Davids, in der Antike eines von vielen Symbolen, entwickelte sich im 19. Jahrhundert zu dem Symbol des Judentums schlechthin, und spätestens seit dem Ersten Weltkrieg ist er auch sehr häufig auf Grabsteinen dargestellt. Auf älteren Steinen kann er auch als Namenssymbol dienen.

Weitere Namenssymbole gehen auf den Segen Jakobs über seine Söhne (Gen. 49,1–28) zurück: Naftali wird mit einem springenden Hirsch verglichen, Jehuda mit einem jungen Löwen, Benjamin mit einem Wolf. Issachar wird mit einem Esel verglichen, an dessen Stelle

Die Krone: Symbol der Gelehrsamkeit oder des guten Namens

hierzulande der Bär tritt als Sinnbild für Ausdauer, Geduld und Stärke. Darauf gehen die Namensparallelitäten zurück von Naftali mit *Zwi* (hebr. für Hirsch) und dem deutschen Hirsch, Hirz und auch Herz, Jehuda *Arje* Löw, Löb oder Leib, Benjamin *Seew* Wolf und Issachar *Dow* Bär, Bärle oder Berend. Im 19. Jahrhundert wurden diese tradierten Namen ergänzt durch „bürgerliche" Varianten, und so tritt neben Hirsch und Herz oft der gleich anlautende Name Hermann, aus Löb wird Leopold oder Louis, aus Berend Bernhard. Hirsche und Löwen findet man häufiger als Namenssymbol auf den Grabsteinen dargestellt, etwas seltener auch Bären und ganz selten auch mal einen Wolf.

Ebenfalls beliebt war die Darstellung von Kronen, als Kronen der Gelehrsamkeit, wie auf dem Grabmal des Regensburger Distriktsrabbiners Dr. Seligmann Meyer von 1926, als Krone des Priestertums und vor allem als Krone des guten Namens nach Pirke Awot 4,17, den „Sprüchen der Väter" aus dem 2. Jahrhundert: *„Rabbi Schimon sagt: Drei Kronen gibt es: Die Krone der Thora, die Krone der Priesterwürde und die Krone des Königtums; die Krone des guten Namens aber über-*

Nathanja Hüttenmeister

Die Amphore als Seelengefäß   *Die Sanduhr steht für die verrinnende Lebenszeit*

trifft sie alle." Bei verheirateten Frauen kann die Krone auch für den so häufig zitierten Vers Sprüche 12,4 stehen: *„Eine tüchtige Gattin ist die Krone ihres Mannes."* Die von ihrem Podest fallende Krone aus den Klageliedern 5,16 symbolisiert den Verlust eines Familienoberhauptes oder Gemeindevorstehers.

Neben diese jüdischen Symbole treten in Frankfurt seit Ende des 16. Jahrhunderts die Hauszeichen. Diese oft sehr kunstvoll gestalteten Zeichen gaben den Namen des Hauses in der Frankfurter Judengasse an, in dem der oder die Verstorbene gelebt hatte. In einer solch großen Gemeinde wie der Frankfurter und auf ihrem großen Friedhof mit Tausenden von Grabsteinen bedurfte es über die jüdischen Namen hinaus weiterer Identifizierungsmöglichkeiten für den Einzelnen im Leben, wie der Grabsteine im Tode, und so stehen hier die Hausnamen (anstelle der späteren Familiennamen, die sich in Frankfurt oft von Hauszeichen herleiteten) wie ein Wappen über den Inschriften. Solche Hauszeichen blieben jedoch auf Frankfurt, das nahe Hanau und seltener auch Worms beschränkt.

Während bei den Hauszeichen selten auch mal figürliche Darstellungen zu finden sind, bleiben diese ansonsten bis ins 20. Jahrhundert hinein die Ausnahme – entsprechend dem biblischen Bilderverbot wurden auch bei der Gestaltung der Grabsteine wie in der gesamten aschkenasisch-jüdischen Kunst figürliche Darstellungen meist vermieden. Erst auf städtischen Friedhöfen des 20. Jahrhunderts kann

Friedhofskultur im Zeitenwandel

man immer wieder einmal Reliefs mit figürlichen Darstellungen, aber auch Vollplastiken finden, wie die Allegorie der Trauer.

Seit dem 19. Jahrhundert findet man in Regensburg – wie überall – verstärkt auch Symbolik nichtjüdischen Ursprungs, vor allem vielfältige Vanitas-Symbole auf den Grabsteinen, so Schmetterlinge als Sym-

Grabstein von Riwka bat Awraham Herzog, Gattin des Bezalel Broda aus Regensburg, 1758 auf dem jüdischen Friedhof in Pappenheim begraben

bole für die Metamorphose der Seele oder Amphoren als Seelengefäße, Sanduhren als Symbol für die verrinnende Lebenszeit, Mohn als Symbol für den Todesschlaf, der Ouroboros, die sich in den Schwanz beißende Ewigkeitsschlange, gesenkte Fackeln für das erloschene Lebenslicht oder geknickte Blumen für Jungverstorbene, aber auch Symbole für weltliche Berufe, den Äskulapstab, und vieles mehr.

Manchmal nehmen ganze Grabsteine die Form von Symbolen an, wie aufgeschlagene Bücher auf Podesten als Symbol für das Buch des Lebens, in das man eingeschrieben wird, oder Baumstämme und die in Regensburg besonders beliebte gebrochene Säule für das abgebrochene Leben Jungverstorbener.

Neben der Symbolik sind viele Grabsteine mit Ornamentik geschmückt, oft mit floralen Motiven, die ihre auf die Antike zurückgehende tiefere Bedeutung meist verloren haben, wie gekreuzte Palmwedel und Lorbeerzweige, Kränze, Weinlaub oder Efeuranken, deren immergrünes Laub auch als Sinnbild für die Ewigkeit bzw. die Auferstehungshoffnung gesehen werden kann.

Die Inschriften

Bis weit ins 19. Jahrhundert hinein waren jüdische Grabsteine nur hebräisch beschriftet. Die ältesten hierzulande erhaltenen Grabsteine aus dem Mittelalter tragen meist relativ kurze Inschriften, beschränken sich auf die Angabe von Status („Mann", „Frau", „Kind", „ledig", „alt" etc.), jüdischem Namen mit Vatersnamen und Sterbedatum nach dem jüdischen Kalender, gerahmt von einer Einleitungsformel und einem abschließenden Segen. Im Laufe der Zeit wurden die Inschriften ausführlicher, wurden erweitert durch eine Eulogie, eine Lobrede auf den oder die Verstorbene, die sich auf wenige lobende Attribute beschränkte oder aus vielfältigen Zitaten aus der Traditionsliteratur zusammengesetzt war, ausgeschmückt mit Reim, Wortspielen mit den Namen und Akrosticha oder Chronogrammen. Genannt werden auch die Funktionen und Ehrentitel, die ein Verstorbener in seiner Gemeinde innehatte, und zu den jüdischen Namen treten vermehrt die Alltags- oder Rufnamen. Je gelehrter eine Gemeinde war, je wichtiger

Friedhofskultur im Zeitenwandel

die verstorbene Person, desto länger, ausführlicher und kunstvoller konnten die Inschriften werden.

Als Beispiel soll hier das Grabmal der Riwka bat Awraham Herzog, Gattin des Bezalel Broda aus Regensburg vorgestellt werden, die 1758 in Pappenheim begraben wurde (s. S. 69). Die hohe Stele mit geradem Abschluss weist ein Schriftfeld auf, das von zwei Säulen flankiert wird, die jeweils ein Gefäß mit hochaufschießenden, schönen Blumen tragen, die die Zwickel oben ausfüllen und so einen Rundbogen bilden. Im Giebelfeld stehen drei Kopfzeilen mit der Angabe von Familienname und Herkunftsort. Nach unten wird das Schriftfeld durch zwei feine Linien abgeschlossen, die in Voluten auslaufen.

1 האבן הזאת ציונה לראש אשה הקצינה וזקינה מרת
2 רבקה בת הר"ר אברהם הערצוג ז"ל מפפערשי אשת
3 הקצין המפורסם כ' התורני כמהור"ר בצלאל ז"ל
4 ברודא מרעגנשבובר'
5 **רבות** בנות עשו חיל וזאת עלתה על כלנה :
6 **קבלה** האורחים בפנים יפות לביתה הובילה :
7 **בת** נדיב זו בתו של **אברהם** לכל חסדה גמלה :
8 **אשת** לפידות עוסקות במצות בתוקף חילה :
9 **כבוד** ה' כמים מנת חבלה ובחיק יוטל גורלה :
10 **התורני מהור"ר בצלאל** מסתופף בצלה :
11 **ברעגנשבורג** דירתם מכונה לאנשי מעלה :
12 ליל ה' יו"ד שבט תקח"י ל' מגופה נשמתה נאצלה :
13 ובעש"ק י"א שבט נקברה סמוך לכניסת כלה : תהי
14 נצבה"ה עם נשמת שררו"ל בגן עדן עולה :

1 ›Dieser Stein‹ ist Zeichen zu Häupten einer Frau, der Vornehmen und Betagten, Frau
2 Riwka, Tochter des Meisters, Herrn Awraham Herzog, sein Andenken zum Segen, aus Pfersee, Gattin
3 des Einflussreichen, des Weitbekannten, des geehrten Toragelehrten, des Geehrten, unseres Lehrers, des Meisters, Herrn Bezalel, sein Andenken zum Segen,
4 Broda aus Regensburg.
5 ›Viele Töchter haben sich wacker erwiesen, diese aber geht über alle‹,

6 Gäste empfing sie mit freundlichem Angesicht und führte sie in ihr Haus,
7 diese Tochter eines Wohltäters, Tochter Awrahams, allen erwies sie ihre Güte,
8 ›eine tatkräftige Frau‹, beschäftigt mit guten Werken mit ihrer ganzen Kraft,
9 ›die Herrlichkeit des Ewigen (zahlreich) wie Wasser‹ ist ihr beschieden Teil ›und in den Schoß wurde ihr Los geschüttet‹,
10 der Toragelehrte, unser Lehrer, der Meister, Herr Bezalel, birgt sich in ihrem Schatten,
11 in Regensburg war ihre Wohnung hochgestellten Persönlichkeiten bereitet,
12 in der Nacht 5, zehnter Schwat 518 der Zählung, wurde ihre Seele von ihrem Leib geschieden
13 und am Rüsttag des heiligen Schabbat, 11. Schwat, wurde sie begraben kurz vor Eintritt der Braut [Schabbat]. Es sei
14 ihre Seele eingebunden in das Bündel des Lebens mit den Seelen von Sara, Riwka, Rachel und Lea, (zum) Garten Eden steigt sie empor

Zeile 1: Genesis 28,22; Zeile 5: Sprüche 31,29; Zeile 8: Richter 4,4; Zeile 9: Habakuk 2,14; Zeile 9: Sprüche 16,33; Zeile 10: Vgl. Raschis Kommentar zum babylonischen Talmud, Traktat Eruvin 43b

Riwka, das ist der biblische Name Rebekka, war eine Tochter von Abraham Herzog in Pfersee und Gattin des gelehrten Rabbiners Bezalel Broda zu Regensburg. Sie wird als *qezina*, als „Vornehme" oder „Einflussreiche" bezeichnet; dies ist ein in der Regel Männern vorbehaltener Ehrentitel, der nur selten für Frauen Verwendung fand und hier in einer Reihe mit *ziuna*, „Zeichen", und *sqena*, „Betagte", durch einen Binnenreim auf *-(i)na* besonders betont wird.

In der langen, durchgehend gereimten Eulogie, der Lobrede auf Riwka, ist ihr Name mit Vaters- und Gattennamen als Akrostichon noch einmal in die Zeilenanfänge eingeflochten. Dabei wird mit der Bedeutung des Gattennamen gespielt: Bezalel bedeutet „im Schatten Gottes"; er, der im Schatten Gottes steht, birgt sich hier auch in Riwkas Schatten. Mit einer seltenen, in dieser Bedeutung nachbiblischen Wendung wird hier Riwkas ihrem Gatten gleichwertige Stellung ausgedrückt. Die Eulogie rühmt ihre Güte ebenso wie ihre Fürsorge, ihre Tatkraft und ihre

Gastfreundschaft. So bot sie auch „hochgestellten Persönlichkeiten", wohl Teilnehmern des Immerwährenden Reichstags in Regensburg, eine Herberge. Als Lohn für ihre irdischen Taten ist ihr in der künftigen Welt ein unendlich großer Anteil an der Herrlichkeit Gottes beschieden. Der Vers aus Habakuk in Zeile 9 lautet vollständig: „Denn voll sein wird die Erde zu erkennen die Herrlichkeit des Ewigen, wie Wasser bedecket die Meerestiefe" (in der Übersetzung von Leopold Zunz). „In den Schoß wurde ihr Los geschüttet", das heißt von Gott vorherbestimmt: Die Menschen mögen versuchen, durch das Werfen von Losen ihr Schicksal vorherzusagen, aber Gott bestimmt, wie das Los fällt.

Riwka starb in der Nacht auf Donnerstag, den 19. Januar 1758, und wurde am Freitag, dem Rüsttag des heiligen Schabbat, begraben, kurz vor Beginn des Schabbat, dem „Einritt der Braut Schabbat". Diese Bezeichnung zur Begrüßung des Schabbats stammt aus der im 16. Jahrhundert verfassten Hymne „Lecha Dodi" des Kabbalisten Schlomo Alkabez aus Thessaloniki, die weltweit Eingang in die Liturgie des Gottesdienstes am Freitagabend gefunden hat.

Riwkas Grabstein soll hier als Beispiel dienen für die Blüte jüdischer Grabmalgestaltung, ihre Eulogie für die Schönheit und Komplexität hebräischer Grabinschriften.

Jede Gemeinde, jede Zeit, entwickelte ihren eigenen Stil, der manchmal auch von Einzelpersonen bestimmt werden konnte. Mit der Zeit bildete sich jedoch ein Standardformular von beliebten Wendungen, Formulierungen und Zitaten heraus, die die Inschriften zunehmend gleichförmiger erscheinen lassen. Doch je weniger individuell die Inschriften abgefasst waren, je weniger sie biografische Details oder die besonderen Tugenden eines Verstorbenen deutlich werden lassen, desto mehr spiegeln sie die in einer bestimmten Zeit vorherrschenden Ideale und Werte und – über einen großen Zeitraum betrachtet – den Wandel dieser Werte im Laufe der Jahrhunderte.

Aus dem Jahr 1800 in Berlin stammen die frühesten bekannten deutsch abgefassten jüdischen Grabinschriften, zunächst noch in hebräischen, seit 1810 auch in lateinischen Buchstaben. Während des 19. Jahrhunderts breiten sich die deutschen Inschriften von Berlin aus langsam aus, seit Mitte des 19. Jahrhunderts tragen die Grabsteine vie-

Grabstein der kleinen Chajje, geboren und gestorben am 18. Mai 1947, begraben von den Eltern, Überlebenden der Schoah

lerorts zunächst auf der Rückseite eine kurze deutsche Inschrift, die nur den bürgerlichen Namen und das Sterbejahr angibt. Im Laufe der Zeit werden die deutschen Inschriften ausführlicher, nennen Geburts- und Sterbedaten und werden von Einleitungsformel und Schlusssegen gerahmt, im Stil der Inschriften, wie sie auch in der jeweiligen Umgebung üblich waren. Dagegen bleiben Versuche, die Inhalte der hebräischen Inschriften auch in das neue Medium der deutschen Sprache zu übertragen, eine seltene Ausnahme.

Sukzessive verdrängt das Deutsche die hebräischen Inschriften, sie werden zunächst auf der Rückseite und auf der Vorderseite unter den

Friedhofskultur im Zeitenwandel

hebräischen Inschriften platziert, bis schließlich beide Sprachen kombiniert werden oder das Hebräische ganz verschwindet. Gleichzeitig waren immer weniger Gemeindemitglieder fähig, eine individuelle hebräische Grabinschrift zu verfassen, und so griff man gerne auf Musterinschriften zurück, wie sie Kompendien jüdischer Totenliturgie und Trauergebräuche beigegeben waren. Solche Kompendien erfreuten sich seit Anfang des 18. Jahrhunderts wachsender Beliebtheit und fanden weite und nachhaltige Verbreitung. Anfang des 20. Jahrhunderts findet man längere hebräische Inschriften meist nur noch bei bis zuletzt traditionell bestimmten kleinen Landgemeinden, auf Grabsteinen von Mitgliedern der neo-orthodoxen Austrittsgemeinden oder Zuwanderern aus Osteuropa. Erst in der NS-Zeit ist mancherorts wieder ein Anstieg hebräischer Inschriften zu beobachten.

In der Nachkriegszeit, vor allem seit den 1990er-Jahren, treten vielerorts neben hebräische und deutsche Inschriften auch Texte in kyrillischen Buchstaben, je nach Herkunftsort der aus den ehemaligen GUS-Staaten stammenden neuen Gemeindemitglieder in Russisch, Ukrainisch, Weißrussisch etc. Eine seltene Ausnahme bleibt der kleine, in Jiddisch beschriftete Kindergrabstein, der 1947 in Regensburg der kleinen Chajje gesetzt wurde, Tochter aus dem Osten stammender Überlebender der Shoah, die noch am Tage ihrer Geburt gestorben war.

דא איז געקומען צו	Da is gekumen zu
קבר ישראל	kewer jissroel
דאס קינד פון בערל	das Kind fun Berl,
חייה בינאס	Chajje Binas,
געבוירען – געשטארבען	geboiren – geschtorben
דעם 1947.5.18 יאר	dem 18.5.1947 jor
אין רעגענסבורג	in Regensburg
די עלטערן	Di Eltern

Anders als den Opfern der Shoah wurde ihr ein Grab in „kewer jissroel", in jüdischer Erde zuteil. Und anders als allgemein üblich wurde hier einer Neugeborenen ein eigener Grabstein gesetzt, und sie hatte auch schon einen Namen bekommen, Chaja, „die Lebende", die „Lebendige", ein Zeichen der Hoffnung und des Überlebenswillens ihrer Eltern.

Mit der zweiten Erweiterung 1923 um den nördlichen Teil erhält der Friedhof seine bleibende Form. Die individuellen hebräischen Grabinschriften verschwinden. Geburts- und Sterbedaten werden von Einleitungsformel und Schlusssegen gerahmt

Die NS-Zeit

Die NS-Zeit hat deutliche Spuren auch auf den jüdischen Friedhöfen hinterlassen. Überall findet man reservierte Grabstellen, die nicht mehr belegt, und Doppelgrabsteine, die nicht mehr beschriftet wurden, weil diejenigen, die hier begraben werden wollten, rechtzeitig emigriert waren oder deportiert und ermordet wurden. Die letzten Gräber wurden oft nicht mehr durch Grabsteine gekennzeichnet, weil keiner mehr da war, der einen Grabstein hätte setzen können. Stattdessen wurden zahlreiche Grabsteine nach Kriegsende von überlebenden Angehörigen mit Gedenkinschriften für ermordete Familienmitglieder versehen.

Während der NS-Zeit wurden viele Friedhöfe systematisch zerstört, andere, die meist vorher von ihren jeweiligen Gemeinden zwangsverkauft werden mussten oder enteignet wurden, wurden abgeräumt, die Grabsteine an Steinmetze verkauft oder zum Bau verwendet. Auch in Regensburg sollte der jüdische Friedhof auf Betreiben des Oberbürgermeisters einer Erweiterung des Stadtparks weichen, doch konnten diese Pläne am Ende zum Glück nicht umgesetzt werden.

Diese Einführung basiert auf meinem ausführlich annotierten Artikel „Die allerletzten Dinge" – Jüdische Friedhöfe in Deutschland, in: Einführungen in die materiellen Kulturen des Judentums, hrsg. von Nathanael Riemer (Jüdische Kultur 31), Harrassowitz Verlag, Wiesbaden 2016, S. 219–253.
Einen umfassenden Einblick in die Thematik bietet Michael Brocke / Christiane E. Müller: Haus des Lebens. Jüdische Friedhöfe in Deutschland, Leipzig 2001.
Online findet man eine Einführung in meiner „Spurensuche": http://spurensuche.steinheim-institut.org/.

Seit dem Mittelalter führten fast alle Gemeinden in Bayern Memorbücher, die in den Synagogen aufbewahrt wurden, um die Totentage der verstorbenen Gemeindemitglieder einzuhalten und ihrer zu gedenken. Doch die Inschriften der verwitternden Grabsteine aus dem 19. Jahrhundert sind die letzten Zeugnisse ihres Lebens: Die Regensburger Memorbücher verbrannten wahrscheinlich in der Pogromnacht am 9. November 1938, als die Synagoge in Flammen stand.

Was die Grabsteine erzählen

Lebensbilder aus zwei Jahrhunderten

Westlicher Teil

Verwittert und ohne Inschrift ist heute der Grabstein von Friederike Reichenberger

Dem Paar gebührt die Goldmedaille

Friederike Reichenberger
jid. Name: Rückel
1759–1864

Philipp Reichenberger
jid. Name: Feibel Katz
1750–1818

Wo sich die Bäume um die alten Grabsteine legen und die Inschriften im weichen Sandstein verwittern, ist Friederike Reichenberger begraben. Mehr als 40 Jahre war sie mit Philipp Reichenberger verheiratet. Er wurde auf dem jüdischen Friedhof zu Pappenheim bestattet. Das deutsch-jüdische Erbe der beiden in Regensburg blieb bewahrt: das Dörnbergpalais mit parkähnlichem Garten.

Wenn Friederike zurückblicken könnte, was würde sie erzählen? Von ihren größten Glücksmomenten? Als sie gemeinsam mit ihrem Ehemann Philipp 1804 die prachtvolle Villa an der Kumpfmühler Straße 2 in Besitz nahm und ganz Regensburg staunte: Das erste Anwesen eines Juden auf eigenem Grund seit der Vertreibung! Was würde sie berichten über den großen, bitteren Verlust dieses Anwesens mit Orangerie und Gartenhaus? Das alles hatte ihr Gatte Philipp Reichenberger geschaffen. Von Kurfürst Karl Theodor von Dalberg erhielt er dafür ein Handschreiben samt goldener Medaille für die Verschönerung der Stadt.

Nach 40 glücklichen Ehejahren war Philipp 1818 mit 68 Jahren an der Wassersucht gestorben. In seinem Testament hatte er Rückel – so lautete Friederikes jiddischer Name – zur Alleinerbin bestimmt. Zu ihrem großen Kummer war die Ehe kinderlos geblieben. Mit immer neuer Hoffnung hatte sie die Mikwe besucht, die „Duck" genommen. Das Bad der Weihe, gespeist vom lebenden Wasser der nahen Donau. Angewärmt für das Wohlbefinden. Es war ein beliebter Frauentreff-

Westlicher Teil

Das von Philipp Reichenberger 1804/05 erbaute Wohnhaus mit Parkanlagen in der Kumpfmühler Straße 3 (J 147) gilt heute als Dörnberg-Palais

punkt. Hier kam alles zur Sprache. Gebären und Mutter – zwei Wörter, besetzt mit aufgeladenen Emotionen. Zusammen bilden sie das wichtigste menschliche Organ, denn ohne Gebärmutter gibt es kein Leben.

Die mit ihr befreundete Familie des Großhändlers Gustav Wilhelm Henle zählte 18 Kinder. Besonders lieb war Friederike Reichenberger die junge Edeline, das einzige Kind der jüdischen Henles, das die christliche Taufe verweigert hatte. Mag sein, dass Rückel deshalb die verhängnisvolle Bürgschaft für Edelines Ehemann Joseph Sigl übernahm, als dieser seine Kredite nicht zurückzahlen konnte.

Der plötzliche Tod ihres Mannes Philipp hatte seiner Frau den klaren Blick auf die Wirklichkeit genommen, ihr Gemüt und ihren Geist verwirrt. Nur kurz währte nach dem Verlust der Witwenstand und die 59 Jahre alte Rückel heiratete erneut. 23 Jahre zählte der junge Ehemann Max Moritz Koch.

Friederike und Philipp Reichenberger

Es war eine Zweckpartnerschaft, die ebenfalls kinderlos blieb. Eines kam hier zum anderen: ein reiches Erbe, die – Frauen nicht zugestandene – volle Geschäftsfähigkeit und eine freie Matrikelnummer. Davon gab es in Regensburg seit der Verabschiedung des Judenedikts regulär nur 17; diese waren ansässigen, wohlhabenden Familien vorbehalten. Wer über keine vom Magistrat erteilte Matrikelnummer verfügte, blieb ohne Bürgerrechte, auf dem Status des Trödel- oder Schacherjuden festgezurrt. Viele der erwachsenen Söhne und Töchter von Matrikeljuden packten Koffer und Kisten und wanderten aus, vorzugsweise in die „neue Welt", nach Amerika.

Der Tod des politisch einflussreichen Gemeindevorstehers Reichenberger brachte die orthodox-pragmatische Gemeinde in Regensburg zunächst aus dem Tritt. 30 Jahre hatte der wohlhabende Bankier von seinem Handelshaus in der Ludwigstraße 6 die Regensburger Judenschaft gelenkt. Armen geholfen, Fürsprache und Bürgschaften geleistet. Er hatte eine erfolgreiche Periode der Neuerung eingeleitet, an deren Ende (1804) die Abschaffung des Leibzolls für die deutschen Juden stand. In der deutschen Kleinstaaterei mussten jüdische Händler bei einer Tagesreise zigmal die erniedrigende Prozedur des Leibzolls über sich ergehen lassen. Zusätzlich hatte auch Erbmarschall Graf Friedrich Ferdinand von Pappenheim seine Regensburger Schutzjuden jahrzehntelang ausgeplündert. In 15 Paragraphen war festgelegt, was halbjährlich an Schutzgeldern an seine Kanzlei zu zahlen ist. Mit politischem Geschick und Einfluss gelang es Reichenberger dank der Aufklärung und des Fürstprimas von Dalberg, diese Praxis 1805 zu beenden.

In den Fürstenhäusern Bayerns und Preußens genoss er Gunst und Wertschätzung. Seinen jiddischen Namen Feibel Katz hatte er schon in jungen Jahren abgelegt, als er als Großhändler und Finanzier Karriere machte. Fürst Karl Anselm von Thurn und Taxis machte ihn zu seinem Hoffaktor und stellte ihm einen Freipass aus. Desgleichen taten die Fürstenhäuser von Ansbach, Bayreuth und der König von Preußen. In kunstvoller Kalligraphie sind seine Ernennungsurkunden und Patente geschrieben.

Reichenbergers persönlich geschätztes Vermögen von 300.000 Goldgulden sicherte ihm Unabhängigkeit. Das überzeugte dutzende jüdische Gemeinden, auch die Frankfurter Judenschaft, in deren Namen

Westlicher Teil

er seinen Emanzipationskurs in kleinen Schritten fortsetzte. Trotz Anfeindungen und erstarkendem Antisemitismus.

Kein volles Jahr nach dem Tod Philipps im September 1818 ging Rückel Reichenberger, geborene Alexander, im Juni 1819 die Ehe mit Max Moritz Koch ein. Sie war Alleinerbin, und testamentarisch hatte Philipp außerdem bestimmt: *„Meine Thorarolle mit allem Zubehör soll der hiesigen Synagoge gehören; jedoch solange meine Ehefrau lebt, soll sie diese zum heiligen Gebrauch im Hause behalten, wie ich."* So geschah es. Rückel, die älteste Tochter des Röb Alexander, eines talmudischen Gelehrten und Rabbiners, hatte die Entstehung dieser Thorarolle im Elternhaus noch selbst erlebt. Ihr Vater hatte sie über die Jahre hinweg kunstvoll gefertigt. Fehlerlos. So wie ihre beiden jüngeren Schwestern Reichel und Gella war sie mit den Geboten der Halacha aufgewachsen. 613 Gebote kennt das Religionsgesetz.

Zu Rückels Erbschaft gehörte aber auch die Familienmatrikel, ausgestellt auf den Namen Reichenberger. Mit der Heirat des jungen Max Moritz Koch wechselte Friederike Reichenberger zwar erneut ihren Familiennamen, innerhalb der Gemeinde war sie aber ihr Leben lang die jiddische *Rückel*, die Tochter des verehrten Rabbiners geblieben. Um der offiziellen Matrikel wegen heiratete sie und wurde zur Friederike Koch. Ihr 23-jähriger Ehemann war nicht im Besitz einer eigenen Matrikel, so dass ihm die bürgerlichen Rechte verwehrt geblieben waren. Fraglich war auch, ob sein Vater, Moses Levi Koch, ihn zum Erben seiner Matrikel bestimmen würde. Von seinen fünf Kindern durfte nur Eines die Matrikel übernehmen. Ausdrücklich war im Judenedikt im § 12 festgeschrieben: *„Die Zahl der Juden-Familien darf in der Regel nicht vermehrt werden, soll vielmehr nach und nach vermindert werden, wenn sie zu groß ist."*

Mit der Heirat von Rückel hatte sich für Koch dieses Hemmnis erledigt. Seine Hoffnungen auf ein großes Vermögen zerschlugen sich jedoch: Vier Jahre nach der Eheschließung wurde die von seiner Frau geleistete Bürgschaft für den Kaufmann Joseph Sigl und dessen Gattin Edeline, geb. Henle, fällig gestellt. Der Großhändler Ludwig Paul Freiherr von Axter verlangte zurück, was ihm Sigl schuldete: 30.600 Gulden. Als für die volle Ablösung 12.000 Gulden fehlten, war Rückel Koch gefordert.

Friederike und Philipp Reichenberger

Ein Jahrhundert später beurteilte Rechtsanwalt Isaak Meyer mit leichter Wehmut diesen Fall der Bürgschaft so: *„Obgleich sie nach damaligem Rechte nicht zur Zahlung verpflichtet gewesen wäre, da Frauen nur mit obrigkeitlicher Genehmigung Bürgschaft leisten konnten, verzichtete Rückel Koch auf diese Einrede und trat dem Freiherr von Axter anstelle der Summe von 12.000 Gulden das gesamte Besitztum in der Kumpfmühlerstraße, die Villa mit dem Park, der Gärtnerwohnung, den Gewächshäusern, der Orangerie und allem Zubehör zu vollem Eigentum ab."* Unter „Beistandsleistung" von Rabbiner Jakob Weil und ihres Mannes Max Koch unterschrieb Friederike im August 1823 den Vertrag.

Im Jahr darauf, am 24. Juni 1824, starb Rückel Koch, 65 Jahre alt, am „Schlagfluss".

Neun Jahre später, im April 1833, verkaufte Freiherr von Axter das Erbe Philipp Reichenbergers mit einem Freundschaftsaufschlag von 1.000 Gulden an Freiherr Ernst Friedrich von Dörnberg, den Chef der Thurn & Taxis'schen Gesamtverwaltung.

Heute ist der auf 7,4 Hektar vergrößerte „Dörnbergpark" mit dem über 200 Jahre alten Buchenbestand der Bevölkerung lieb und teuer. Die Stadt Regensburg nahm die Pflege und Erhaltung der innerstädtischen Parkanlage 1956 in Obhut.

Auf den Informationstafeln an den Parkeingängen wird Ernst Friedrich von Dörnberg gerühmt. Und die tatsächlichen Parkgründer Philipp und Friederike Reichenberger, deren deutsch-jüdischer Beitrag zur „Verschönerung von Regensburg" bis heute nachwirkt? Die öffentliche Anerkennung mit Namensnennung auf den Eingangstafeln zum Park blieb ihnen bis heute verwehrt. WB

Moses Levi Koch, Großhändler mit Matrikelnummer

Ein kurfürstlicher Schutzbrief im Gepäck

Moses Levi Koch
jid. Name: Mosche Awraham ben Chajim Koch Halevi
1763–1829

Manchmal wachsen auf dem kleinen, von bröckeligen Steinen eingefassten Rechteck, unscheinbare Butterblumen. Wie es auf nutzlosen Brachen manchmal vorkommt. Es ist der älteste Teil des 200 Jahre alten Friedhofs. Kaum jemand kommt noch hierher. Niemand wollte damals das Elendsfeld zwischen dem katholischen und protestantischen Friedhof haben. Bis die Juden kamen; sie wollten den verkrauteten Flecken für ihre Toten. Beim Magistrat beantragten sie die Überlassung für einen jüdischen Gottesacker in Regensburg. Der tagelange Transport der Leichen zu auswärtigen jüdischen Friedhöfen in Franken oder Schwaben war kostspielig und im Sommer eine Tortur.

Das Gesuch fand wohlwollende Resonanz. Aber umsonst hergeben, für eine „unentgeltliche Überlassung", kam für den Magistrat nicht infrage. Er verlangte 100 Goldgulden für den *„öden Gemeindeplatz von einem halben Tagwerk hinter der Schießstätte"*. Bis alles beieinander war, die Einfriedung, das kleine Leichenhaus und ein neuer Brunnen, summierten sich die Kosten auf 2000 Gulden – eine große Summe für eine kleine Gemeinde, die nach dem Judenedikt offiziell nur 17 jüdische Familien in Regensburg zählen durfte. Tatsächlich lebten 1805 allerdings bereits 106 jüdische Seelen in Regensburg. Zu diesen gehörte auch Mosche Awraham ben Chaim Halevi.

Im Gefolge eines Gesandten des Immerwährenden Reichstags, ausgestattet mit einem kurfürstlichen Schutzbrief, war der erfahrene Handelsmann aus dem Geschlecht der Leviten in die Reichstadt ge-

Sandstein mit eingesetzter weißer Kalksteinplatte: Moses Levi Koch

kommen und geblieben. Er etablierte sich in der Weingasse 8, heiratete seine Frau Giedel und gründete eine Familie. Fünf Kinder wurden geboren: Esaias, Max, David, Abraham und Carolina.

Eine zunächst befreiende Wende trat 1813 auch für die Regensburger jüdische Gemeinde ein, als König Maximilian in einem Edikt den Juden die bürgerlichen Rechte zuerkannte. Gleichwohl blieb den Juden in Bayern die volle Gleichberechtigung verwehrt. So wie in Regensburg war in allen bayerischen Klein- und Großstädte, wo seit jeher Juden lebten, die Zahl der Haushalte strikt begrenzt. Willkürlich setzte der Regensburger Magistrat die Anzahl der jüdischen Familien mit Bürgerrechten und Großhandelsprivileg auf 17 fest. Innerhalb von drei Monaten bewarben sich angesehene jüdische Bankiers und Großhändler bei der Polizeibehörde um eine offizielle Matrikelnummer, so wie es das Judenedikt vorsah. 34 Bestimmungen umfasste diese „Judenverfassung", die für knapp 50 Jahre festschrieb, was Juden im Königreich Bayern erlaubt oder absolut verboten war.

Übersetzung der hebräischen Eulogie
Hier ist geborgen und begraben der gepriesene Mann,
Gott ehrfürchtend, sein Name ist bekannt zum Ruhm
der geehrte Herr Mosche Awrahm,
Sohn des geehrten Herrn Chajim Koch,
ein Mann aus dem Hause Halevi,
verschieden am Tag des heiligen Schabbat
und begraben Tag 1, 18. Tammus des Jahres
„Und es ging ein Mann aus dem Hause Levi
in die Welt der Wahrheit (589)" der kleinen Zählung.
Seine Seele sei eingebunden in das Bündel des Lebens

Deutsche Inschrift im Sockel des Grabsteins
Herr Moses Koch starb am 18. Juli 1829, 66 Jahre alt.

Sehr schnell sollte sich bereits in den ersten Jahren so manche engherzige und diskriminierende Bestimmung als großes Hemmnis für die wirtschaftliche Entwicklung Bayerns erweisen. Dazu gehörte insbesondere der Punkt 12 des Edikts: *„Die Zahl der Judenfamilien an den Orten, wo sie dermal bestehen, darf in der Regel nicht vermehrt werden, sie soll vielmehr nach und nach vermindert werden, wenn sie zu groß ist."*

Die verderbliche Folge dieser Maßregel: Viele gut ausgebildete, talentierte junge Leute verließen Regensburg und Bayern. Sie wanderten aus und suchten ein freieres Leben, fernab von ausgrenzenden Regeln und Antisemitismus, im Ausland. Vorzugsweise in Amerika.

Die willkürliche Bestimmung, dass nur einer von mehreren Söhnen und Töchtern eines Familienvaters das Anrecht auf eine Matrikelnummer hatte, traf auch die Familie von Mosche Awraham ben Chajim Halevi. Seinen hebräischen Namen hatte der pragmatische Handelsmann ab 1813 innerhalb der im Edikt vorgeschriebenen Frist

Westlicher Teil

geändert: Aus ihm war Moses Levi Koch geworden. Seine Frau Giedel nahm offiziell den Namen Katharina an, und selbst die Vornamen von drei der vier Söhne wurden „angepasst". Aus dem ältesten Sohn Esaias wurde → Jakob, der später als Großhändler und Bürger die Regensburger mit Spezereien, Farben und allerlei Schnittwaren versorgten sollte. Aus Abraham wurde August, und der mittlere Sohn Max Meyer erhielt den Namen → Max Moritz Koch. Er sollte mit 23 Jahren um der Matrikelnummer willen die 59-Jährige Witwe → Friederike (Rückel) Reichenberger heiraten und sie nur ein Jahr darauf beerben. Was an diesem Lebensweg zunächst als kühl berechnend anmutet, sollte viele Jahre später für etliche in der Gemeinde von großem Nutzen sein: In seiner besten Zeit machte die Gemeinde ihn zum Vorstand, denn beharrlich setzte Max Moritz Koch sich für die Respektierung der Glaubensrituale von jüdischen Soldaten in Uniform ein. Aus Wien bevollmächtigte ihn Philipp Wertheimber, seine Entlassung aus dem königlich bayerischen Armeeverband und aus dem städtischen Regensburger Gemeindeverband zu betreiben und ihn vor allen Behörden zu vertreten, *„als eben ich selbst vertreten würde"*. Als das bayerische Militär schließlich das Ruhen am Sabbat anerkannte und die jüdischen Speisevorschriften respektierte, blieben die zum Militärdienst einberufenen jüdischen Soldaten fortan gesund. Sie begrüßten die Anerkennung der jüdischen Religionsgesetze durch die Armeeführung und die Zahl der Krankmeldungen jüdischer Soldaten verringerte sich deutlich.

Ihren ersten eigenen Grundbesitz in Regensburg finanzierte die Jüdische Gemeinde aus eigener Kraft. 1821 entschied ein Kreis von 26 jüdischen Großhändlern, ohne staatliche Unterstützung die Friedhofsanlage zu finanzieren. Wer auf sich hielt, spendete. Vater Moses Levi Koch und Sohn Max Moritz brachten es zusammen auf 125 Goldgulden. Was noch fehlte, steuerte mit 220 Gulden die Gemeindekasse bei. Der Magistrat gab keinen Kreuzer.

Am 18. Juli 1829, sieben Jahre nach der Eröffnung des Friedhofs, starb Moses Levi Koch im 66. Lebensjahr. Er verschied an einem Samstag und wurde dem jüdischen Ritus gemäß am nächsten Tag beigesetzt. Sein Grabstein aus Sandstein mit eingesetzter weißer Kalksteinplatte ist im Mittelteil in Hebräisch beschriftet und berichtet in der Eulogie, dem Segenspruch, vom Leben des Verstorbenen – nur Gutes, denn Tote können sich gegen üble Nachrede nicht mehr wehren.

Das Sterbedatum ist im Segensspruch in Form eines Chronogramms verborgen: In einem erweiterten Zitat aus dem Buch Exodus 2,1 – *Ein Mann aus einer levitischen Familie ging hin und nahm eine Frau aus dem gleichen Stamm* – wurden einzelne Buchstaben markiert, die, als römische Zahlen gelesen, zusammen den Zahlenwert 589 ergeben. Gleichzeitig nimmt die Inschrift in der fünften Zeile die Abstammung des Verstorbenen aus dem Geschlecht der Leviten auf.

WB

Jakob Seligmann, 31 Jahre lang Rabbiner in Regensburg

Ein Neuanfang mit Rabbi Weil

Jakob Weil
jid. Name: Rebbe Jakob Seligmann
1757–1833

Mit Beginn des 19. Jahrhunderts erreichte der Wind der Aufklärung auch das kleine, mittelfränkische Ühlfeld, dem Fürstentum Bayreuth zugehörig. Ein jüdisch geprägtes Händlerdorf von etwa 60 Anwesen mit einer Synagoge und Badstube, Schule und jüdischem Friedhof. Hier wirkte der umsichtige wie tatkräftige Rebbe Jakob Seligmann, 44 Jahre alt und Vater von acht Kindern. Ob seiner hohen religiösen Bildung führte er den Titel eines „Morenu" und übte zugleich alle Aufgaben nach den jüdischen Religionsgesetzen aus. Damit die zehnköpfige Familie ihr Auskommen hatte, arbeitete er zusätzlich als Handelskaufmann. Der Rabbiner war vorbereitet, als ihn 1802 der Ruf aus Regensburg erreichte. Der ersehnte Aufbruch!

Für die junge Regensburger Gemeinde war es ein großer Glücksfall, dass beim Neuanfang seit der Vertreibung von 1519 mit → Philipp Reichenberger und Rabbiner Isaak Alexander zwei Persönlichkeiten an der Spitze standen, die politische Strahlkraft deutschlandweit entfalteten. Sie standen für Aufklärung und Toleranz, für Bürgerrechte und die Abkehr einer strengen Orthodoxie. Nach über 250 Jahren war es für das jüdische Gemeindeleben in Regensburg ein erfolgreicher Neuanfang.

Nach dem Tod des Gelehrten und hochgeachteten Rabbiners Isaak Alexander, der 1802 im 80. Lebensjahr in seiner Heimatstadt Regensburg gestorben war, kam es zur geplanten pragmatischen Nachfolge: Jakob Seligmann erhielt die Stelle als Rabbiner und übte gleichzeitig die Aufgaben des Kinderlehrers, Vorsängers, Schächters und Beschnei-

Seinen Namen verdankt der Davidstern der Legende, dass der sechseckige Stern den Schild von König David geziert haben soll. Das jahrhundertealte Symbol steht heute v. a. für das Volk Israel und das Judentum.

ders (Mohel) aus. Für ihn blieb es zudem beim Broterwerb als Kaufmann, um die große Familie durchzubringen.

Mitten in der Altstadt, in der Grieb, wo die Gassen schmal sind und die Häuser hoch aufragen, fand die Großfamilie ihr Quartier. Sie fügte sich in ein vertrautes Milieu ein, denn im Viertel zwischen Fischmarkt, Unterer Bachgasse und Gesandtenstraße lebten viele jüdische Familien. Bei der Volkszählung im August 1804 wurden 104 Juden, inklusive Kinder, gezählt.

Zu dieser Zeit der Napoleonischen Kriege, als sich neuformierte Staatswesen in Deutschland und Europa gründeten, unterstand die Regensburger Judenschaft – wie seit knapp 100 Jahren – noch dem Reichserbmarschall von Pappenheim, der für diesen „Schutz" jährlich 900 Gulden vereinnahmte. Die faktische Macht, manifestiert in der Polizeigewalt der Stadt, lag jedoch bei Kurfürst Karl Theodor von Dalberg. Weil es immer wieder zu Streitigkeiten kam, löste er gegen die Zahlung einer hohen Entschädigung die Rechte über die Regensburger Juden von den „Pappenheimern" ab.

Von da an wandten sich die städtischen Handelsgremien mit ihren gleichbleibenden Klagen an Dalberg: Es lebten zu viele Juden in Regensburg, denen ein ausgedehnter Handel erlaubt sei, was ihren Geschäften schade. Den Juden sei nur die Trödelei zu gestatten und alle bis auf vier Familien seien auszuweisen. Außerdem seien die „überzähligen" Juden unter die Besteuerung der Stadt zu stellen und so einzuschränken, dass die übrige Bevölkerung keine Klage habe. Doch wie zuvor der Erbmarschall, so wies auch Dalberg die Beschwerden der judenfeindlichen, neidvollen Händler zurück. In Regensburg herrsche Wohlstand und die Juden seien für die Versorgung der Bedürfnisse des Reichstags da, wovon alle Bürger der Stadt profitierten.

Zuverlässig und schnell hatten die sprachgewandten jüdischen Händler in den 140 Jahren des Immerwährenden Reichstags ihre Kundschaft mit Waren des täglichen Bedarfs und kostbaren Luxusartikeln versorgt: Nahrungsmittel und Gewürze, Stoffe und Kleidung, Schmuck oder Pferdegespanne mit Kutsche. Frei von Zunftregelungen und deren Zwängen handelten sie europaweit über Grenzen hinweg. Die Kunden schätzten die Qualität und Zuverlässigkeit der jüdischen Lieferanten.

Eine volle Gleichberechtigung der Juden nach französischem Vorbild, einschließlich der Bürger- und Handelsrechte, lehnten die Handelsgremien in Regensburg jedoch entschieden ab. Sie verfassten Gegenschriften und schraubten ihre Forderungen bei nur minimalem Entgegenkommen auf unfassbare Größen: eine jährliche nur von Juden zu bezahlende Vermögenssteuer von 3500 Gulden. Für die Entrichtung der jeweils halbjährlichen Steuerrate sollten die Großhändler haften. Der Steuersatz für die nichtjüdischen Kaufleute lag hingegen bei 1329 Gulden.

Das Ende dieses diskriminierenden Zustands brachten die Zeitläufte und die Aufklärung mit sich. 1810, als Napoleon die Abtretung des Fürstentums an Bayern diktierte und eine neue innere Staatsordnung erzwang, endete die Herrschaft von Kurfürst Dalberg in Regensburg. Das betraf auch die Rechte der Juden.

Jetzt endlich näherte sich die jüdische Emanzipationsbewegung ihrem Ziel: Bürgerrechte und freie Berufswahl. Vergeblich versuchten die Handelsgremien der ehemaligen Freien Reichsstadt, diesen ersten

Westlicher Teil

Schritt zur Gleichstellung zu verhindern. Im Juni 1813 erließ der bayerische Minister Montgelas das Bayerische Judenedikt, das die rechtlichen Verhältnisse der Juden in Bayern zwar neu regelte, sie aber gleichzeitig durch das Verbot der „Vermehrung", festgelegt in der Matrikelpflicht, wiederum begrenzte – im Gegensatz zum preußischen Emanzipationsgesetz, das den preußischen Juden die volle Gleichberechtigung mit den übrigen Bewohnern gewährte.

In Regensburg brachte das Bayerische Judenedikt 17 jüdischen Familien die Gleichstellung mit allen bürgerlichen Rechten. Unter den im offiziellen Matrikelbuch aufgeführten Familien ist auch Rabbiner Jakob Weil vermerkt.

Knapp 50 Jahre bestimmte das einengende Korsett der Matrikelpflicht das Innenleben der jüdischen Gemeinde wie die Familienbeziehungen. Da gab es zunächst die Familien, die *„innerhalb und außerhalb der Matrikel-Normal-Zahl lebten"*: Dieser Zweiteilung entspricht auch das A- und B-Verzeichnis der Stadt von 1851 über die ansässigen Juden-Familien in Regensburg. Der gravierendste Eingriff in die individuellen Persönlichkeitsrechte betraf die Namensgebung: Das Judenedikt erkannte die hebräische Form der Namensgebung nicht an, sondern verlangte einen amtlichen Familiennamen, auf den der vorgeschriebene Untertaneid abgelegt werden musste. Die Matrikel erfasste jeweils beide Namen. Aus dem hebräischen Rebbe Jakob Seligmann wurde so ein deutscher Rabbiner Jakob Weil.

Mit dem neuen, selbstgewählten Familiennamen „Weil" begründete der Rabbiner eine Familiendynastie in Regensburg, deren Nachkommen sich weltweit verwurzeln sollten. Auch die Namen seiner acht Kinder wandelten sich in deutsche Vornamen, von denen sechs überliefert sind: Emanuel, Rebekka, Barbara, Johanna und Charlotte; und aus dem noch im fränkischen Marktbreit 1792 geborenen Samson Seligmann wurde in Regensburg → Sigmund Weil, ein achtbarer Kaufmann und Regensburger Bürger.

Das etwa drei Jahrzehnte während Rabbinat von Jakob Weil in Regensburg war geprägt von seiner Weltoffenheit und dem Bemühen, die Gemeinde positiv im Rahmen der neuen Ordnung zu platzieren. Er begleitete den Grundstückskauf für die Anlage des Friedhofs an der Schillerstraße, spendete aus privaten Mitteln und eröffnete mit einem

Vom Verwittern und Verfall bedroht: Die Inschriften der alten Grabsteine aus dem 19. Jahrhundert berichten von Vertreibung und Neuanfang.

Segensspruch am 26. März 1832 die erste jüdische Volksschule am Neupfarrplatz im Haus E 153. Das ihm eigene lösungsorientierte Handeln für die Gemeinde in den Außenbeziehungen praktizierte Rabbiner Weil auch im Binnenverhältnis bei religiösen und privaten Fragen von Gemeindemitgliedern. So stand er der Witwe → Friederike Reichenberger eng zur Seite, als sie Nachlass und Vermächtnis ihres Mannes Philipp nicht immer mit glücklicher Hand verwaltete.

Jakob Weil starb im Alter von 77 Jahren am 11. Januar 1833. Er wurde noch am selben Tag vor Beginn des Sabbats auf dem neuen Friedhof begraben. WB

Westlicher Teil

Bankier aus einer Wiener Hofjudenfamilie

David Philippsohn Wertheimber
jid. Name: David ben Feibelmann Wertheim
1784–1837

Mit der Einleitung und dem ausführlichen Schlusssegen knüpft die hebräische Grabinschrift für einen Nachkommen einer bekannten Wiener Hofjudenfamilie an mittelalterliche Kommentierungen an: David Philippsohn Wertheimber, dessen Freigiebigkeit in der Eulogie gerühmt wird. Er starb nach langjähriger Krankheit im Alter von 53 Jahren. Wahrscheinlich litt er an einer Gemütserkrankung, die ihm Sinne und Verstand trübte – was sich existenziell auswirkte.

Das einst erfolgreiche Handelshaus der Wertheimbers, gegründet unter kurfürstlichem Schutz, erfuhr einen beispiellosen Niedergang. Davids vermögende Frau Babette zog nach dem Konkurs des Handelshauses für einige Jahre in ihre Geburtsstadt Augsburg, kehrte nach Regensburg zurück und „verkaufte" die von ihrem Mann geerbte Matrikelstelle heiratsstiftend an das junge Ehepaar Wilhelm und Amalie Henle. Das Entgelt dafür bestand in der häuslichen Aufnahme und Versorgung der Wertheimber-Witwe.

Das Matrikelbuch des Regensburger Rabbinats verzeichnet nach Beginn der bayerischen Herrschaft 1810 erstmals die amtlichen deutschen Namen der Familienvorstände. Einige Gemeindemitglieder hatten sich nach dem Judenedikt von 1813 andere Familiennamen gegeben. Verzeichnet sind die Namen der männlichen Familienvorstände:
→ Philipp Reichenberger, Elias Gumpertz, Samuel Lämle Wertinger, Gustav Wilhelm Henle, Sigmund Philipp Wertheimber, Isaac Schwabacher, → Moses Levi Koch, Salomon Reitlinger, Siegfried Kleißdorfer, Wolfgang Fröhlich, Seligmann Rosenthal, David Seckstein, Leo-

Eine reine Schmuckornamentik ziert den Grabstein.

pold Schwabacher, → David Philippsohn Wertheimber, Jacob Leißner, Jacob Guggenheimer, Hofrath Dr. Kannstadt, → Jakob Weil, Emanuel Sonnentheil, Veit Schlenker, Josef Siegel.

Nicht alle der einst in Reichstagszeiten aus Wien übersiedelten Wertheimbers blieben mit Beginn der bayerischen Zeiten in Regensburg. Etliche Söhne aus der Großfamilie schreckte die verpflichtende Militärdienstzeit und sie kehrten nach Wien zurück. Sie übertrugen Groß- und Wechselhändlern ihre Finanz- und Kommissionsgeschäfte, was sich auf den sich entwickelnden Finanzsektor auswirkte.

Der prominenteste unter den jüdischen Bankiers war Max Weinschenk, der 1883 die königliche Filialbank leitete und 1903 seine eigene Bank in der Gesandtenstraße 6/8 besaß. Er war der erste in Regensburg, der ein Telefon bestellte; auch ersteigerte er eine bankrotte Ziegelei, um 200 Arbeitsplätze zu sichern. 1898 ließ er sich vom Architekten Josef Koch in der Hoppestraße 6 eine Villa im neubarocken Stil bauen. Diese wurde bald zum urbanen Treffpunkt Regensburger Künstler. Die „Schlaraffia Ratisbona" (s. u.) zählte den kunstsinnigen Bankier – wie ein Dutzend weitere bürgerliche Gemeindemitglieder – zu den geschätzten *„Sassen jüdischen Glaubens"*. Der lebensfrohe Max Weinschenk starb 1928 in München.

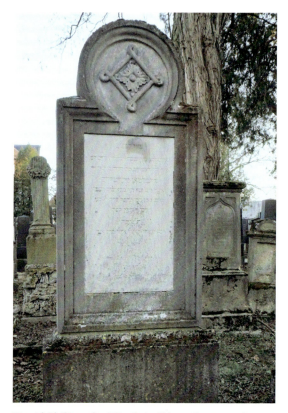

David Philippsohn Wertheim(b)er gehörte zu den ersten Juden mit Bürgerrechten.

Zu den eingeführten fünf jüdischen Privatbanken in Regensburg zählte 1903 auch das Bank- und Münzgeschäft von Salomon Wertheimber und Co. in der Pfauengasse 6. Die letzte Generation der Bankiersfamilie repräsentierte Lazarus Wertheimber. Der aggressiv organisierte Boykott der Nazis nach der Machtübergabe 1933 traf das jüdische Bankhaus substanziell. Daraufhin traf der weitsichtige Bankier eine lebensrettende Entscheidung: Er liquidierte Ende 1934 sein Geschäft und organisierte die Emigration nach Palästina. Am 30. Dezem-

Übersetzung der hebräischen Eulogie
Grabzeichen
eines Mannes von Edelmut, geehrt und
gepriesen ›von Herzen freigebig‹,
er war freigebig den Bedürftigen, der
geehrte Herr David, Sohn unseres Lehrers,
des Meisters, Herrn Feibelmann Wertheim,
dessen Tage größtenteils schmerzvoll waren,
verschieden am Tag 3, 27. Nissan und begraben
am Tag 5,29 Nissan 597 der kleinen Zählung.
Seine Seele sei eingebunden in das Bündel des Lebens
Mit den übrigen, die in der Erde ruhen, im
Garten Eden, Amen

Deutsche Inschrift im Sockel des Grabsteins
Ruhestätte des
Herrn David Philippsohn
Wertheimber
Bürger und Großhändler von
Regensburg
Gestorben am 2. Mai 1837
im 53. Lebensjahr

ber 1935 gingen Lazarus, seine Frau Irma und die 12-jährige Rosel im Hafen von Jaffa von Bord.

Auf dem Friedhof an der Schillerstraße fanden sechs Angehörige der Wertheimber-Familie ihre letzte Ruhestätte. Das Ehepaar Salomon und Rosa Wertheimber, gestorben 1911 und 1914, waren die letzten der Familie, die im 19. Jahrhundert prägend für Regensburg waren. WB

Ein Gerechter, der seinen Glauben lebt

Sigmund Weil
jid. Name: Schimschon ben Jaakow
1792–1866

Allein schon der hebräische Name weckt Erwartungen: Schimschon ben Jaakov. Der biblische Namensgeber Schimschon war der Held des israelitischen Stammes Dan und legendär ob seiner unbesiegbaren Stärke kraft seines ungeschorenen Haupthaares.

Ob der 1792 geborene Namensträger die Erwartungen seiner Familie erfüllte, wissen wir nicht. Beurkundet ist jedoch, dass der älteste Sohn des Regensburger Rabbiners → Jakob Weil mit 21 Jahren seinen Namen in Sigmund Weil änderte. Dies forderte das 1813 von König Maximilian I. Joseph erlassene Judenedikt, das für alle Juden deutsche Familiennamen vorschrieb. So wurde aus dem hebräischen Rebbe Jaakow Seligmann der Regensburger Rabbiner Jakob Weil – und mit ihm nahm die zehnköpfige Familie den neuen Namen an.

Als ältestes von acht Kindern wuchs Sigmund im Haus Vor der Grieb 5 auf. Er achtete auf seine jüngeren Geschwister, lernte im Betraum in der Straße Hinter der Grieb die 613 Gesetze der Tora und studierte den Talmud. Vom umtriebigen Vater, der das schmale Einkommen als Rabbiner durch Handelsgeschäfte aufbesserte, lernte Sigmund das Kaufmannsgeschäft und Qualitätsware gut zu verkaufen.

Der Tod des 77 Jahre alten Vaters und Rabbiners Jakob Weil am 11. Januar 1833 bedeutete für die Großfamilie wie für die jüdische Gemeinde eine Zäsur. Für Sohn Sigmund verlief das Leben dennoch wie erwartet: Erwerb der Bürgerrechte, Übernahme der Familienmatrikel, Heirat mit Henriette Gumpertz, Geburt der Tochter Pauline.

Der erfolgreiche Kaufmann Weil sah sich zuallererst als Bürger der Stadt.

Seine Geschäfte als Großhändler für Schnittwaren liefen erfolgreich und er zählte bald zu den „Honoratioren" der Stadt.

Der Sohn des beliebten Rabbiners Weil war ob seiner *„Wohltätigkeit und Liebeswerke"* ein geachteter, einflussreicher Mann. Alles war gut bestellt – wenn es nicht diese Querelen um die Besetzung der vakanten Rabbinerstelle nach dem Tod des Vaters gegeben hätte. Für die jüdische Gemeinde sollte sich diese Frage zu einem ernsthaften Streit mit dem Magistrat der Stadt entwickeln, ging es doch um die religiöse Orientierung für die Zukunft: orthodox oder liberal?

Der Keim dieser Auseinandersetzung entwickelte sich in den letzten Lebensjahren von Rabbi Jakob Weil. Kurz vor dessen Tod erhielt der Bewerber für den Posten des Lehrers in der neuen Elementarschule, Dr. Seligmann Schlenker, die vorläufige Anstellung, obgleich der an der Uni Heidelberg ausgebildete und promovierte Pädagoge des Hebräischen nur unzulänglich mächtig war. Entsprechend unbefriedigend fiel der Unterricht aus. Das hielt Schlenker jedoch nicht davon ab, sich um die freie Rabbinerstelle zu bewerben, denn er wollte heiraten, besser bezahlt werden und eine Familie gründen. Beides lehnte der Gemeindevorstand ab, denn die Unzufriedenheit über den Bewerber war groß und die Gemeindekasse schmal. Die religiöse Einstellung

Westlicher Teil

Sigmund Weil, ältester Sohn des Rabbiners Jakob Weil

Übersetzung der hebräischen Eulogie
Hier ist begraben ein geehrter Mann, von den Honoratioren der Stadt.
Es ist Schimschon, Sohn unseres Lehrers und Meisters,
Herrn Jaakow SeGaL, genannt Sigmund Weil von hier,
gestorben betagt am Tag 3, 4. Nissan, und begraben,
Tag 4,5 Nissan 626 der kleinen Zählung.
Den Glauben an Gott wahrte er, und die Gesetze Seiner Lehre,
er übte Wohltätigkeit, und Liebeswerk erwies
er nach seinen Kräften.
Ein Gerechter, der in seinem Glauben lebte,
bis seine Seele empor stieg.
Weh uns, unser Vater! schrien
seine Tochter und sein Schwiegersohn.
Seine Seele sei eingebunden in das Bündel
des Lebens

Deutsche Inschrift im Sockel des Grabsteins
Hier ruhet Herr Sigmund Weil, Bürger und Kaufmann dahier,
starb am 20. März 1866 im 74. Lebensjahr.

des konservativ-orthodoxen Vorstands stand im starken Kontrast zur liberale Haltung Schlenkers, der auf wissenschaftliche Bildung im Unterricht Wert legte.

Nur wenige Tage nach der Ablehnung präsentierte Schlenker – dank seiner guten Beziehungen zum Bürgermeister – einen Beschluss des Magistrats, der ihn zum künftigen Rabbiner von Regensburg bestimmte. Jetzt war die Aufregung in der Gemeinde groß, die umgehend Protest einlegte. Als dieser nichts bewirkte, wandte sich die Gemeinde unter Berufung auf das Judenedikt an König Ludwig von Bayern. Kernpunkte der Beschwerde: Der studierte Bewerber Schlenker habe nicht die *„Würde des Morenu und besitze nicht die Qualitäten und Kenntnisse eines Rabbiners. Nach den Satzungen des Judenedikts habe die Gemeinde das Recht, sich selbst einen Rabbiner zu wählen, man* *könne ihr keinen aufzwingen.*" Das bestätigte die königliche Regierung, sie verlangte aber gleichwohl, die Rabbinerstelle neu zu besetzen oder sich einem anderen Rabbinat anzuschließen.

Dieser Empfehlung folgte die Regensburger Gemeinde und schloss sich formal dem Rabbinat Fürth an – aus Geldmangel: Für die Finanzierung von zwei vollen Anstellungen, Rabbiner plus Lehrer, reichte das Budget nicht aus.

Es entbehrt nicht der Ironie, dass in dieser verfahrenen Situation ausgerechnet der unbeliebte Lehrer und Aufklärer Seligmann Schlenker den salomonischen Kompromiss herbeiführte: Mit Billigung der Regierung wurde das Regensburger Rabbinat nach drei Jahren Streit geteilt. Danach war der amtierende Synagogen-Vorsänger Emanuel Sonnentheil, Inhaber eines Morenu-Titels mit rabbinischen Kenntnissen, für alle religiösen Fragen zuständig. Die politische Führung der Gemeinde, einschließlich des Predigeramtes, lag bei Seligmann Schlenker.

Wie sich Sigmund Weil in diesem Konflikt über die Nachfolge seines Vaters positionierte, ist nicht dokumentiert, wohl aber, dass in der Amtszeit der beiden „Rabbinatsverweser" eine neue Synagogenordnung, die sich am christlichen Kirchenstil orientierte, eingeführt wurde.

Als Sigmund Weils Tochter Pauline 1857 heiratete, gab er seine Kaufmannsgeschäfte auf. Er verzichtete zugunsten seines Schwiegersohnes Seligmann Uhlfelder auf die Weiterführung seines Geschäftes für Schnittwaren.

Neun Jahre nach dem Tod seiner Frau Henriette starb der geachtete Bürger und Kaufmann Sigmund Weil am 20. März 1866. Nur wenige Mitglieder der großen Familie Weil sind auf dem Friedhof an der Schillerstraße begraben. Von den acht Kindern des Rabbiners blieb das Grab seines ältesten Sohnes Sigmund sichtbar. Die meisten seiner Geschwister, deren Nachkommen sowie die eigenen Enkel und Urenkel mussten aus Deutschland fliehen – verfolgt von einem antisemitischen Staat, der eine kleine Minderheit seiner Bürger entrechtete, beraubte und vernichtete, weil sie Juden waren. Viele emigrierten nach Palästina oder über den Atlantik nach Amerika.

Nicht allen Nachkommen der Familie gelang die Flucht aus Nazi-Deutschland. Pauline und Rebekka Weil saßen am 23. September 1942 im Deportationszug von Regensburg ins KZ Theresienstadt, unweit von Prag. Im Sonderzug in den Tod befanden sich 117 ältere Frauen und Männer des jüdischen Altersheims in der Weißenburgstraße und des Gemeindehauses in der Schäffnerstraße. Für die meisten der Bewohner gab es keine Rückkehr. Die 83 Jahre alte Rebekka Weil starb drei Wochen nach ihrer Ankunft. Die aus dem unterfränkischen Marktbreit zugezogene Großnichte Paul Weils, die 69-jährige Pauline Weil, erlitt am 25. November 1942 den Hungertod in Theresienstadt.

WB

Der „Lerchenfelder Hof", Familiensitz für 100 Jahre

Rosa Schwabacher, geb. Brüll *Jonas Schwabacher*
1842–1868 *1822–1892*

Man muss Umwege nehmen, um den Zielpunkt nicht zu schnell zu erreichen. Vielleicht einige kleine, nicht alle. Hat man den Mut und die Gelegenheit? Rosa Schwabacher, geborene Brüll, aus dem oberfränkischen Seubersdorf nahm den schnurgeraden Weg: vom kleinen Bauerndorf in die große Stadt Regensburg. Da war die junge Rosa noch keine 20 Jahre alt, und ihr doppelt so alter Ehemann Jonas Schwabacher, Kaufmann und Bürger, zählte in Regensburg bereits zu den Honoratioren der Stadt. Schon bald sollte er als erster jüdischer Bürger ein wichtiges politisches Wahlamt übernehmen. Was ihm noch fehlte? Eine Familie.

Diesen Wunsch erfüllte Rosa. Innerhalb von fünf Jahren brachte sie vier Kinder zur Welt: drei Söhne und eine Tochter. Zwei Monate nach der Geburt des jüngsten Sohnes starb sie am 21. Februar 1868 – im 26. Lebensjahr. Kurz darauf wurde ihr Witwer in das Gremium der Gemeindebevollmächtigten der Stadt gewählt.

Es war ein isoliertes Leben, das die junge Rosa vor ihrer Ehe mit dem angesehenen jüdischen Großkaufmann führte. Die Mehrheit der etwa 20 Bauernfamilien in Seubersdorf war evangelisch-lutherisch und besuchte sonntags die evangelische Filialkirche Maria-Magdalena, die wenigen katholischen Familien gingen zum Kirchgang ins Nachbardorf. Jüdische Gutsbesitzer oder Bauern mit eigenem Grund gab es in einem mittelfränkischen Dorf in der Regel nicht.

Eine gute Kennerin von Land und Leuten ihrer mittelfränkischen Heimat war Babette Schwabacher, die Mutter von Jonas. Er war das vierte ihrer fünf Kinder, alle in kurzen Abständen in Regensburg zu

Rosa und Jonas Schwabacher

Rosa Schwabacher starb nach der Geburt ihres vierten Kindes im 26. Lebensjahr.

Hause geboren: Emilie, Caroline, Bernhard, Jonas und Moritz. Auch Babettes Ehemann Leopold war ein geborener Regensburger und im Dezember 1790 in der Stadt der Reichstage zur Welt gekommen. Seine Eltern hießen da noch Itzig und Sara Löw und waren einst aus Mittelfranken zugewandert. Dem ältesten ihrer vier Kinder, zwei Buben und zwei Mädchen, gaben sie den Namen Leopold, der Gründer der späteren Firma Leopold Schwabacher. Ihr erstes Quartier fanden die Zugewanderten mit ihrer Magd in der Altstadt, Metgebergasse 1.

Um die Mitte des 18. Jahrhunderts waren Itzig Löw und seine Frau Sara im Gefolge von Gesandten in Regensburg eingetroffen, ausgestattet mit einem kurfürstlichen Schutzbrief. Sie brachten mit, was in der Freien Reichsstadt begehrt war: Posamentierwaren, Tuche aus Leinen, Stoffe aus feiner Baumwolle, Bänder und Knöpfe. Aus den Körben heraus wurde angeboten und verkauft. Was mit dem Straßenverkauf im 18. Jahrhundert begann, wurde in über 100 Jahren von vier Generationen Schwabacher erfolgreich ausgebaut und verfeinert. In einem stattlichen Anwesen in der Unteren Bachgasse 12–14, Eckgebäude zur Gesandtenstraße, manifestierte sich der Erfolg. Das spätgotische Anwesen aus drei Gebäudeflügeln und malerischem Renaissance-Innenhof, bekannt als Lerchenfelder Hof, war über 100 Jahre im Besitz der

Rosa Schwabacher, Kaufmannsgattin und Mutter von vier Kindern, starb im Kindbett.

jüdischen Kaufmannsfamilie. Bis 1941, als die Nazis Hand anlegten und die letzten Eigentümer ermordeten.

Zu dem Namen „Schwabacher" kam die Familie 1813 aufgrund des Bayerischen Judenedikts, das den Juden vorschrieb, deutsche Familiennamen zu führen. Aus dem jiddischen „Itzig" wurde in der Übersetzung Isaak, Der zweite Vorname „Löw" wurde gestrichen und durch Schwabacher ersetzt: Schwabach in Mittelfranken war der letzte Wohnort vor dem Zuzug und bestimmte somit die Identität. So hielten es viele zugewanderte jüdische Familien, die bis dahin häufig mit dem eigenen Vornamen und dem des Vaters auskamen, wobei ein ben (Sohn von) und bat (Tochter von) dazwischengeschoben war. Im religiösen Bereich, wie beim namentlichen Aufruf in der Synagoge, blieb diese Tradition erhalten.

Übersetzung der hebräischen Eulogie
Hier ist geborgen die tüchtige Gattin, Frau Rosa, des
geehrten Herrn Jona Schwabacher von hier,
verschieden in ihren besten Jahren
am heiligen Schabbat, 27. Adar 628 der
kleinen Zählung.
Eine angesehene Frau, und demütig
wandelnd alle ihre Tage,
eine gottesfürchtige Frau, die man ob ihrer
Taten pries,
darum ehrten sie alle ihre Bekannten
und priesen in den Toren ihre Pfade,
und es weinten ihr nach ihr Mann und ihre Kinder

Deutsche Inschrift im Sockel des Grabsteins
Ruhestätte der Frau Rosa Schwabacher, geb. Brüll,
Kaufmannsgattin dahier, gestorben am 21.ten März 1868
im 26.ten Lebensjahre.

Weltläufig, mehrsprachig, regional gut vernetzt und im Jüdischen verankert. Wohl wissend: Wenn die Träume groß sind, werden es auch die Enttäuschungen. – Die Familie Schwabacher hielt sich an die orthodoxe Praxis der arrangierten Ehen. Isaaks erstgeborener Sohn Leopold heiratete die in Schwabach geborene Babette. Beide Familien stammten aus Mittelfranken, wo die Vorfahren in Familiengräbern in Georgensgmünd begraben waren. Jahrhunderte zuvor waren Juden gezielt von fränkischen Adelshäusern zur Ansiedlung in das vom Dreißigjährigen Krieg geschundene Land angeworben worden. Handel und Gewerbe, jüdische Weltläufigkeit und Wirtschaftskraft sollten das Land vorwärtsbringen. Bereitwillig folgten dem Ruf nach Mittelfranken viele der von Pogromen verfolgten Juden aus den Ländern der Donau-Monarchie. 1580 wurde der jüdische Friedhof im mittelfränkischen Geor-

Die abgebrochene Säule symbolisiert das kurze Leben Leopold Schwabachers.

gensgmünd angelegt und diente fortan den jüdischen Gemeinden der Umgebung als Begräbnisstätte. Auch den Schwabacher Juden.

Mit welcher Kraft diese Verbundenheit zu den Familiengräbern in Georgensgmünd wirkte, zeigte sich 1821, als die Gemeinde in Regensburg den Friedhof an der Schillerstraße plante. Da sahen Vater Isaak und Sohn Leopold zunächst noch ihre eigenen Bestattungen in den Familiengräbern der Vorfahren in Georgensgmünd. Die Umorientierung kam mit den geschäftlichen Erfolgen der Firma Leopold Schwabacher in Regensburg. Je 18 Goldgulden spendeten Vater und Sohn für Grundstück und Bau des neuen Friedhofs.

Jonas Schwabacher, 1869 zum ersten jüdischen Gemeindebevollmächtigten der Stadt Regensburg gewählt

Stammsitz im Lerchenfelder Hof

1829, sieben Jahre nach der Eröffnung des Friedhofs, starb Isaak Schwabacher und wurde in einem Einzelgrab beigesetzt. Zu diesem Zeitpunkt führte Sohn Leopold schon lange das florierende Geschäft für Schnitt- und Modewaren in der Unteren Bachgasse 12–14. Er starb 1842 im Alter von 52 Jahren. Von seinen fünf Kindern waren die beiden Söhne Bernhard und Jonas bereits in jungen Jahren in die Firma eingetreten. Drei Jahre nach dem Tod des Vaters verfügte der ältere Sohn Bernhard über eine Großhandelskonzession und führte sein

Westlicher Teil

Innansicht des Lerchenfelder Hofs in der Unteren Bachgasse: über 100 Jahre Familiensitz von vier Generationen Schwabacher

Handelsgeschäft im linken Gebäudeflügel mit dem Zugang von der Gesandtenstraße. Nur wenige Jahre später übernahm der jüngere Bruder Jonas mit 27 Jahren das Hauptgeschäft in der Unteren Bachgasse 12–14, nachdem die Mutter Babette die Matrikelnummer der Familie an den Sohn abgetreten hatte.

Eine politisch exponierte Rolle für die Jüdische Gemeinde erfuhr Jonas Schwabacher in seinem letzten Lebensabschnitt: Der Abschaffung der diskriminierenden Matrikelparagraphen im Judenedikt 1861 folgte bald darauf eine Gemeindeordnung, die erstmals den Juden der Stadt das aktive und passive Wahlrecht zugestand, sofern sie Gemeindebürger waren. Bei der Wahl für das Gremium der Gemeindebevollmächtigten kandierte Jonas Schwabacher und wurde auch von nichtjüdischen Stimmbürgern zum Gemeindebevollmächtigten gewählt.

Es war ein höchst einflussreiches Gremium, das den Magistrat der Stadt wählte. Zum ersten Mal war mit Jonas Schwabacher ein jüdischer Bürger mit Sitz und Stimme in einem Regensburger Gemeindeorgan vertreten. 12 Jahre nahm er im Kreis der Gemeindebevollmächtigten – heute dem Stadtrat vergleichbar – die kommunalen wie jüdischen Anliegen wahr.

Aufbruch – das Ende der Matrikelpflicht

Von den erdrückenden Verboten durch die Aufhebung der Matrikelpflicht befreit, entwickelte sich in vielen bayerischen Städten ein rasantes Wachstum. So geschah es auch in Regensburg. Die neue Freizügigkeit, gepaart mit einer Niederlassungsfreiheit, zog junge Leute an. Bis 1880 stieg die Zahl der jüdischen Einwohner auf 675 an – das waren knapp zwei Prozent der Bevölkerung. Mit der Reichsgründung 1871 war formal die rechtliche Gleichstellung erreicht, die freie Berufswahl blieb indes eingeschränkt. Der öffentliche Dienst in der Justiz, der Universität oder im Offizierscorps blieb den Juden weiterhin verwehrt.

Mit der rechtlichen Gleichberechtigung wandelte sich die gesellschaftliche Einstellung zur jüdischen Minderheit: Der über viele Jahrhunderte offen ausgelebte christliche Antijudaismus „modernisierte" sich im 19. Jahrhundert zum politischen und gesellschaftlichen Antisemitismus. Wie tief die aberwitzige christliche Blutlüge nachwirkte, belegt ein Vorfall in Regensburg, aufgezeichnet vom städtischen Chronisten Gumpelzheimer: 1780 habe eine zugereiste Frau mit lockerem Lebenswandel einen neunjährigen Knaben der jüdischen Gemeinde zum Kauf angeboten. *„Sie kam mit dem Antrag zu dem wackeren Juden Lemle und führte ihm das Kind zu, weil sie gehört hätte, dass dieselben zu Zeiten Christenblut brauchten."* Lemle habe die Frau zur Obrigkeit gebracht, die sie zur Bestrafung dem Magistrat übergeben habe. Sie sei billig mit der Geldstrafe von einem Stadtschilling davongekommen und aus der Stadt gejagt worden.

Wie sich ein Jahrhundert später die moderne Judenfeindlichkeit ausformte, ist im ausgehenden 19. Jahrhundert im Bayerischen Landtag

Westlicher Teil

zu sehen: Da setzte der Regensburger Landtagsabgeordnete Georg Heim die antisemitische „Lex Tietz" durch. Purer Neid bestimmte die Haltung der Parlamentarier, als sie 1899 die Warenhaussteuer mit großer Mehrheit verabschiedeten. Den „Bauerndoktor" Heim drückte es schon lange: *„Wie billig das Haus Tietz seine Waren abgibt … ja, welche Hausfrau läuft da nicht, um in solch billigem Hause ihren Bedarf zu decken."* Vor Augen hatte der Antisemit Georg Heim das ihm bestens bekannte Kaufhaus Tietz zu Hause in der Ludwigstraße in Regensburg. Die in Bayern erstmals praktizierte Warenhaussteuer richtete sich dezidiert gegen das Konzept dieses Warenhauskonzerns und seinen Inhaber Oskar Tietz. Es erging eine am Umsatz orientierte Steuer, die bis zu drei Prozent ausmachte. Die „Warenhausdebatte" im Bayerischen Landtag leitete eine breite antisemitische Hetzkampagne ein. Sondergesetze gegen die erfolgreichen jüdischen Warenhäuser folgten in anderen Ländern des Deutschen Reiches. Im Wahlprogramm der NSDAP spielte die Vernichtung der jüdischen Warenhäuser eine zentrale Rolle.

Der Lerchenfelder Hof – Heimstatt für vier Generationen

1868 gehörte der Familie Schwabacher bereits in der zweiten Generation das dreiflügelige Eckgebäude in der Unteren Bachgasse. Das Verzeichnis sämtlicher Hauseigentümer in Regensburg weist für dieses Jahr die Brüder Bernhard und Jonas als Inhaber aus. Beide waren tüchtige Geschäftsleute, kommunalpolitisch engagiert und als Gemeindebevollmächtigte auch von nichtjüdischen Regensburgern gewählt worden.

1891 starb Bernhard Schwabacher im Alter von 72 Jahren. Welchen Wandel im Zeichen des Bemühens um gesellschaftliche Integration und Anpassung die Grabsteinkultur erfuhr, machen die Inschriften der Grabsteine jener Zeit sichtbar: Es dominiert die deutsche Inschrift. Die hebräische Eulogie findet untergeordnet im Sockel Platz. Im ähnlichen Stil, so wie es liberale Juden bevorzugten, ist der Grabstein seiner Frau Antonie gehalten. Das Paar heiratete 1850 in Regensburg.

Nur ein knappes Jahr nach dem Tod des älteren Bruders starb in seinem Haus der Kaufmann und Bürger Jonas Schwabacher. Er wurde

70 Jahre alt. Bis zu seinem Tod sollte er um seinen erstgeborenen Sohn Leopold trauern. Davon zeugen bis heute die Inschrift im Grabsteinsockel und die auffällig herausragende abgebrochene Säule. Diese symbolisiert den allzu frühen Tod eines jungen Mannes. Eine eingeknickte Blume, meist eine Rose, steht hingegen für den frühen Tod einer jungen Frau
Leopold Schwabacher, nach dem Großvater benannt, starb in jungen Jahren 1886. In diesen Jahrzehnten – über die Jahrhundertwende hinaus – grassierte in der Regensburger Altstadt die Tuberkulose. Die hygienischen Verhältnisse in den dichten Gassen waren miserabel, ideale Brutstätte für Bakterien, wenn sich der feuchte Nebel wie ein Leichentuch in den Gassen festsetzte. Um diesem todbringenden Brodem zu entkommen, reiste der kränkelnde Leopold im Herbst 1886 in den damals beliebten Kurort Nervi an der ligurischen Küste. Vergebens suchte er in dem milden Mittelmeerklima Genesung. Er starb am 5. Dezember und wurde eine Woche nach seinem Tod in Regensburg begraben.

In den Jahren des ausgehenden Jahrhunderts übernahmen die beiden Brüder Siegfried und Julius die Geschäfte des Familienbetriebes Schwabacher in der Unteren Bachgasse. Über vier Jahrzehnte führten sie das von ihren Vorfahren ererbte Handelsgeschäft für feine Stoffe, Tuche und Mode. Wie viele der liberalen, gutbürgerlichen Juden in Regensburg setzten sie auf Integration, auf eine Symbiose von Deutschtum und Judentum – eine Ansicht des auch in Regensburg repräsentativ vertretenen „Central-Vereins deutscher Staatsbürger jüdischen Glaubens". Sie nahmen es nicht ernst, als in der jungen Weimarer Republik die Hassprediger der Nazis in Kundgebungen öffentlich gegen die Juden hetzten, und glaubten, dass der Antisemitismus eine durch Vernunft heilbare Krankheit sei.

Bei der Volkszählung 1925 wurden 514 erwachsene Juden in Regensburg erfasst. Namentlich führt der Verwaltungsbericht die Namen von 108 wahlberechtigten Männern auf, unter ihnen Julius und Siegfried Schwabacher. Mit dem Tod des jüngeren Bruders Julius 1928, der unverheiratet geblieben war, zog sich Siegfried als Privatier aus dem Tagesgeschäft zurück.

Die einzige Schwester, Pauline, heiratete den Münchner Kaufmann Isidor Seligmann und verließ ihre Heimatstadt. Ihre beiden Kinder,

Albert und Fanny Seligmann, sollten die letzten Inhaber des Stammsitzes der Schwabachers in Regensburg sein.

Der Lerchenfelder Hof, das viergeschossige, spätgotische Eckgebäude in der Unteren Bachgasse 12–14, repräsentierte über 100 Jahre, was die alte Handelsstadt Regensburg ausmachte. Siegfried Schwabacher war der letzte jüdische Bewohner im Stammhaus der Familie. Er starb am 13. Oktober 1938 im Alter von 83 Jahren. Ausgegrenzt, gedemütigt und ausgeraubt von den Nazis – über seinen Tod hinaus: Nach der Reichspogromnacht am 9. November 1938 zog die Finanzverwaltung das, was verblieben war, als „Judenvermögensabgabe" ein.

Für die in München lebenden Geschwister Albert und Fanny Seligmann, rechtmäßige Inhaber des Lerchenfelder Hofs, sollte die Inschrift auf der Rotmarmortafel von 1703 im Innenhof zum Menetekel werden: *„Dieses Haus schönste Zier wuchs in lauter Unglück auf."* Nach der „Arisierung" des „fetten Brockens" Lerchenfelder Hof, um den ein erbitterter Streit unter SS-Mitgliedern entbrannt war, gerieten die Geschwister in das Räderwerk der NS-Vernichtungspolitik. Am 20. November 1941 bestiegen sie in München den Deportationszug in den Tod. Ziel war das Fort IX im litauischen Kaunas. Unter Aufsicht der SS wurden Fanny und Albert Seligmann von litauischen SS-Wächtern erschossen.

WB

Krone ihres Gatten und Zierde ihrer Kinder

Ricka Niedermayer, geb. Niedermayer
1818–1874

Im Jahr 1815 bricht im Pazifik der Vulkan Tambora aus. Das durch die Explosion ausgeworfene Material führt zu einer globalen Klimaveränderung, einhergehend mit Missernten und Hungersnöten. Das Jahr 1816 ist so kalt, dass es als „Jahr ohne Sommer" in die Geschichte eingeht. Das Auswurfmaterial des Tambora verändert über Jahrzehnte hinweg das Tageslicht. Mitunter brechen sich in den Morgen- und Abendstunden Sonnenstrahlen an vulkanischen Staubteilchen in der Luft und tauchen die Landschaft in dramatische Farbtöne. Bei Sonnenauf- und -untergang konkurrieren Rot-, Orange- und Violetttöne mit leuchtenden Farbreflexen in Braun, Ocker und Gelb. Maler der Romantik wie Caspar David Friedrich und William Turner fangen diese Lichtstimmungen ein und verewigen sie in ihren Werken.

In diese von Nöten und Naturspektakeln geprägte Zeit wird am 22. August 1818 ein Mädchen geboren: Ricka Niedermayer. Ihr Geburtsort Wassertrüdingen liegt im Kreis Ansbach, rund 75 Kilometer südwestlich von Nürnberg. Er zählt seit 1806 zum Königreich Bayern, verfügt über eine alteingesessene jüdische Gemeinde und ist Distriktsrabbinat. Als Ricka zur Welt kommt, leben hier 25 jüdische Familien. Deren Oberhäupter sind jeweils Inhaber einer Matrikelnummer und damit Bürger des Königreichs Bayern.

1811/12 zählte Wassertrüdingen 1.656 Einwohner, rund acht Prozent davon sind Juden. Für die Gemeinde gibt es eine Synagoge, ein Gemeindehaus mit einer Religionsschule und ein rituelles Bad. Alle Kinder des Ortes – Jungen und Mädchen – besuchen eine öffentliche Schule. Laut bayerischem Judenedikt von 1813 haben jüdische Kinder

Westlicher Teil

Ricka Niedermayer, 1870 zugewandert aus dem fränkischen Thalmässing

Übersetzung der hebräischen Eulogie
Hier ist geborgen
eine Frau, die Herrin und die Gepriesene,
Frau Rika
Gattin des geehrten Herrn Meier
Niedermeier, sein Andenken zum Segen, von hier,
verschieden Tag 5,24., und begraben am
Rüsttag des heiligen Schabbat,
25. Tammus 634 der kleinen Zählung.
Eine gottesfürchtige Frau und züchtig in
ihren Taten,
›Krone ihres Gatten‹ ›und Zierde ihrer
Kinder‹,
›ihre Wege waren Wege der Lieblichkeit‹
›und Frieden auf ihren Pfaden‹
Ihre Seele sei eingebunden in das Bündel des
Lebens

Deutsche Inschrift auf dem Sockel des Grabsteins
Hier ruht
Frau Rika Niedermeier
Ehefrau des verlebten
Herrn Meier Niedermeier
von hier gest. am 8. Juli 1874,
56 Jahre alt
War bescheiden in ihrem Wirken
und gottergeben in ihrem Leiden

beider Geschlechter auch Zutritt zu allen höheren Lehranstalten. Doch in Rickas Jugend ist für Mädchen – ob jüdisch oder christlich – ein Universitätsstudium ein ferner Traum. Unerfüllbar.

Als junge Frau verlässt Ricka Niedermayer ihren Heimatort und heiratet den sieben Jahre älteren Mayer ben Josef Niedermayer, so der jiddische Name, aus Thalmässing. Mayer Josef Niedermayer (amtli-

Westlicher Teil

cher Name) stammt aus einer angesehenen und wohlhabenden jüdischen Familie. Er betreibt Handel, unter anderem mit Pferden. Zu seinen wichtigsten Besitztümern zählt die von seinem Vater geerbte Matrikelstelle, eine von 45 in Thalmässing, die ihn zum Bürger macht, so dass ihm das Recht zusteht, im Ort eine Familie zu gründen. Der Vater, Josef ben Meier Niedermeier, Eigner der Matrikelnummer 1097, war mit 47 Jahren verstorben und im nahen Friedhof Georgensgmünd begraben worden.

Am 16. März 1846 kommt das erste Kind des Paares zur Welt: Josef. Im Ort geht es zu dieser Zeit friedlich zu. Doch die Bevölkerung hat die wochenlangen Ausschreitungen gegen hiesige jüdische Bewohner, die durch das Wiederaufleben einer Ritualmord-Legende verursacht war, nicht vergessen.

Im Königreich Bayern macht sich wie in weiten Teilen Europas, den USA und Teilen Asiens die Industrielle Revolution bemerkbar. 1835 läutet die Eröffnung der Ludwigs-Eisenbahn zwischen Nürnberg und Fürth die Geburtsstunde der deutschen Eisenbahn ein. 1846 entsteht durch den Ludwig-Donau-Main-Kanal eine schiffbare Verbindung zwischen Rhein und Donau und damit zwischen Nordsee und Schwarzem Meer. Wassertrüdingen, Rickas Geburtsort, wird 1849 Bahnstation und erhält so Anschluss an das zwischen Lindau und Hof entstehende Schienennetz der Ludwig-Süd-Nord-Bahn.

Im Dezember 1849, nur wenige Monate nach den Unruhen und Aufständen der bürgerlichen März-Revolution, kommt Ricka Niedermayers Sohn Leopold zur Welt. 1852 folgt Tochter Rosa. Die inzwischen 34-Jährige bekommt keine weiteren Kinder. In den Folgejahren zeichnet sich bei der jungen Frau eine Krankheit ab, die sie bis zu ihrem Tod begleiten wird: Lungenschwindsucht. Lungenschwindsucht oder Tuberkulose entwickelt sich zum Merkmal der Epoche und wird auch „weiße Pest" genannt. Die Seuche breitet sich unter den durch die Industrialisierung entstandenen proletarischen Vorstädten aus, rafft Angehörige der vornehmen Gesellschaft dahin und macht auch vor der Landbevölkerung nicht Halt. In der Mitte des 19. Jahrhunderts stirbt in Deutschland jeder vierte erwachsene Mann an Tuberkulose. Schon bald ähnelt Ricka Niedermayer den von der Lungenschwind-

Ricka Niedermayer

sucht gezeichneten Figuren in Thomas Manns Roman „Der Zauberberg": blass, abgemagert, kraftlos.

Am ersten März 1870 ziehen Ricka und Mayer Josef Niedermayer nach Regensburg. Der Matrikelparagraph wurde 1861 aufgehoben, für die jüdische Bevölkerung herrscht nun Freizügigkeit und viele verlegen ihren Wohnsitz vom Land in die Städte. Ricka ist von der Lungenschwindsucht schwer gezeichnet, wirkungsvolle Heilmittel gibt es noch nicht und die Zeit der Lungensanatorien ist gerade erst angebrochen. 1871, mit Gründung des Kaiserreichs, kommt für die Juden die volle Gleichberechtigung. Ein Ergebnis des langen Kampfes der jüdischen Emanzipation. Zwei Jahre später stirbt Mayer Josef Niedermayer. Seine Witwe folgt ihm am 8. Juli 1874. Im „Regensburger Wochenblatt" vom 14. Juli 1874 findet sich ihre Todesanzeige: *„Gestorben: Frau Rika Niedermeier, Kaufmannswitwe von hier, 55 Jahre alt, an Lungenschwindsucht."*

Acht Jahre später entdeckt Robert Koch mit dem Tuberkel-Bazillus die Ursache dieser Krankheit. Ein erster wirksamer Impfstoff folgt erst in den 1890er-Jahren. SL

Anmerkungen:
Die Schreibweisen der Namen (Ricka, Rika, Mayer, Meier, Niedermayer, Niedermeier etc) sind unterschiedlich. Im vorliegenden Text wurde die Schreibweise der jeweils zugrunde liegenden Dokumente (Familienbögen, Meldekarten, Inschriften, Transkriptionen) übernommen. Bei Vorliegen mehrerer Schreibweisen innerhalb eines Dokumentes, beschränkt sich der vorliegende Text auf eine Schreibweise.

Marie Schwarzhaupt, Patriarchin einer erfolgreichen Kaufmannsdynastie

Die Patriarchin von vier Generationen

Marie Schwarzhaupt
jid. Name: Mirjam Schwarzhaupt
1837–1875

> **Übersetzung der hebräischen Eulogie**
> Grabstein der tüchtigen Gattin,
> Frau Mirjam Schwarzhaupt, Gattin des
> Geehrten Jechiel Schwarzhaupt von hier.
> Mirjam ist nicht Mehr – so weinen bitterlich
> ihr Mann und ihre Kinder,
> ›fern ist uns der Tröster‹, groß wie das Meer
> unser Schicksalsschlag,
> ihre Hände erschlafften nicht, dem ›Armen
> öffnete sie ihre Hand‹,
> ›wie groß ist deine Güte, die du aufbewahrst
> denen, die dich ehrfürchten‹,
> gestorben zur Hälfte ihrer Tage am Tag, 14.Elul
> 635 der kleinen Zählung.
> Ihre Seele sei eingebunden in das Bündel des Lebens.
>
> **Deutsche Inschrift auf dem Sockel des Grabsteins**
> Hier ruht Frau Marie Schwarzhaupt
> Kaufmannsgattin von hier
> Starb am 14. September 1875
> Im 38. Lebensjahre
> Tiefbeklagt von allen ihren
> Angehörigen

Marie – jiddischer Name Mirjam – starb im 38. Lebensjahr.

Seit Gründung des Friedhofs 1822 fanden hier mindestens zehn Verstorbene aus vier Generationen der Großfamilie Schwarzhaupt ihre letzte Ruhestätte. Im letzten Matrikelverzeichnis der Kreishauptstadt Regensburg von 1863 werden die 41 Familienhäupter der ansässigen, heimatberechtigten Familien in der Rubrik A aufgelistet. Unter diesen sind drei Personen, die den Namen Schwarzhaupt tragen:

„*Max Schwarzhaupt, Schnittwarengroßhändler, 4 Seelen;
Jakob Schwarzhaupt, Schnittwarenhändler, 5 Seelen;
Philipp Schwarzhaupt, Tuchhändler, 6 Seelen.*"

In der Rubrik B werden 14 domizilierende, jedoch nicht heimatberechtigte Familienhäupter aufgelistet. Einer von diesen ist „*Emanuel Schwarzhaupt, Marktkrämer, 4 Seelen*". CH

Weltoffenes und kosmopolitisches Brüderpaar

Jakob Koch
jid. Name: Jeschajahle
1794–1876

Max Koch
jid. Name: Meir
1796–1876

Jakob Koch. Chef. Basta. Damit war der Kundschaft kurz und knapp gesagt, wer 1852 den Ton in der vielseitigen Firma „Gebrüder Koch" angab. Die reale Spezerei, Farb- und Schnittwarenhandlung en gros et en detail, verbunden mit Speditions-, Commissions- und Wechselgeschäften, erfüllte die ausgefallensten Wünsche der Kunden: von italienischen Gewürzen bis hin zu englischem Tuch. Dafür stand der Chef des Hauses in der Wahlenstraße 29.

Der älteste Sohn des ehemaligen kurfürstlichen Schutzjuden → Moses Koch hatte es aus eigener Kraft zum Bürger und Handelsunternehmer gebracht. Es war ein hohes Risiko, sich ohne den Schutz einer eigenen Matrikelnummer im ältesten Viertel der Regensburger Kaufleute niederzulassen. Doch der konservative Magistrat der Stadt sah über die Chuzpe des in Regensburg geborenen jungen Juden hinweg und entschied sich für einen Spurwechsel. Die Politik der „*Ansässigmachung* jüdischer Kaufleute über die im Judenedikt festgelegte Zahl hinaus" eröffnete den Weg für eine positive Lösung.

Der Magistrat legalisierte seinen Status und führte ihn – wie später auch seinen Bruder David – als Großhändler außerhalb der Matrikel. Es war ein deutliches Signal für das Bleiben und gegen die Auswanderung. Städte wie Nürnberg und München nutzten diese Politik der „Ansässigmachung" in weitaus größerem Umfang. Das diskriminierende „Vermehrungsverbot" jüdischer Familien im Bayerischen Judenedikt erwies sich in diesen Jahren der Begrenzung als harte Bremse für die wirtschaftliche Entwicklung.

Westlicher Teil

Jakob und Max Koch – zwei Brüder, die sich liebten und ergänzten – begründeten den Aufstieg des Handelshauses „Gebrüder Koch" in der Wahlenstraße.

Übersetzung der hebräischen Eulogien

Jeschajahle gennant
Jakow Koch
der Levite, verstorben alt
und gesättigt
am Mittwoch, 2. Tag von
Rosch Haschana
und kehrte zurück zu seiner Erde
am Freitag, 4. Tischri 5637
Einen guten Namen hat er ‚sich
erworben
Auf den Festen der
Gerechtigkeit und
Wahrheit baute er sein Haus

Meir, Sohn des Mosche
der Levite
Koch, alt verstorben
am Montag
27. Siwan, und begraben
mit gutem
Namen am Mittwoch
29. Siwan
5636
All seine Tage war er
Gottesfürchtig
und ein Gerechter in seinem
Glauben

Deutsche Inschrift auf dem Sockel des Grabsteins
Hier ruhen in Gott die Brüder Koch
Die im Leben sich liebten
waren es auch im Tode ...

1825 erhielt der sprachgewandte, flexible Jakob Koch die Bürger- und Handelsrechte. Der Aufstieg der Firma „Gebrüder Koch" zum erfolgreichen Handelshaus in der ehemals Freien Reichsstadt konnte beginnen. Da zählte Jakob 31 Jahre und war verheiratet mit der 22-jährigen Amalie, geborene Ottenheimer, aus Stuttgart. Es war eine glückliche Ehe. Nach der Geburt der beiden Töchter Auguste und Pauline kam sieben Jahre später, im April 1836, der ersehnte Stammhalter Max zur Welt. Jakob gab seinem Sohn den Namen des jüngeren Bruders Max Moritz, der mit der geerbten Matrikel seiner verstorbenen Frau über die Niederlassungsfreiheit verfügte. Seine Passion galt dem Juwelenhandel, den er in der „Goldenen Armstraße" – heute Ludwigstraße – betrieb. Gleichzeitig war er auch Sozius bei den „Gebrüdern Koch", wo er sich den Wechsel- und Kommissionsgeschäften grenzüberschreitend widmete. Der dritte im Bund der Firma war der jüngste Bruder David, der ledig und ohne eigenen Hausstand blieb.

Das vierstöckige, geräumige Anwesen der Gebrüder Koch in der Wahlenstraße 29 (Lit. 32) entwickelte sich zum quirligen Mittelpunkt des kulturell-religiösen Lebens der Gemeinde. Innerhalb weniger Jahre wuchs der Haushalt der Familie Jakob Koch auf 14 Mitglieder, fünf männliche und neun weibliche. Hinzu kamen fünf Angestellte. Lehrlinge, Kindermädchen und Jungfern. Hausherr Jakob Koch, wie ihn der Familienbogen ausweist, führte ein gastliches Haus, in dem auch Christen willkommen waren, zumal es im großen Familienkreis auch Konvertiten mit evangelischer und katholischer Religionszugehörigkeit gab. Toleranz, Empathie und Weltläufigkeit wurden gelebt. Sein Mitgefühl galt den armen Menschen und setzte sich in praktischen Hilfsleistungen um. So lobte es anerkennend Bürgermeister Thon-Dittmer und rühmte Kochs Tatkraft bei der Bekämpfung eines Brandes im Viertel.

In diesen Jahren der Emanzipation engagierten sich die Brüder über die Gemeinde hinaus. Der zum Vorstand gewählte Max Moritz Koch setzte sich in seiner Amtszeit dafür ein, die Gleichberechtigung zu leben und die Abschaffung der Judenmatrikel durchzusetzen. Mit diesem Auftrag delegierten die bayerischen Gemeinden 1848 eine „Deputation" zum Abgeordnetenhaus nach München. Für die Judenheit des Regenkreises trat Rabbiner Dr. Seligmann Schlenker auf. Der politische Vorstoß für die volle Gleichberechtigung der bayerischen Juden scheiterte jedoch. Es sollte noch Jahrzehnte dauern, bis das Matrikelgesetz 1861 endlich abgeschafft wurde.

Einen religiösen Aufbruch erfuhr in diesen Jahren der Emanzipation auch das religiöse Leben in Regensburg. Eine führende Rolle kam dabei dem zunächst als Lehrer und Prediger eingestellten Reformer Dr. Seligmann Schlenker zu. Er trieb das schon lange geplante Vorhaben der Errichtung einer Synagoge mit Hilfe des Magistrats voran. Der seit etwa 150 Jahren benutzte Betraum „Hinter der Grieb" war vom Einsturz bedroht und die Polizei drohte mit Schließung.

In dieser Situation kam es auf die Spendenbereitschaft der vermögenden Bankiers und Großhändler an. Die große Mehrheit der jüdischen Gemeinde war arm und von städtischer Seite gab es keine Un-

Henriette Ottenheimer, erfolgreiche schwäbische Schriftstellerin des 19. Jahrhunderts, lebte viele Jahre bis zu ihrem Tod in Regensburg.

terstützung. Die Vermögenden unter den Juden, aber auch Nichtjuden öffneten ihre Geldbörsen für den Kauf des alten Patrizierhauses der Steyrer in der Unteren Bachgasse. Die ehemalige Kapelle der Steyrers wurde zu einer Synagoge im gotischen Stil mit je 60 Männer- und Frauenplätzen umgebaut. In dem ehemaligen Bürgerhaus fand alles Platz, was eine jüdische Gemeinde brauchte: Ritualbad, Volksschule, Gemeindesitzungszimmer, eine Lehrerwohnung und einige Zimmer für arme Gemeindemitglieder.

Trotz des großen Spendenaufkommens musste die Gemeinde ein Darlehen von 15 000 Gulden bei der Bayerischen Hypotheken- und

Wechselbank aufnehmen. Als Sicherheit verlangte diese einen Schuldvertrag, unterschrieben von 17 Gemeindemitgliedern, die sich solidarisch haftbar erklärten. Die drei Brüder Koch, Jakob, Max und David, gehörten ebenso zu den Unterzeichnern wie Leopold Schwabacher oder → Sigmund Weil.

Bei der festlichen Synagogen-Einweihung setzte Rabbiner Schlenker deutliche Akzente für eine neue Ära. Wie es dem jahrhundertealten Ritus entsprach, vollzogen sich das Einstellen der Thorarollen und die Lesungen aus dieser auf Hebräisch, aber dann erklangen deutsche Weihegebete, Choräle und Musikbegleitung. Mit Pauken und Trompeten kam die neue Zeit – und mit ihr eine neue Synagogenordnung.

Mit dem systematisch angelegten Prozess der Assimilation legte Rabbiner Schlenker aber auch den Keim der Spaltung. Die zuvor geschlossene orthodoxe Gemeinde teilte sich im Laufe der Jahrzehnte in sich gegenseitig bekämpfende Gruppierungen auf. Die Orthodoxen sammelten sich in rechtsstehenden jüdisch-religiösen Vereinigungen, während es die Reformjuden in liberale Vereinigungen zog. Ende des 19. Jahrhunderts etablierte sich deutschlandweit der „Centralverein deutscher Staatsbürger jüdischen Glaubens", dem sich viele zionistisch orientierte Juden anschlossen.

Zu den entschiedenen Unterstützern einer Assimilationspolitik gehörten in Regensburg die Brüder Jakob und Max Koch. Die Klangfarbe im geräumigen Wohnhaus in der Wahlenstraße 29 prägten jedoch die neun Frauen, die im Koch'schen Haushalt lebten. Mit der Heirat von Amalie, aus der Stuttgarter Familie des herzoglich-württembergischen und kaiserlichen Hoffaktors Jakob Ottenheimer, zog die erste von fünf Schwestern jener Familie nach Regensburg. Nach dem frühen Tod der verehelichten Schwester Fanny nahm Amalie Koch die mutterlose Nichte, die zehnjährige Emma, als Adoptivtochter auf. Die beiden jüngeren Schwestern, Therese und Karolina, verheirateten sich ebenfalls in Regensburg. Jahre später folgte die ledige Schwester Henriette Ottenheimer aus Stuttgart. Das Familienhaus der Kochs in der Wahlenstraße bot der schwäbischen Dichterin und Schriftstellerin, die seit der frühen Kindheit an einer Lähmung litt, einen angemessenen Rahmen. Sie schrieb Gedichte, Erzählungen und Liedtexte. In ihren Balladen, dem Rhythmus des großen schwäbischen

Klassikers Friedrich von Schiller folgend, greift sie die landläufigen antisemitischen Vorurteile auf, um diese ins Gegenteil zu wenden – eine Methode, die der scharfzüngige Heinrich Heine liebte, die bei Henriette Ottenheimer jedoch ins Märchenhafte gleitet, wie in der Ballade „*Kennzeichen*": Da warnt Meister Christoph seinen Sohn vor dessen Aufbruch in die Welt vor den bösen Juden und gibt als sichtbare Kennzeichen an: „*… doch die Nase ist gebogen / und der Bart ist groß gezogen.*" In 25 Versen berichtet die Dichterin, was dem arglosen Jüngling an Bösem widerfährt. Es sind die nichtjüdische Spitzbuben „*mit Christennasen grad' und fein*", die den Unschuldigen berauben. Der Retter mit „*Judennas' und Bart*" ist im finsteren Wald bald zur Stelle, führt den armen Kerl hinaus und öffnet sein Haus. Das Fazit zieht der letzte Vers: „*Reich beschenkt, gespeist, erquickt / war der Knabe freudenhelle / später wieder fortgeschickt. / Nein, sprach dankbar er beim Scheiden, / Juden will ich nicht mehr meiden.*"

Ein Teil des literarischen Nachlasses von Henriette Ottenheimer lagert im Landesarchiv Stuttgart. Ihre letzte Ruhstätte fand die in Schwaben populäre Dichterin in Regensburg. Sie wurde 76 Jahre alt.

Seine Geschäfte als Großhändler in der Wahlenstraße gab Jakob Koch 1863 zu Gunsten seines Sohnes Max auf. Im Gegenzug erhielt der 27-Jährige vom Magistrat die förmliche „*Aufnahme als Bürger und Commissoner*", um die vom Vater überlassene Großhandlung zu führen. Seine im Jahr darauf geschlossene Ehe mit Franziska Uhlfelder scheiterte. Als er den notwendigen „Wiederverehelichungskonsens" erhielt, ging er im Januar 1880 eine zweite Ehe ein und heiratete in Sulzbach Rosalie Mandelbaum. Das Paar verließ Regensburg und suchte einen neuen Anfang in der bayerischen Landeshauptstadt. Es sollte noch acht Jahre dauern, bis Max Koch das Bürger- und Heimatrecht der Stadt München erhielt. WB

Westlicher Teil

Therese – jiddisch Ester – Grünhut starb 1879 in ihrem 33. Lebensjahr; die auffällig lange hebräische Grabinschrift gibt Hinweise auf ihre Tätigkeit als Hebamme.

Das Liebeswerk der Hebamme

Therese / Ester Grünhut, geb. Oesterreicher
1847–1879

Die auffallend lange hebräische Inschrift für Ester / Therese Grünhut (siehe folgende Seite) steht in deutlichem Kontrast zur kurzen deutschen Inschrift im Sockel, die sich auf die Lebensdaten beschränkt. Die Eulogie setzt im Rundbogen mit einem Zitat aus dem biblischen Buch Ester ein und stellt so die Verbindung zum jiddischen Vornamen der Verstorbenen her. Doch nicht nur mit der biblischen Ester, auch mit Awigail, Schifra und Pua wird sie verglichen. Dies könnte ein Hinweis darauf sein, dass Ester Grünhut in der Gemeinde als Hebamme tätig war, sind doch Schifra und Pua die beiden hebräischen Hebammen in der Erzählung von Mose Geburt (Exodus 1.15).

Ester Grünhut wird für die klassischen Tugenden einer jüdischen Frau gelobt – Gottesfürchtigkeit, Wohltätigkeit und Gebotserfüllung. Im hebräischen Text werden dabei ausschließlich die in der Gemeinde üblichen jiddischen Vornamen Ester und Izik genannt, deren deutsche Entsprechungen Therese und Isidor sind.

Es war am späten Vormittag, am 23. Juni 1879 gegen 13 Uhr, als Therese Grünhut in der Wohnung am St. Georgenplatz 2 starb, nur ein knappes Jahr nach der Geburt ihres Kindes Siegfried. Noch am selben Tag ließ ihr Ehemann → Isidor den Tod seiner Frau vom Standesbeamten beurkunden. Sie hatte innerhalb von nur sechs Jahren fünf Kinder geboren.

Acht Jahre zuvor, im Oktober 1871, war das junge Ehepaar – beide 24 Jahre alt und in Kaufmannsfamilien nahe Pilsen in Böhmen aufgewachsen – in Regensburg angekommen. *„Hierher übersiedelt am 17. Oktober 1871"*, trug der junge Kaufmann selbstbewusst in den

Übersetzung der hebräischen Eulogie

›Und Ester wurde zum König geholt‹ am 2. Tag
des Tammus des Jahres 639 der kleinen Zählung.
Hier ist geborgen die angesehene und
Anmutsvolle Frau, ›die Gattin, tüchtig ‹ wie Awigail
Und züchtig wie Schifra und Pua, die
Gebildete, die Gepriesene in ihren Taten,
›Krone ihres Gatten und Zierde ihrer Kinder‹, die
Freigebige, Frau Ester,
Gattin des Einflussreichen und Geehrten und
Erhabenen, des geehrten Izik Grünhut aus Regensburg.
Eine Frau, den Ewigen ehrfürchtend, und sie
wirkte Gutes alle Tage ihres Lebens,
sie labte das Herz von Armen und
Bedürftigen und Brot verteilten ihre Hände,
Zierde ihres Gatten und ihrer Kinder war sie
Alle Tage ihres Lebens,
die Fülle ihrer Wohltaten und die
Aufrichtigkeit ihres Herzens zeugen von der
Güte ihrer Taten,
sie erwies Liebeswerk und Gutes alle
Tage ihres Lebens.
Vieles bewirkte sie, und wie lieblich ist ihr Los.
›ihre Hände reichte sie den Bedürftigen‹,
ihrem ganzen Volke,
›ihre Pfade waren Frieden‹ all ihre Tage,
sie verfuhr nach den Geboten der Teighebe,
der Reinheit und des Kerzenzündens all ihre Tage
›und ihre Wohltätigkeit bestehe ewiglich‹
nach ihr,
Gutes in ihrer Hand bis in ihr ewiges Leben.
Ihre Seele sei eingebunden in das Bündel des Lebens.

Therese / Ester Grünhut

Deutsche Inschrift im Sockel des Grabsteins
Hier ruht
Frau Ester Grünhut
geb. Oesterreicher
gest. 23. Juni 1879
im 33. Lebensjahr

Familienbogen im Rathaus ein. Am St. Georgenplatz 2 gründete er eine Firma, die den Viehhändlern auf dem Schlachthof unentbehrlich war: seine Handelsfirma, die „Isidor Grünhut OHG", spezialisiert auf Häute-, Darm- und Fellgeschäfte; zudem deckte sie den Bedarf für Metzgereien.

Ein Jahr nach der Ankunft in Regensburg wurde Therese Grünhut zum ersten Mal Mutter. Doch ihr Sohn Sigmund starb den frühen Kindstod nach zwei Wochen. Drei Söhne und die Tochter Maria kamen in den folgenden fünf Jahren zur Welt. In welchem Umfang Therese als Hebamme in der Gemeinde wirkte, ist nicht überliefert, doch die Inschrift auf dem Grabstein rühmt auf anrührende Weise ihr Liebeswerk und den Beistand nach dem Vorbild der biblischen Geburtshelferinnen. Von ihren fünf Kindern fielen die beiden Söhne Oskar und Siegfried dem Morden der Nazis zum Opfer.

Im April 1880, ein knappes Jahr nach dem Tod seiner Ehefrau, erhielt der nunmehr verwitwete Isidor Grünhut, Vater von vier kleinen Kindern, vom Magistrat der Stadt das Wiederverehelichungszeugnis ausgestellt. Er heiratete Hermine Veith, 21 Jahre alt, aus Steppach im Landkreis Augsburg.   WB

Westlicher Teil

Moritz – jiddisch Mosche – Uhlfelder, Bankier und Gemeindevorstand

Webermeister, Bürger und Bankier

Moritz Uhlfelder
jid. Name: Mosche Uhlfelder
1805–1883

Aus dem mittelfränkischen Wilhermsdorf kam der 24-jährige Moritz Uhlfelder nach Regensburg und wurde im März 1829 als Bürger und Webermeister aufgenommen. Unabhängig vom Matrikelrecht konnte für junge Juden, die eine Fabrik errichteten, das Meisterrecht als Handwerker oder als Bauer, auf eigenem Grund und Boden arbeitend, eine „Ansässigmachung", genehmigt werden. Uhlfelder erhielt für sein Metier eine dieser zusätzlichen Genehmigungen.

Mit seiner Frau Pepi, geb. Schlenker, ließ er sich in der Unteren Bachgasse 92 nieder. Sohn Jacob wurde 1833 geboren, es folgten die Töchter Pauline, Emma und Fani in jährlicher Folge. Fünf Jahre später

> **Übersetzung der hebräischen Eulogie**
> Hier ist geborgen
> ein aufrechter und lauterer Mann
> gottesfürchtig all seine Tage,
> es ist der geehrte Mosche Uhlfelder von hier,
> gestorben ›betagt und in gutem Greisenalter‹
> am Tag des heiligen Schabbat, 22., und
> begraben mit ›gutem Namen‹
> am Tag 2, 24. des zweiten Adar 643 der
> kleinen Zählung.
> Seine Seele sei eingebunden in das Bündel
> des Lebens.

Westlicher Teil

dann, 1842, kam der Nachzügler Sigmund zur Welt. Im Haushalt der Familie lebte außerdem bis zu ihrem Tod 1846 Fradel Schlenker, *„die immer kränklich ist"*, ein Commis (heute kfm. Angestellter) sowie zwei Haushaltshilfen.

Es war ein großer Haushalt, der von Moritz Uhlfelders Gewerbe als Webermeister, Schnittwaren- und Großhändler finanziert werden musste. Überwiegend als Kaufleute und Bankiers waren die Männer im weitverzweigten Geschlecht der Uhlfelders in Wilhermsdorf tätig gewesen. Und mit der Niederlassung Moritz' dehnte es sich nach Regensburg aus.

Zwei Jahrzehnte später, 1851, erhielt zunächst ein Seligmann Uhlfelder das Bürgerrecht, 1864 ein Sigmund Uhlfelder; beide kamen ebenfalls aus Wilhermsdorf. Unklar bleibt, in welchen verwandtschaftlichen Beziehungen sie zum Regensburger Moritz standen. In der Unteren Bachgasse 92, dort, wo dieser sich niedergelassen hatte, sowie Hinter der Grieb 1 und 2 machten die Uhlfelders ihre Geschäfte als Kaufleute.

Mit Beginn der 1870er-Jahre bündelte Großhändler Moritz die in seiner Familie ausgeübten Geschäftsbereiche und wechselte als Oberhaupt das Fach: Ab sofort ließ er sich in den Adressbüchern der Stadt als Bankier auflisten. 1872 führte er ein Bank- und Wechselgeschäft, 1876 ein Bankgeschäft und war zugleich als Agent der bayrischen Notenbank tätig; da zählte er bereits 71 Jahre. Dass seine beiden Söhne Jakob und Sigmund ebenfalls als Bankiers arbeiteten, lag sozusagen in der Familie. Und noch eine Besonderheit gab es im Geschlecht der Uhlfelders: Die Vorliebe für den Vornamen Sigmund. Vier davon gab es in den Adressbüchern der 1870er-Jahre. Aber auch die Namen Max, Leo und Jacob wurden gern verwendet.

Der Name Moritz allerdings, der war in der jüdischen Gesellschaft Regensburgs einmalig. Mit 78 Jahren starb der Webermeister und Bankier Moritz Uhlfelder. *CH*

Das Regensburger Kulturhaus und sein Patron

Bernhard Degginger　　*Peppi Degginger, geb. Neuburger*
1820–1888　　　　　　*1833–1906*

„Das Degginger" – jeder kennt das kleine, vielbesuchte Kulturzentrum im historischen Ambiente der Wahlenstraße 17. Aber wer kennt schon den Namensgeber, den jüdischen Bürger und Kaufmann Bernhard Degginger? Im 19. Jahrhundert erwarb er das gotische Patrizierhaus, errichtet über romanischen Kellern. Drei Generationen der Familie bewohnten und bewirtschafteten das über 700 Jahre alte Anwesen. Im 20. Jahrhundert verlor das Haus seine Bewohner, die jüdischen Deggingers. Von ihnen blieb nur der Gebrauch des Namens für ein denkmalgeschütztes Haus.

Wenige Jahre nach seiner Heirat mit Peppi, geb. Neuburger, und der Geburt des ersten Sohnes Jakob 1853 hatte Bernhard Degginger mit seiner Familie das württembergische Wankheim, unweit von Tübingen, verlassen. Erst zwanzig Jahre zuvor hatte die Jüdische Gemeinde hier eine Synagoge gebaut und verfügte über einen Gottesacker, den Juden weithin nutzten.

In diesen Jahrzehnten, in denen die jüdische Emanzipation an Boden gewann und die rechtliche Gleichberechtigung forderte, verbreitete sich erneut das Gift des Antisemitismus in den ländlichen Räumen. Wie zu Beginn des Jahrhunderts flammten erneut Ausschreitungen aus Judenhass auf: „Hepp! Hepp! Jude verreck!", schallte es durch die Dörfer um Aschaffenburg, Bamberg, Bayreuth und Würzburg, wo es erneut zu pogromartigen Attacken kam. Vorgeworfen wurden den Juden ihre Gewinne durch Handelsgeschäfte. Die Angriffe auf jüdische Geschäfte und Wohnhäuser gingen von Tagelöhnern, Handwerksgesellen und Studenten aus.

Bernhard Degginger, Eigentümer des alten Handelshauses in der Wahlenstraße 17 und Namensgeber des heutigen Kulturzentrums

Bernhard und Peppi Degginger

Peppi Degginger, geb. Neuburger, stammte aus dem württembergischen Wankheim.

Südlicher Teil

Auch das einst reichsritterschaftliche Wankheim, nicht vom Ansiedlungsverbot für Juden der württembergischen Herzöge betroffen, veränderte sich in diesem Klima der Feindseligkeit. Die ansässige jüdische Bevölkerung wanderte ab, so dass die Synagoge 1890 abgebrochen wurde.

Guten Mutes wandte sich die Familie Degginger nach Regensburg, obwohl es auch hier antisemitische Gewalttaten gegeben hatte: 1845 verwüsteten Täter den Friedhof an der Schillerstraße. Sie schlugen Türen und Fenster der Friedhofsgebäude ein, warfen Grabsteine um und zerstörten den Brunnen. Was von Wert war, schleppten sie weg.

Bernhard Degginger war bereits ein vermögender Händler und Kaufmann, als er sich nach der Aufhebung der Judenmatrikel im November 1861 in Regensburg niederließ. Ein großes politisches Ziel der Emanzipationsbewegung war erreicht und die freie Wahl des Wohnrechts wurde sofort verwirklicht. Viele Familien aus der Region bis ins Fränkische verlegten jetzt ihren Wohnsitz in die Domstadt.

Voller Freude beschreibt Rechtsanwalt Isaak Meyer das große Aufatmen: *„Junge Leute, die keine Aussicht hatten, eine Matrikel erblich oder käuflich zu erwerben, brauchten nun nicht mehr nach Amerika auszuwandern, sondern konnten in der Heimat eine Existenz und Familie begründen. Brautleute brauchten mit der Heirat nicht mehr zu warten, bis die Eltern starben und damit die Matrikel frei wurde ..."* Innerhalb von zehn Jahren verdreifachte sich die Zahl der Jüdinnen und Juden. Bei der Volkszählung 1871 wurden 430 jüdische Einwohnerinnen und Einwohner gezählt.

Bernhard und Peppi Degginger ließen sich zunächst in der Wahlenstraße 19 (E 27) nieder, wo ihre vier Kinder Jakob, Sophie, Eduard und Fanny heranwuchsen. In diesem tiefgebauten Schmalhaus mit den vier Fensterachsen, den zwei Rundbögen über toskanischen Halbsäulen nahm Bernhard seinen nunmehr 15 Jahre alten Sohn Jakob in die „Commisslehre" und führte ihn in seine weitläufigen Handelsgeschäfte ein.

Der Kaufmann Bernhard Degginger war bereits 50 Jahre alt, als ihm der Magistrat am 4. August 1870 die Bürgerrechte für sich und seine Familie verlieh. Einige Jahre darauf erwarb er das Nachbarhaus mit der Nummer 17 (E 26). In diesem gewaltigen Anwesen, verwinkelt gebaut mit mal vier, mal fünf Geschossen, den Erkern, Türmen und Anbauten fand alles statt: Wohnen und Leben, offene Geschäfte und Handelsräume inklusive neuer Mieter.

Bernhard Degginger starb in seinem 68. Lebensjahr 1888, seine Frau Peppi 1906. Sie wurde 63 alt. Von ihren vier Kindern verließen zwei Regensburg. Eduard wurde in Augsburg als Kaufmann und Händler ansässig. Die jüngste Tochter Fanny heiratete den Spiegelhändler Moritz Fleischmann und verzog nach Wien. Der älteste Sohn → Jakob Degginger übernahm in Regensburg die Geschäfte des Vaters. WB

Südlicher Teil

Modeschöpfer des Jahrhunderts

Emanuel Schwarzhaupt
1832–1905

Babette Schwarzhaupt,
geb. Springer
1840–1905

Am 12. Januar 1864 wurde es amtlich: Emanuel Schwarzhaupt erhielt durch Regierungsentschließung die Aufnahme als Bürger der Stadt Regensburg und zugleich eine Detailhandels-Konzession. Das hieß, er durfte ganz offiziell Waren unterschiedlicher Provenienz und Beschaffenheit jedermann anbieten. Bereits im Jahr zuvor hatte er gemeinsam mit dem Schnittwarenhändler Maier-Sundheimer das Haus 97/2 in der Gesandtenstraße gekauft. Schnittwarenhändler boten u. a. auch Ausgangsmaterial für Textilien an, waren Tuchhändler und Kleidermacher. Und hier nahm die erfolgreiche Geschäftstätigkeit des Hauses Schwarzhaupt ihren Anfang.

Emanuel stammte aus Forth, einem Städtchen im Amtsbezirk von Erlangen. Es mag der Kontakt zu Maier-Sundheimer gewesen sein, der ihn veranlasst hatte, in Regensburg sein Leben im Hinblick auf Mode zu gestalten. Damenkonfektion und Wäsche – das war sein Angebot. Und das präsentierte er werblich attraktiv: elegante, miedergeschnürte, taillierte Damen, die Silhouette auslaufend im langen, weit schwingenden Krinolinenrock, mehrfarbig dargestellt auf Werbemarken, die sich als Bildmarken mit gezacktem Rand von Briefmarken ableiteten, nur etwas größer. Eine in Szene gesetzte Mode, die in der zweiten Hälfte des 19. Jahrhunderts in der bürgerlichen Klasse en vogue war. Die Werbemarken sind heute noch im Internet als Plakatdrucke im Angebot.

Emanuel Schwarzhaupt: ein erfolgreicher Händler in Sachen Mode und zudem ein kreativer Kopf. Er wusste seine Waren zu vermarkten.

Ab 1904 präsentierte sich das Modehaus Schwarzhaupt in der Goliathstraße / Watmarkt: attraktiv und repräsentativ in prominenter Stadtlage.

Wie erfolgreich er agierte, zeigte sich bei seiner zweiten Geschäftsgründung im März 1878 in Straubing. Von Anfang an liefen die Geschäfte in Niederbayern erfolgreich. Das blieb auch so unter der Leitung seines dritten Sohnes, Karl Schwarzhaupt, der im Januar 1943 im KZ Theresienstadt starb.

Das ehemals erfolgreiche Modehaus Schwarzhaupt in Straubing existiert bis heute, allerdings unter dem Label „Modehaus Hafner". Zum Schnäppchenpreis „arisierte" die Firma „Hafner & Co. KG" in Nazi-Deutschland die profitablen Schwarzhaupt-Modehäuser in Regensburg und Straubing.

Südlicher Teil

Emanuel und Babette Schwarzhaupt, geb. Springer: er ein erfolgreicher Händler in Sachen Mode, sie eine fürsorgende Mutter von elf Kindern

Emanuels Frau Babette, geb. Springer, trat geschäftsmäßig nicht in Erscheinung. Sie widmete sich mit Hingabe der Familie und brachte elf Kinder zur Welt, von denen zwei das erste Lebensjahr nicht überlebten. Drei ihrer Kinder, Therese, Karl, und Regina, überlebten die Shoah nicht, wurden ermordet in den Konzentrations- und Vernichtungslagern der Nazis.

Was Emanuel und Babette Schwarzhaupt jedoch erleben konnten, war der mutige Aufbruch ihres dritten Sohnes → Salomon und seiner

Übersetzung der hebräischen Eulogie
Hier ist begraben
Der gradlinige und treue R' Menachem, Sohn des
Schimon Halevi
Verstorben am Freitag, den 26. Und begraben mit
grossen Ehren
am Sonntag, den 28. Adar I 5665.
Sein Weg war stets im treuen Glauben, und gehörte
stets zu den zehn Ersten in der Synagoge, verpflegte
die Armen an seinem Tische.
Es beweinen ihn seine Söhne und Töchter mit
grossem Geweine
und Trauer
T. N. Z. B. H
Hier ist begraben
Die gradlinige Frau Bluma, Tochter des R' Chanoch,
Gattin des verstorbenen R' Schimon Halevi.
Sie führte ihr Haus mit religiöser Genauigkeit,
liebte ihre Söhne und Töchter von ganzem Herzen.
Sie waren ihre Augenweide.
T. N. Z. B. H

Deutsche Inschrift im Sockel des Grabsteins
Hier ruhen Herr Emanuel Schwarzhaupt
Frau Babette Schwarzhaupt geb. Springer
Euer Bild wird unseren Herzen nicht entschwinden
Euer Andenken stets gesegnet sein

Frau → Betty in eine neue Phase des Unternehmens: Das Modehaus präsentierte sich ab 1904 in den neu- und umgestalteten Gebäuden am Watmarkt 1 und 3 – groß, repräsentativ und in prominenter Stadtlage. Es ist nur zu vermuten, dass der Gründer die Fortsetzung seines Lebenswerks in guten Händen wusste.

Emanuel Schwarzhaupt starb ein Jahr nach der Eröffnung am 3. März 1905, seine Frau Babette folgte ihm nur vier Wochen später am 5. April im Alter von 65 Jahren. CH

Julius Uhlfelder, Rechtsanwalt und 1. Vorsteher der Gemeinde von 1901 bis 1906

Ein Mann mit vielen Talenten

Julius Uhlfelder
1865–1907

Nur wenig verrät der Familienbogen über Julius Uhlfelder. Immerhin dies: Er war erst 17 Jahre, als seine Mutter Rosalie, geborene Blümlein, 1882 starb, sein Vater Sigmund mit 52 Jahren Witwer wurde. Und dass Julius sich am 1. September 1891 mit 26 Jahren als Rechtsanwalt in der Maximilianstraße niederließ und ein Leben als Single führte; auch das lässt sich dem Familienbogen noch entnehmen. Dass sein jüngerer Bruder Leo mit 19 Jahren in der Elbe bei Königstein ertrank, war erst bei der Begehung des Friedhofs zu entdecken.

Als Rechtsanwalt erwarb sich Dr. Julius Uhlfelder Anerkennung und Reputation. 1901 wählte die Jüdische Gemeinde ihn zum 1. Vorsteher, zum 2. Vorsteher David Rosenblatt. Bis 1906 hatte er dieses Amt inne. Beide Vorsteher wandten sich nun der Lösung einer in den letzten Jahren viel diskutierten und strittigen Frage innerhalb der Gemeinde zu: dem Bau einer neuen Synagoge.

Das alte Gebetshaus in der Unteren Bachgasse war nicht nur zu klein, sondern konnte auch ab 1907 wegen Baufälligkeit nicht mehr genutzt werden und wurde später ganz abgerissen. Dem Angebot des Stadtmagistrats, ein Grundstück für den Bau einer neuen Synagoge in der Schäffnerstraße für 55.000 Mark zu verkaufen, stimmte die Kultusgemeinde in der Generalversammlung im Dezember 1904 zu. Spätestens damit dürfte die Frage der Finanzierung und auch der Spendenbereitschaft der Gemeindemitglieder an Bedeutung gewonnen haben – eine zusätzliche Aufgabe für den wortmächtigen und redegewandten Julius Uhlfelder: Es galt, die Spendenfreudigkeit zu stärken.

Südlicher Teil

Bedauernd erinnert sich der Chronist der Gemeinde, der damalige Rechtspraktikant Isaak Meyer, in seiner Gedenkschrift zum Jahrestage der Einweihung der neuen Synagoge: *„Die Inangriffnahme des Baues zog sich aber durch die Opposition von verschiedenen Seiten in die Länge. Am 27. Februar 1907 starb Dr. Julius Uhlfelder, einer der eifrigsten Vertreter des Synagogenbauprojektes, im Alter von 42 Jahren an einem schweren Herzleiden."*
An seiner Stelle wurde Rechtsanwalt Dr. David Heidecker zum 1. Vorsteher der Gemeinde gewählt. In seiner Festrede zur Eröffnung der neuen Synagoge lobte er eingedenk der großen Hingabe seines Vorgängers im Amt: *„Mit Stolz und Hingabe begeht heute die Kultusgemeinde Regensburg die Feier der Einweihung ihres neu erbauten Gotteshauses. Mit Stolz, weil sie aus eigener Kraft, gestärkt durch die Opferfreudigkeit und Opferwilligkeit eines großen Teils ihrer Mitglieder, ohne Unterstützung von Stadt und Staat ein würdiges Gotteshaus erbauen konnte."*
Eine ganz andere Seite der Persönlichkeit von Julius Uhlfelder schätzten die Mitglieder der „Schlaraffia Ratisbona" (s. unten). Hier war er der Oberschlaraffe „Ritter Pipifax mit den Talenten". Mit einer *„denkwürdigen Festrede"* zum 20. Stiftungsfest der „Schlaraffia Ratisbona" schrieb er sich in deren Annalen ein. Zudem war er um die Jahrhundertwende Präsident der Karnevalsgesellschaft „Narragonia" sowie Mitglied der Freimaurerloge „Walhalla zum aufgehenden Licht", die ohne ritualmäßige Logenarbeit *„gesellige Unterhaltung"* pflegte. Ab 1903 war er zudem Ausschussmitglied des Liberalen Vereins und trat in deren Versammlungen als glänzender Redner in Erscheinung.
Julius Uhlfelder war gut eingebunden in das gesellschaftliche Leben der Stadt und schätzte in seinem Leben das Miteinander von Gleichgesinnten auf unterschiedlichen Ebenen. Mit einer Gedenktafel an der Innenseite der Steinmauer des Jüdischen Friedhofs gedenken die „Schlaraffen" in ihrem 125. Jubiläumsjahr ihrer Mitglieder jüdischen Glaubens: *„Friedhöfe sind dem Herkommen und Dableiben gewidmet."*

Mit einer Gedenktafel an der Innenseite der Mauer erinnert die Schlaraffia Ratisbona im 125. Jubiläumsjahr an ihre Mitglieder jüdischen Glaubens; zum 20. Stiftungsfest hielt der Oberschlaraffe eine denkwürdige Festrede.

„Schlaraffia Ratisbona"

Gründungsgedanke der „Allschlaraffia" in Prag 1859 war die weltweite deutschsprachige Vereinigung zur Pflege von Freundschaft, Kunst und Humor. In diesem Sinn erfolgte 1879 die Gründung in Regensburg. Die „Schlaraffia Ratisbona" pflegte von Beginn an eine enge Verbindung zum Theater, insbesondere zu den jüngeren Ensemble-Mitgliedern, die zum Teil auch finanziell unterstützt wurden. Diese revanchierten sich wiederum mit Darbietungen ihrer jeweiligen Sparte. Das führte zu vielen Neueintritten und festigte den Ruf der „Ratisbona" als „*Reych mit besonderem Niveau*": Frohsinn und Humor, ergänzt durch Musik, Gesang und Vorträge aller Art, eingekleidet in die Sitten und Gebräuche des alten Rittertums. Ein Szenario, das für etliche Regensburger Persönlichkeiten attraktiv war: Sie wurden „Sassen" in der „Ratisbona". Ihre Erkennungszeichen waren und sind die „Rolandnadel", eine kleine weiße Perle, die am linken Revers getragen wird, oder ein Autoaufkleber mit einem blinzelnden Uhu.

Südlicher Teil

1933 begann für die Schlaraffen die *„uhufinstere Zeit"*. Die Nazis hatten die Unvereinbarkeit einer Mitgliedschaft in der NSDAP und der „Schlaraffia" verfügt, trotz deren Einführung des „Arierparagrafen". Es blieb dabei: Die „Schlaraffia Ratisbona" löste sich daraufhin auf, der Uhu musste *„ins Exil"* wie es in der letzten Sitzung hieß.

1948 erhielten die Schlaraffen von der amerikanischen Militärregierung die Erlaubnis für die Wiedergründung des Vereins, der Uhu kehrte aus dem Exil zurück. Entscheidende Unterstützung für ihr Anliegen erhielten sie von dem damaligen Oberbürgermeister Alfons Heiß, der vor 1933 selbst „Sasse" gewesen war.

In der Jubiläumsschrift von 2009 und einem Beiblatt gedachte die „Ratisbona" ihrer jüdischen Mitglieder: David Funk, Kalkwerkbesitzer († 1900); August Strauß, Bankier († 30.11.1942 in Theresienstadt); Max Weinschenk, Bankier († 1928 in München); Dr. jur. Thalmessinger († wohl 1904); Dr. jur. Fritz Buchmann († vor 1933); David Rosenblatt († 18.3.1944 in Bergen-Belsen); Dr. Martin Treumann, Fabrikant († 1956); Dr. jur. Fritz Oettinger († 1978). *CH*

„Der Familie Wohl war sein Glück"

Joseph Niedermaier
1846–1910

Es war die Alte Münz, in der die Familie Niedermaier ihren ersten Wohnsitz in Regensburg hatte – wenn auch nur vorübergehend für knapp acht Monate. Joseph Niedermaiers Eltern, Mayer Josef und → Ricka, bezogen hier, nach ihrem Weggang aus Thalmässing, am 1. März 1870 Quartier.

Damals war die Regensburger Altstadt in Wachten (Stadtbezirke) aufgeteilt. Die Alte Münz befand sich auf dem Gebiet der Schererwacht und trug die Bezeichnung B 28; später wurde daraus die Glockengasse 16. Wie der Name bereits andeutet, wurden in dem Gebäude Münzen geprägt, und zwar von 1621 bis 1810. Schon lange vor dieser Zeit war Regensburg berühmt für seine Münzprägungen. Bereits um 900 n. Chr. stand die Stadt mit bedeutenden karolingischen Münzstädten wie Köln und Straßburg auf einer Ebene.

Geld in Form von Münzen, wie sie in Regensburg geprägt wurden, war über lange Zeit das einzige Bargeld – bis im 11. Jahrhundert das erste Papiergeld aufkam. Unabhängig von seiner Form hat sich die Funktion des Geldes über die Jahrhunderte nicht verändert: Es dient als Recheneinheit, zur Wertaufbewahrung sowie als Tausch- und Zahlungsmittel.

Als Joseph Niedermaier 1875, also rund fünf Jahre nach seinen Eltern, von Thalmässing nach Regensburg zieht und hier das Bürgerrecht erhält, hat Geld durch Industrialisierung und internationale Warenströme enorm an Bedeutung gewonnen – in Regensburg, Bayern, Deutschland, ja in der ganzen Welt. Drei Jahre vor seiner Ankunft in der Domstadt gibt es hier fünf Bank- und Wechselgeschäfte. Da bleibt

Südlicher Teil

Grabstein der Großfamilie von Joseph und Johanna Niedermaier; 1877 wurde dem Paar das erste ihrer zehn Kinder geboren.

Joseph Niedermaier

genügend Raum für ein weiteres Bankgeschäft, das Joseph gemeinsam mit seinem Bruder Leopold gründet. „Niedermaier, Gebrüder. Bankgeschäft" ist unter der Rubrik „Handelsfirmenregister" im Regensburger Adressbuch von 1876 zu lesen. Sitz des Bankgeschäfts ist die Ludwigstraße 8.

Es ist die Zeit des deutschen Kaiserreiches, und dessen Rahmenbedingungen ermöglichen dem 30-Jährigen das Erarbeiten einer ansehnlichen und angesehenen Position in Wirtschaft und Bürgertum. Als er am 16. März 1846 in Thalmässing geboren wurde, war für Juden an solche Formen der Mobilität, Flexibilität und Emanzipation noch nicht zu denken. Dort lebten zu jener Zeit 300 jüdische Personen. Die Anzahl der Familien war durch das bayerische Judenedikt von 1813 auf 45 so genannte Matrikelstellen begrenzt. Josephs Vater, Mayer Josef Niedermayer, war im Besitz einer solchen Matrikelstelle, die ihn zum Bürger des Königreichs Bayern machte und ihm das Recht verlieh, im Ort eine Familie zu gründen und dieser als Oberhaupt vorzustehen.

Als Joseph die elf Jahre jüngere Johanna Heilbronner heiratet und mit ihr in Regensburg eine Familie gründet, gehören die geforderten Matrikel des bayerischen Judenediktes der Vergangenheit an, genauso wie die Kriege der Jahre 1866 und 1870/71, in deren Folge das preußisch dominierte Deutsche Kaiserreich entstanden war. 1877 bekommen Joseph und Johanna ihr erstes Kind; neun weitere Kinder werden folgen, darunter → Adolf und Louis Niedermaier.

Deutschland hat 1873, also zwei Jahre nach Gründung des Deutschen Kaiserreiches, die Goldwährung übernommen und wird als neu geschaffene Industriemacht zu einem der wichtigsten Finanzzentren weltweit. Der freie Welthandel hat sich als Wirtschaftsordnung seit dem mittleren Drittel des 19. Jahrhunderts etabliert. Güter- und Finanzströme fließen von Land zu Land und führen zu weltweiter Vernetzung. Schifffahrtskanäle und Eisenbahnen hier, Häfen und Telegraphenleitungen dort. Hinzu kommt die Modernisierung der Städte sowie der Aus- und Umbau der Landwirtschaft, die auf neue Agrartechniken setzt. All dies erfordert leistungsfähige Kreditinstitutionen, und für das Bankgeschäft der Gebrüder Niedermaier gibt es viel zu tun.

Südlicher Teil

Die Inschrift im Sockel spiegelt das emanzipierte und erfolgreiche Leben eines jüdischen Familienvaters im Kaiserreich wider.

Anders als die Hoffaktoren des 17., 18. und frühen 19. Jahrhunderts, die die Herrscher der Fürstenhöfe mit Kapital und Waren versorgten, können sich die Regensburger Privatbanken auf einen vorwiegend bürgerlichen und bäuerlichen Kundenkreis stützen. In der Stadt und im weiteren Umkreis gibt es beispielsweise Hopfenhändler, Brauereien, Spiegelfabrikanten, Manufakturwaren-Händler, Seifensieder, Kerzenfabrikanten, Holz-, Vieh- und Tuchhändler, die Geschäftskredite brauchen. Die jüdische Bevölkerung Regensburgs steht Neuerungen aufgeschlossen gegenüber. Simon Oberdorfer vertreibt am Arnulfsplatz 4 die neuesten Fahrräder, darunter solche der Marke Express aus Neumarkt in der Oberpfalz, später gibt es hier auch Kraftwagen der Firmen Adler und Ford zu kaufen. David Funk, dem eine große Kalk- und Zementfabrik gehört, lässt sich 1881 als erster Regensburger ein Telefon installieren, allerdings kann er diese Innovation – mangels Fernsprechpartnern – zunächst nur betriebsintern nutzen.

Um 1900 fühlen sich viele jüdische Geschäftsleute dem Liberalismus verbunden, auch in Regensburg ist das so. Der Liberalismus bietet ihnen unternehmerische Entfaltungsmöglichkeiten und ist Garant für ihre immer noch labile religiöse, wirtschaftliche und politische Gleichstellung. 1903 existieren in Regensburg 64 Geschäfte, die im Besitz von Juden sind, darunter fünf Bankgeschäfte. Die Zahl und Bedeutung von Privatbanken gegenüber anderen Bankengruppen wie Großbanken, Sparkassen und Genossenschaftsbanken nimmt im Deutschen Kaiserreich zwar tendenziell ab, doch die Aussichten des Bankgeschäftes der Gebrüder Niedermaier sind nach wie vor gut, und so treten Josephs Söhne Max und → Adolf in die Fußstapfen des Vaters. Max lernt Kaufmann, Adolf absolviert eine Lehre zum Bankkaufmann in Frankfurt am Main.

Als Joseph Niedermaier am 30. März 1910 im Alter von 64 Jahren in Regensburg stirbt, ist der Fortbestand des von ihm und seinem Bruder gegründeten Bankgeschäfts durch seine Söhne gesichert. Und das Bankgeschäft seinerseits trägt zur Sicherung des Lebensunterhaltes der Söhne und des Restes der Familie bei. Und das scheint dem Wunsch Joseph Niedermaiers zu entsprechen: *„Der Familie Wohl war sein Glück"*, steht auf seinem Grabstein zu lesen. Außerdem: *„Gottvertrauen war seine Stütze"* und *„In Einfachheit und Bescheidenheit wandelte er seinen Lebensweg"*. Einfachheit, Bescheidenheit, Gottvertrauen verweisen auf Tugenden des Deutschen Kaiserreichs – eines Reiches, das Joseph Niedermaier und seiner Familie ein emanzipiertes und freies Leben ermöglicht hat. *SL*

Südlicher Teil

Bernhard Gutmann, Gründer und Inhaber des vielbesuchten Tabak- und Zigarrengeschäftes am Neupfarrplatz 16. Ab 1915 übernahm Tochter Senta das Geschäft. Ihre mutige Verweigerung des stigmatisierenden Judensterns blieb eine Ausnahme. 1942 deportiert, in der Vernichtungsstätte Belzec ermordet.

Das gute Leben beendeten die Nazis

Bernhard Gutmann
1838–1915

Carolina Gutmann, geb. Mai
1846–1937

Vom Zwang der Matrikelpflicht befreit, fiel die Wahl des jungen Hopfenhändlersohns Bernhard Gutmann auf Regensburg. Hier gab es alles, was sich ein junger Mensch, geboren in einem mittelfränkischen Dorf bei Hersbruck, für sein Leben wünschte: Zukunft, Gleichberechtigung, Familie. Diese Erwartungen des 27-Jährigen sollten sich in der alten Reichsstadt vortrefflich erfüllen: Der Magistrat nahm den jungen Juden im Juni 1865 als Bürger der Stadt auf, erteilte ihm die Großhandelskonzession und den Consens zur Warenlieferung.

Bernhard Gutmann, zielstrebig und fleißig, erntete die Früchte eines langen Kampfes um die jüdische Gleichberechtigung. Die Abschaffung der diskriminierenden Judenmatrikel stoppte die Auswanderung und führte zu Wachstum und Innovation von Stadt und Gemeinde.

Für Bernhard lief es bestens. Er heiratete Carolina Mai aus dem schwäbischen Harburg und gründete eine berufliche Existenz, basierend auf dem Großhandel mit Tabak und Zigarren. Die stetige, sich steigernde Nachfrage mehrte sein Einkommen. Als 1880 die Tochter Senta geboren wurde, gehörte dem Ehepaar bereits das Wohnhaus Litra C Nr. 22. Daraus wurde bald darauf die Anschrift Neupfarrplatz 16 für den Tabak- und Zigarrenladen, eines von 64 jüdischen Geschäften in der Regensburger Altstadt.

Senta blieb das einzige Kind von Bernhard und Carolina Gutmann. Der Vater starb 1915 im 77. Lebensjahr. Die Mutter lebte bis zu ihrem Tod in der Familienwohnung im 2. Stock über dem Laden. Sie wurde 91 Jahre alt.

Südlicher Teil

Als Erbin hatte Tochter Senta bereits Jahre zuvor die florierenden Geschäfte des Unternehmens Gutmann übernommen. Mit ihr trat eine gebildete, weitgereiste und höchst selbstbewusste Geschäftsfrau in der Öffentlichkeit auf, die von sich reden machte. Seit Jahren war sie im Besitz eines Reisepasses, was in jener Zeit die Ausnahme für Frauen war, begleitete ihre nichtjüdische Freundin Paula Schuch auf Konzertreisen, förderte deren Karriere als Opernsängerin und gab als Konfession „freireligiös" an. Viele Menschen in Regensburg kannten die freundliche Geschäftsfrau, die häufig hinter der Ladentheke stand und kenntnisreich das Tabak-Fachgeschäft führte. Das große Eckhaus mit dem Ladengeschäft am Neupfarrplatz/Obere Bachgasse firmierte nun unter der heute noch üblichen Adresse Obere Bachgasse 1.

Man kann es exzentrisch nennen, dass Senta Gutmann 1919 die abseits der Altstadt in der Steinmetzstraße gelegene „Sommeranlage mit Wohn- und Gartenhaus, Kegelbahn und Obstgarten" für viel Geld von der „Gesellschaft Ressource", einem Freizeitverein für die Oberschicht, erwarb. Doch sie konnte sich diese Immobilie mit Potential – heute steht dort die Hedwigsklinik – durchaus leisten.

Das gute Leben der kulturell engagierten Freundinnen Senta Gutmann und Paula Schuch endete mit der Machtübernahme der Nazis. Der Schock des ersten aggressiven Boykotts 1933 ließ die beiden Frauen an Auswanderung denken. Senta füllte den Fragebogen für Auswanderer aus und gab auf die Fragen *„Wohin und wann?"* die vage Antwort *„noch unbestimmt"*. Das alarmierte die Gestapo. Und das Novemberpogrom von 1938, dem unzählige antijüdische Verordnungen folgten, schaffte neue Fakten: Senta Gutmann, die vorher alle Kaufanfragen für ihr Haus abgelehnt hatte, war wehrlos dem geplanten Raubzug der Nazis auf ihr Eigentum ausgesetzt. Die NSDAP-Gauleitung ordnete die *„Zwangsvollstreckung"* mit dem Zusatz *„eilt sehr"* an. Das galt für den Besitz an der Steinmetzstraße im Westen der Stadt, den weit unter Wert ein NSDAP-Geschäftsmann in Besitz nahm.

Unter Zwang erfolgte im März 1941 auch der „Verkauf" des hypotheken- und lastenfreien Elternhauses. Einer, der es schon immer besitzen wollte, erhielt den Parteizuschlag: Fritz Schricker, Besitzer der Brauhaus Regensburg AG.

In Senta Gutmanns Wohnung im 2. Stock, die sie mit Paula Schuch bewohnte, traten Notar Schöpperl und Käufer Schricker zur Unterzeichnung eines Kaufvertrages auf: Darin standen Zusagen und Vereinbarungen wie *„unkündbar und lebenslanges Wohnrecht"* für beide Frauen, die erst die Freundin Paula Schuch nach dem Krieg für sich und die Erben von Senta Gutmann im Restitutionsverfahren realisieren sollte.

Dem Zwangsverkauf 1941 folgte im September die Zwangsanordnung des gelben Sterns. Den stigmatisierenden Judenstern auf der Kleidung hat Senta Gutmann nicht getragen. Sie verließ ihre Wohnung nicht mehr. Vergebens bemühte sich die nichtjüdische Paula Schuch um einen sicheren Unterschlupf für die verfolgte Freundin im oberpfälzischen Dietfurt im Altmühltal. Doch der Plan scheiterte an einem Nazi in der Herkunftsfamilie der Freundin.

Auf dem letzten Weg in ihrer Heimatstadt Regensburg wurde Senta Gutmann von ihrer Freundin begleitet. Die Frauen glaubten an die Nazi-Lüge von der *„Evakuierung in ein Arbeitslager im Osten"*. Als Beleg nahmen sie die Abbuchung der Staatsbank: *„2655 RM für Transportkosten für die Teilnehmer an den Auswanderungstransporten."* Eine zynische Lüge.

Es war der 4. April 1942, Karsamstag vor Ostern. Nur mit Koffer und Rucksack kam die 62-jährige Senta Gutmann zum Synagogenbrandplatz in die Schäffnerstraße 2. Eskortiert von Polizei und Gestapo gingen am helllichten Tage die einbestellten Männer, Frauen und Kinder durch eine geschäftige Innenstadt zum Bahnhof. Der Deportationszug in den Distrikt Lublin, eingesetzt in München und deklariert als Sonderzugfahrt, endete vor den Toren der Todeslager.

Senta Gutmann war nicht *„verschollen in Piaski"*, wie es auf dem Grabstein der Eltern steht; sie starb in einer Gaskammer im Vernichtungslager Belzec. WB

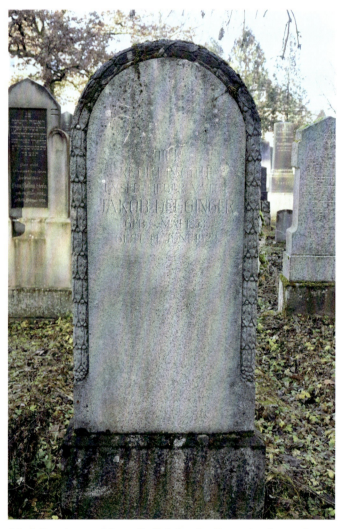

Jakob Degginger schätzte die Früchte der Emanzipation und entschied sich für die Anpassung an die christliche Mehrheitsgesellschaft.

Als die Eulogien verschwanden

Jakob Degginger
1853–1922

So wie der Stein ist die Inschrift: unauffällig, knapp, in deutscher Sprache. Man muss sich dem grünlichen Stein nähern, um die im Halbrund von Flechten durchzogenen schmalen, hohen Buchstaben zusammenzufügen.

Im württembergischen Wankheim geboren, kam er als junger Einwanderer nach Regensburg und lernte von Vater → Bernhard Degginger das Handelsgeschäft en detail und en gros, im großen, 600 Jahre alten Patrizierhaus in der Wahlenstraße 17 mit dem dreiflügeligen Anbau und dem Ausgang zur Tändlergasse. Hier gab es ausreichend Platz für jüdische und nichtjüdische Klein- und Trödelhändler, die Spezereien, Süß- und Schnittwaren anboten.

Jakob war 27 Jahre alt und eingetragener Kaufmann, als er vom Magistrat am 30. Dezember 1880 die Erlaubnis zur Verehelichung erhielt. Zwei Monate später heiratete er die 19-Jährige Friede Neuburger in München, wo sie geboren und aufgewachsen war. Im Abstand von jeweils einem Jahr wurden die drei Kinder geboren: Karoline (1882), Ernst (1883) und Fritz (1884).

Wie viele Angehörige des wohlhabenden jüdischen Mittelstands in diesen Jahren der erkämpften Gleichberechtigung gehörten auch die Degginngers zum gar nicht so kleinen Kreis der assimilierten Juden. Sie schätzten die Früchte der Emanzipation und gingen den Weg der Anpassung an die christliche Mehrheitsgesellschaft. Diesen Prozess der Assimilation hatte in Regensburg Rabbiner Seligmann Schlenker eingeleitet und systematisch gefördert. Nach dessen Tod 1860 begann für etwa 20 Jahre eine rabbinerlose Zeit.

Südlicher Teil

Die vielen neuhinzugezogenen Gemeindemitglieder, zu denen auch die Deggingers gehörten, ordneten im Gemeindevorstand, in dem Geschäftsleute und Anwälte saßen, ohne rabbinische Unterweisungen das Leben der Gemeinde. In der Synagoge wurde zwar nach wie vor auf Hebräisch aus der Thorarolle vorgelesen, aber so wie in den christlichen Kirchen wurden auch dort deutsche Choräle gesungen und gebetet. Das Zurückdrängen der hebräischen Sprache in der Synagoge vollzog sich gleichfalls in der Grabsteinkultur auf dem Friedhof: Die Eulogien in hebräischer Sprache verschwanden, die Inschriften in deutscher Sprache dominierten.

In diesen Jahren der Assimilation ließen jüdische Eltern ihre Kinder taufen, ohne selbst Christen zu werden. Gleichzeitig stieg aber auch die Zahl der Konversionen: Zwischen 1878 und 1935 konvertierten 38 jüdische Männer und Frauen in Regensburg zum katholischen Glauben. Als die NSDAP-Forschungsabteilung „Judenfrage" in München 1938 vom Bistum Regensburg die statistischen Daten über Judentaufen und Mischehen in Regensburg anforderte, schickte Generalvikar Johannes Baptista Höcht entsprechend viele Seiten aus der Registratur:

> *a) Ein Aktenheft über Judentaufen seit 1878 in 38 Fällen,*
> *b) ein Aktenheft über Ehen zwischen Katholiken und Juden in 17 Fällen, letztere umfassen nur die letzten 3 Jahrzehnte, weil eine kirchliche Genehmigung zu solchen Ehen früher nicht erteilt wurde."*

Mit der Anstellung von Rabbiner → Dr. Seligmann Meyer 1881 begann in Regensburg eine neue Ära für die Jüdische Gemeinde. Zur strengen Orthodoxie kehrte die Gemeinde jedoch nicht zurück.

Keines der drei Degginger-Kinder trat die Nachfolge von Vater und Großvater im Haus in der Wahlenstraße 17 an. Die erstgeborene Tochter Karoline heiratete mit 22 Jahren den Kaufmann Jakob Mandelbaum aus dem fränkischen Burghaslach. Das Paar verehelichte sich gleich zweimal, jüdisch und christlich, und ließ sich im mittelfränkischen Neustadt an der Aisch nieder. Sohn Ernst lernte das Kaufmannsgeschäft, suchte sein Glück zunächst im niederbayerischen Marktflecken Ergoldsbach und kehrte nach Regensburg zurück. Er fand eine Anstellung bei einer Niederlassung der Reichsbank. Der jüngste Sohn Fritz verließ als 21-Jähriger Regensburg und zog ins preußische Berlin.

Jakob Degginger

Deggingers Grabstein ist frei von jüdischer Symbolik.

Seine letzten Lebensjahre verbrachte das Ehepaar Jakob und Friede Degginger in der Prüfeninger Straße 50. Das war auch die letzte Adresse von Ernst Degginger, der 1917 im Alter von 34 Jahren starb. Aus dem Echoraum der Erinnerung meldete sich 1945 seine in Ulm lebende uneheliche Tochter Erna R., die über die *„Betreuungsstelle der durch die Nürnberger Gesetze Geschädigten"* bei der Stadtverwaltung in Regensburg nach ihrem jüdischen Vater suchte. Die 1913 in Regensburg geborene Tochter, die ihren Vater in der NS-Zeit stets verleugnen musste, wollte nun amtlich ihre jüdische Herkunft dokumentiert haben. WB

Sara Firnbacher, Ehefrau und Mutter von vier Kindern: Sie allein ruht für die Ewigkeit in Regensburger Erde. Ehemann Abraham starb im KZ Theresienstadt, ihren Söhnen gelang die Emigration nach Amerika.

Das letzte Zuhause in der Proskestraße

Sara Firnbacher
1870–1923

Abraham Firnbacher
1865–1943

Manchmal, in großjährigen Abständen, zieht es Leigh Firn zum Friedhof an der Schillerstraße, um seiner Vorfahren aus der Großfamilie Firnbacher zu gedenken. Dann reist er aus Amerika an, aus Dover nahe Boston, wo seine Verwandten nach ihrer Flucht aus Regensburg eine neue Heimat fanden, aber die alte nicht abzustreifen vermochten. Sie versuchten die Häutung – greifbar beispielsweise an Vater Max Firnbacher, der seinen jahrhundertealten Namen auf „Firn" verkürzte –, doch die Sehnsucht nach der alten Heimat blieb. Und die Bitternis.

Bei seinem letzten Besuch in Regensburg, kurz vor der pandemischen Zeitenwende, begleitete Leigh Firn erstmals sein erwachsener Sohn. Sie verbrachten viele Stunden an dem 200 Jahre alten Begräbnisort an der Schillerstraße, wo dicht an dicht 860 Tote ruhen und im ältesten Teil die Natur über die kleineren Steine hinweg gewachsen ist. Manche sind verwittert und kaum noch lesbar. Ein fester schwarzer Steinblock mit unauffällig schmalen Lettern ist der seines Großvaters → Leopold Firnbacher.

Sehr präsent dagegen mutet der ungewöhnliche Grabstein seiner Großtante Sara Firnbacher an, die hier begraben ist: im Giebel die Sanduhr der Vergänglichkeit, die Mitte des Steins füllt im Halbrund eine henkellose Amphore aus und im Sockel sind unter ihrem Namen weitere vier zum Gedenken eingraviert. Es sind die Namen und Lebensdaten ihrer Liebsten: des Ehemanns Abraham und der Söhne Max, Julius und David. Gestorben sind ihre Söhne fernab in der Emigration in Amerika und Neuseeland – im KZ Theresienstadt starb ihr Ehemann Abraham. Es fehlt der Name von Ida, der einzigen Tochter.

Eine Amphore als Seelengefäß – Symbolik im 19. Jahrhundert

Sie heiratete in jungen Jahren den Augsburger Kaufmann August Adolf Lippmann.

Erst spät erreichten die zäh erkämpften Erfolge jüdischer Emanzipation die jüdischen Landgemeinden. Man schrieb das Jahr 1900, als im mainfränkischen Goßmannsdorf die Brüder Abraham und Leopold Firnbacher sich aus der dörflichen Enge befreiten. Sie nahmen

Sara und Abraham Firnbacher

Abschied von den Eltern Moses und Sara sowie einer großen Geschwisterschar. Auf zwölf jüdische Familien bei unter tausend Einwohnern war die kleine jüdische Gemeinde geschrumpft. Mit Macht zog es die junge Generation in den jüdischen Landgemeinden in die Städte, obwohl es in den Dörfern – wie auch in Goßmannsdorf – alles gab, was eine orthodoxe jüdische Gemeinde brauchte: Synagoge und Rabbiner, Religionsschule, Ritualbad und einen Friedhof, um die Toten zu begraben.

Ein gediegenes Leben führte die alteingesessene Familie Firnbacher in Goßmannsdorf. Der grenzüberschreitende Vieh- und Pferdehandel von Vater Moses, der auch das Schlachtgeschäft besorgte, sicherte den familiären Unterhalt. Aber nur einer der vielen Söhne konnte die direkte Nachfolge antreten.

Nacheinander trafen die Brüder Leopold und Abraham Firnbacher in Regensburg ein und packten an. Jeder auf seine Weise. Das archivierte Porträt von Abraham zeigt einen flotten Burschen in seinen besten Jahren. Der zur Seite gewendete Blick unter der Schiebermütze lässt ahnen, dass er nichts anbrennen ließ, um ein gutes Geschäft per Handschlag abzuschließen. Bis über die Alpen nach Italien und Österreich und weit in den Nordwesten nach Belgien und Holland reichten die Handelswege. Sprachkenntnisse gehörten als Handwerk zum Geschäft.

Diese Weltläufigkeit machte im Regensburger Schlachthof Eindruck und das Urteil der Brüder Firnbacher war gefragt. Das Leben in der Domstadt meinte es gut mit den beiden. Sie bündelten ihre diversen Geschäftsaktivitäten und führten diese in die neugegründete „Firma Gebrüder Firnbacher OHG" ein, heirateten, gründeten Familien und führten mit ihnen ein Leben im Einklang mit den hohen Festtagen der orthodoxen jüdischen Gemeinde.

So hielten es auch die Straubinger Firnbachers. Dem gelungenen Beispiel der älteren Brüder folgend, ließen sich 1910 Salomon und Josef in Straubing nieder. Der Erfolg blieb nicht aus. Über viele Jahre befand sich so das Leben der Firnbacher-Familien in der Balance.

Die Kinder Leopolds und Abrahams wuchsen integriert in die Regensburger Gesellschaft heran, im Ersten Weltkrieg kämpften sie als Soldaten, sorgten rechtzeitig für Rücklagen und bewältigten so besser als die nichtjüdische Konkurrenz Inflation und Weltwirtschaftskrise.

Porträt des jungen Abraham Firnbacher

Wie selbstverständlich wuchsen zwei der drei Söhne von Abraham Firnbacher, Max und David, in die Rolle der Nachfolger hinein. Julius, der zweitgeborene Sohn, wanderte früh nach Übersee aus. Sohn Max, ausgezeichnet im Ersten Weltkrieg für Tapferkeit mit dem Eisernen Kreuz und geehrt mit der Silbernen Tapferkeitsmedaille, trieb die Geschäfte voran: Das Wirtshaus „Zum Rappen" in der Ostengasse 4 wurde von der OHG Firnbacher eröffnet.

Als die Nazis die Macht übernahmen, änderte sich im Schlachthof zunächst nicht viel für die jüdischen Viehhändlern; zum Ärger des Nazi-Bauernführers Rabl hielten die Oberpfälzer Bauern an den stabilen Beziehungen zu ihnen fest. Im November 1936 erzwang die NSDAP-Kreisleitung nach einem üblen Auftritt von Nazi-Schlägern jedoch den Ausschluss der jüdischen Viehhändler vom Schlachthof.

Erst jetzt nahm die Option „Auswanderung" konkrete Formen an. Ganz auf die Karte „Amerika" setzte die Familie von Abraham Firnbacher, während sich der jüngere Bruder Leopold mit Familie für Palästina entschieden.

Bereits vor dem Novemberpogrom 1938 war die Enteignung der Juden für den NS-Staat beschlossene Sache. Die programmatisch entschiedene *„vollständige Arisierung der deutschen Wirtschaft"* nahm Fahrt auf, denn Nazi-Deutschland hatte einen Krieg zu finanzieren. Mit dem Raubzug an jüdischem Eigentum wurden erneut die Finanzämter beauftragt, die sich nach dem Novemberpogrom mit der Eintreibung der Kontribution, der Judenvermögensabgabe, bewährt hatten.

Als NSDAP-Mitglied wusste der Chef der Brauhaus Regensburg AG, Fritz Schricker bestens Bescheid, wie die *„Entjudung der deutschen Wirtschaft"* dem eigenen Nutzen dient: Die Zwangslage der beiden Firnbacher-Familien ausnutzend, übernahm er zum halben Preis den Gasthof „Zum Rappen". Mit Hilfe der Industrie- und Handelskammer, unterstützt von der NSDAP-Gauleitung, dem Brauwirtschaftsverband und der Stadtverwaltung, stieg Schricker zum „Arisierungs"-Profiteur auf: Zwei jüdische Wirtshäuser, den „Rappen" in der Ostengasse und den „Goldenen Löwen" in der Fröhliche-Türken-Straße 5, kassierte er neben zwei weiteren jüdischen Immobilien zum Schnäppchenpreis.

Als Max Firnbacher, der um 13 Jahre ältere Cousin von Max jr., im Juni 1938 als letzter jüdischer Viehhändler und Einzelkaufmann sein Geschäft liquidierte, zog er den Schlussstrich: das Leben retten, Regensburg verlassen, auswandern nach Amerika. Für einen geordneten Rückzug wurde es knapp. Bevor Max und Ida Firnbacher Deutschland verlassen durften, verlangte das Finanzamt den Verkauf ihres Hauses in der Proskestraße 5. Nur einen Steinwurf weit von der Donau, nahe dem Grieser Steg, wohnte das Ehepaar gemeinsam mit Vater Abraham Firnbacher in einer Villa im neubarocken Stil. Es war ein Domizil zum Hingucken inmitten eines eingefriedeten Gartens.

Die Kaufinteressenten standen Schlange. Die „Zwangsarisierung" kam zur Anwendung und die NSDAP-Gauleitung entschied gemeinsam mit der Stadtverwaltung, wer von den sieben gutbürgerlichen Bewerbern mit Parteibuch die Villa erhalten sollte. Es entstand ein erbitterter Streit um jüdisches Eigentum, dessen Ende die Inhaber, Max und Ida Firnbacher, nicht abwarten wollten und konnten. Ihnen gelang im Mai 1941 die Flucht aus Nazi-Deutschland nach Amerika.

Wenige Monate später erließ der NS-Staat ein generelles Verbot für die Auswanderung von Juden.

Vergebens wartete der 76 Jahre alte Abraham Firnbacher auf die Genehmigung zur Ausreise nach Palästina und die Zustellung des Reisepasses. Am 23. September 1942 wurde er ins KZ Theresienstadt deportiert. Hier traf er auf seinen Bruder Salomon und seine Schwester Babette, verheiratete Stern. Abraham Firnbacher starb mit 77 Jahren am 20. Januar 1943. Die Todesanzeige vermerkte als Ursache „Darmkatarrh". Tatsächlich verhungerten tausende ältere jüdische Männer und Frauen im KZ Theresienstadt oder starben an den Folgen von Typhus. WB

Wohltätigkeit und Fürsorge

Isidor Grünhut
1847–1924

Isidor Grünhut, fürsorglicher Vater von 15 Kindern und erfolgreicher Geschäfts- und Handelsmann, setzte sich sein Leben lang für ein aufgeklärtes, tolerantes Miteinander von Christen und Juden in Regensburg ein.

Aus dem böhmischen Ronsberg (nahe Pilsen) war Isidor – Thorarufnamen Itzik – 1871 mit seiner Frau → Therese / Ester nach Regensburg gezogen. Erfolgreich hatte er sich nach einigen Jahren am St.-Georgen-Platz 2 mit einem Handelsgeschäft für „*Metzgereibedarf, Häute-, Darm- und Fellgeschäfte*" etabliert, als ihn schmerzhaft das Schicksal traf: Seine junge Frau starb nach der Geburt ihres fünften Kindes.

Wahrscheinlich führte ihr früher Tod auch zu seinem persönlichen Einsatz im jüdischen Wohltätigkeitsverein „Chewra Kadischa", dessen Mitglieder besonders bei Krankheits- und Sterbefällen gebraucht wurden. Viele Jahre sollte Isidor Grünhut diese Vereinigung leiten, die unter seinem Vorsitz 1913 das 50-jährige Jubiläum feierte. Weitsichtig legte er Rücklagen für ein zu bauendes Altersheim an, das 1930 verwirklicht wurde.

Im Hinblick auf die vier mutterlosen kleinen Kinder – der erste Sohn, Sigmund, war bereits kurz nach der Geburt gestorben – stellte der städtische Magistrat schon bald nach dem Tod seiner Gattin dem jungen Witwer ein Wiederverehelichungszeugnis aus. Er heiratete die junge Hermine Veith aus Steppach bei Augsburg. Die 21 Jahre alte Mina – so ihr jiddischer Vorname – kam aus einer alteingesessen schwäbischen Häute- und Fellhändlerfamilie.

Südlicher Teil

Isidor Grünhut – sein Name steht für „Chewra Kadische": Viele Jahre leitete er den jüdischen Wohltätigkeitsverein, der 1913 das 50-jähriges Bestehen feierte.

Übersetzung der hebräischen Eulogie
Hier ist begraben
Ein sanfter und gradliniger Mann,
vollständig, und Recht ausgeübt,
stets Gottesfürchtig
ein Frommer und Glaubender,
Hachower R' Jizchak, Sohn des Hachower R' Schmuel Arje

Anders als die ortsgebundenen christlichen Kaufmanns- und Bauernfamilien, kannten sich die jüdischen Großhändler und Kommissionäre aus den jeweiligen Branchen grenzüberschreitend. Sprachprobleme gab es für sie nie: Neben dem von allen Juden in Mittel- und Osteuropa gesprochenem Jiddisch beherrschten sie die Landessprachen der angrenzenden Länder, was ihnen einen Wettbewerbsvorteil sicherte. Diese Weltläufigkeit – den Nazis ein Dorn im Auge und als „kosmopolitisch" diskreditiert – sollte Kindern und Enkeln von Isidor und Mina Grünhut das Leben retten.

Das Paar führte eine fruchtbare Ehe: Innerhalb von 17 Jahren kamen zehn Kinder zur Welt, dazu kamen die vier Kinder aus Isidors erster Ehe. So wie alle Mädchen der Gemeinde besuchten auch die sieben Grünhut-Töchter nach der vierjährigen jüdischen Volksschule die Vorschule der Städtischen Höheren Mädchenschule (später Von-Müller-Gymnasium), während die sieben Brüder nach der Grundschule in die Höheren Knabenschulen wechselten. Mehrheitlich entschieden sich die Söhne nach dem Vorbild des Vaters für den Kaufmannsberuf; auch die Töchter heirateten zumeist Kaufleute.

Bestens in die Regensburger Gesellschaft integriert, kämpften auch drei Grünhut-Söhne im Ersten Weltkrieg an verschiedenen Fronten. *„Unverbrüchliche Treue zu Kaiser und Reich"* beschwor → Rabbiner Dr. Seligmann Meyer das *Gelübde* in der Synagoge. Bei Kampfhandlungen kam der 23 Jahre alte Offiziersaspirant Berthold Grünhut im November 1916 ums Leben – einer von elf Gefallenen der Jüdischen Gemeinde.

1924 starb Isidor Grünhut im Alter von 77 Jahren. Die meisten seiner nunmehr 13 Kinder hatten geheiratet, Familien gegründet und lebten gut situiert in Regensburg, München, Nürnberg und Fürth. Gemeinsam betrieben vier der Söhne – Siegfried, Josef, Samuel und Heinrich – die Fa. Isidor Grünhut OHG im Stammhaus am St.-Georgen-Platz 2. Darüber hinaus hatten sie, je nach Gusto und Kenntnissen, ein eigenes Business aufgebaut: Zigarren-, Gewürz- und Kartoffelhandel neben Kommissionsgeschäften.

Die große Karriere machte Oskar Grünhut. In jungen Jahren hatte er Regensburg verlassen, sich in München niedergelassen und einen steilen Aufstieg hingelegt: Firmeninhaber mit einem Dutzend Angestellten, gerichtlich *„vereidigter Sachverständiger im Häute- und Rosshaargewerbe"*, Eigentümer ansehnlicher Wohnhäuser in Münchens Innenstadt. Das alles gaben er und seine Frau Jenny hin, um ihre drei Kinder vor den Nazis in Sicherheit zu bringen. Die beiden Söhne Walter und Fritz sowie Tochter Therese emigrierten 1939/40 nach England und in die USA. Die Eltern, Oskar und Jenny Grünhut, wurden im Juli 1942 nach Theresienstadt deportiert und ermordet.

Zufrieden mit ihrem Münchner Leben waren auch die beiden Grünhut-Schwestern Emma und Betty, die zwei Brüder der Familie Vollweiler geheiratet hatten. Während Betty noch knapp die Emigration in die USA gelingen sollte, gab es für Emma kein Entkommen. Sie saß im November 1941 im Deportationszug, der Münchner Juden ins litauische Kaunas brachte. Dort im Fort IX wurde Emma Vollweiler erschossen.

Nach der Machtübernahme 1933 hielten Isidor Grünhuts Nachkommen zunächst tapfer den mörderischen Angriffen der Nazis in der Hoffnung stand, *„die schweren Wetter auszusitzen"*. Nach der Pogromnacht 1938 zerstob der letzte Hoffnungsschimmer.

In Regensburg diktierte der Vierjahresplan der Nazis das Geschehen: *„Entjudung der deutschen Wirtschaft"* war angesagt. Die vier Unternehmen der Brüder Grünhut wurden abgemeldet, ihr Eigentum *zwangsarisiert*. Deutschland rüstete zum Krieg und brauchte Devisen. Dreien der Grünhut-Geschwister gelang die Emigration nach New York.

Weil sie Schutz suchte, kehrte Anfang 1942 die 82 Jahre alte Mina Grünhut zu ihren Söhnen nach Regensburg zurück. Viele Jahre hatte sie bei den in München lebenden Töchtern gewohnt. Das war vorbei. Mina zog in das Jüdische Altersheim in der Weißenburgstraße 31.

Hier hatte ihr Sohn Josef gemeinsam mit seiner Frau Else die Leitung übernommen.

Mina Grünhut, Mutter von zehn Kindern, saß am 23. September 1942 mit ihren Kindern Josef und Ida (verh. Lilienfeld) und der Schwiegertochter Else im Transportzug II/26 ins KZ Theresienstadt, wo sie starb. Sohn, Tochter und Schwiegertochter wurden weiter nach Auschwitz deportiert und ermordet. Ihr Sohn Siegfried und Tochter Rosa, verheiratet mit Bernhard Loeb, waren zuvor von Regensburg und Augsburg nach Piaski deportiert worden. Sie starben in den Gaskammern von Belzec.

WB

Die Gestaltung des Grabsteins Meyers zeigt eindrucksvoll die große Kunstfertigkeit der jüdischen Steinmetzwerkstatt „Max Koppel & Söhne", Nördlingen.

Die jüdische Stimme aus Regensburg

Seligmann Meyer
jid. Name: Jissochor ben hachower Reb Meir
1853–1925

Am Morgen des 31. Dezember 1925 starb Seligmann Meyer. Er hatte 44 Jahre als Rabbiner der Israelitischen Kultusgemeinde in Regensburg amtiert. Am Sonntag, den 3. Januar 1926, wurde er auf dem jüdischen Friedhof an der Schillerstraße beerdigt, ihm zu Ehren mit einer Thorarolle. Die Zahl der Teilnehmer an der Beerdigungsfeier war so groß, dass nicht alle auf dem Friedhof Platz fanden. Dies dokumentierte das große Ansehen, das der Rabbiner bei seiner Gemeinde und in der Stadtgesellschaft Regensburgs genoss.

Seligmann Meyer wurde am 12. Oktober 1853 in Reichelsheim im Odenwald geboren. Dort existierte seit der Mitte des 18. Jahrhunderts eine jüdische Gemeinde. Diese hatte einen Religionslehrer, der das besondere Interesse Seligmanns an den traditionellen Texten der jüdischen Religion erkannte sowie seine Sprachfähigkeit im Hebräischen. Außerdem besaß er eine schöne Gesangsstimme. Angesichts der besonderen Fähigkeiten seines Schülers empfahl der Religionslehrer den Eltern, ihn zum Rabbiner ausbilden zu lassen. Die Eltern folgten diesem Rat. Nach Seligmanns Bar Mizwa meldete ihn die Mutter in der Oberstufe der modern-orthodoxen Mainzer Unterrichtsanstalt an. Da war Seligmann 14 Jahre alt.

In Mainz hatte sich die jüdische Gemeinde in der Mitte des 19. Jahrhunderts gespalten. Die Mehrheit folgte liberalen Ideen. Daraufhin gründeten die orthodoxen Mitglieder unter dem Dach der gemeinsamen Gemeinde die „Israelitische Religionsgesellschaft". Die unterschiedliche Annahme der Ideale und der Kultur der Aufklärung unter

Südlicher Teil

Übersetzung der hebräischen Eulogie
Zum ewigen Gedenken!
Dass hier ruht mein teurer Gatte und unser Vater,
eine Thoragröße und
gottesfürchtig, berühmter Schriftsteller, Fürsprecher seiner
Glaubensgenossen,
eine Größe in Israel, geschätzt bei den Behörden, er kämpfte
die Kriege des Ewigen,
Gerechtigkeit Gottes ausübend, unser Vater und Lehrer,
der ehrengeachtete Rabbiner
Jissochor ben hachower Reb Meir, sel. Andenkens
genannt Dr. Seligmann Meyer
geboren in Reichelsheim Jaum Kippurausgang 5614
44 Jahre Führer der heiligen Gemeinde Regensburg,
Begründer und Verleger
der Zeitung „Laubhütte"
Stets für seine Gemeinde Gutes erstrebend, blies das Schofar
und riss mit
seiner herrlichen Stimme die Gemeinde zur Andacht hin,
ein hervorragender
Prediger, ein zärtlicher Vater, erzog seine Kinder zur Thora
und Gottesfurcht
führte seine Gemeinde, bis seine Lebenssonne unterging.
Verschieden mit gutem Namen am Donnerstag, den 14 Teweth,
unter überaus
starker Teilnahme und große Ehre wurde ihm zuteil.
Neben seinem reinen Körper wurde auch ein Sefer Thora [Thorarolle] gebettet.
Am Sonntag den 17. Teweth 5686
Möge seine Seele eingebunden sein in das Bündel des Lebens.

Hebräische Inschrift im Sockel
Wahre Lehre war in seinem Munde, auf seinen Lippen kein Unrecht, in Frieden und Gradlinigkeit wandelte er vor mir, reichlich ist der Lohn seines Wirkens im Himmel oben.

Seligmann Meyer

Rückseite des Grabsteins
Dr. Seligmann Meyer
Distriktsrabbiner
geboren am 5. Oktober 1853
in Reichelsheim i. O.
gestorben am 31. Dezember 1925
in Regensburg

den deutschen Juden hatte im 19. Jahrhundert zur Spaltung in ein liberales und ein orthodoxes Judentum geführt. Der fortschreitende Emanzipationsprozess veranlasste einen Teil der Orthodoxen, die Modern- oder Neo-Orthodoxen, sich wie die liberalen Juden in ihren Schulen der deutschen Kultur und damit auch der säkularen Bildung zu öffnen. Die Unterrichtsanstalt der „Israelitischen Religionsgesellschaft", die Seligmann besuchte, ist hierfür ein Beispiel.

1869 schloss er die Mainzer Schule mit gutem Erfolg ab. Aufgrund seiner Lehr- und Predigerfähigkeiten erhielt er bei der orthodoxen Gemeinde in Wiesbaden eine Predigerstelle, anschließend bei der orthodoxen Gemeinde in Gießen. 1876 übernahm er in Berlin die Redakteursstelle der Zeitschrift „Die Jüdische Presse" und zog in die Hauptstadt des 1871 neu entstandenen Deutschen Reichs. Das „Organ für die religiösen Interessen des Judentums", wie es im Untertitel hieß, war ein wichtiges Blatt der modernen Orthodoxie, positioniert zwischen der traditionell ausgerichteten Zeitschrift „Der Israelit" und der liberalen „Allgemeinen Zeitung des Judentums". 1870 hatte der Rabbiner Israel Hildesheimer (1820–1899) „Die Jüdische Presse" begründet und drei Jahre später ein modern-orthodoxes Rabbinerseminar, das Seligmann Meyer neben seiner Redakteurstätigkeit besuchte. Außerdem beabsichtigte er zu promovieren, was ihm 1878 an der Leipziger Universität mit der Dissertation „Arbeit und Handwerk im Talmud" gelang. 1878 schloss er auch sein Studium an dem Hildesheimerschen Rabbinerseminar mit dem Diplom eines Rabbi (Morenu Rav) ab.

Der „Doktor-Rabbiner", wie ihn Meyer verkörperte, entstand in dem Emanzipationsprozess der jüdischen Gesellschaft im 19. Jahrhundert und war eine Antwort auf die staatlich-rechtlichen Eingriffe der bürgerlichen Gesellschaft in die Verfassung der jüdischen Ge-

Südlicher Teil

*Rabbiner Seligmann Meyer in den
1920er-Jahren*

meinden durch Religionsgesetze, so auch im 1806 entstandenen Königreich Bayern. Hier erließ der bayerische König Maximilian I. Joseph 1813 ein „Edikt über die Verhältnisse der jüdischen Glaubensgenossen im Königreich Bayern", in dessen § 27 gefordert wird: *„Der zum Rabbiner oder Substituten vorgeschlagene Jude muss ... der deutschen Sprache mächtig, und überhaupt wissenschaftlich gebildet ... sein."*

Im Herbst 1881, vor den hohen Feiertagen, schrieb die Israelitische Kultusgemeinde in Regensburg in der Zeitschrift „Der Israelit" die Stelle eines Vorbeters und Predigers aus, da ihr Kantor krank war und die Gemeinde keinen Rabbiner hatte. *„Hierauf meldete sich Herr Dr. Meyer und wurde akzeptiert. Durch seine wundervolle Stimme, durch seinen zur Andacht erweckenden Vortrag der Gebete, und namentlich durch seine geist- und gemütreichen Predigten gewann sich Herr Dr. Meyer alle Herzen und so wurde er beim Ausgang des zweiten Tages des Hüttenfestes ... zu unsrem Rabbiner erwählt."*

Die Israelitische Kultusgemeinde war nach der Aufhebung des Matrikelzwangs 1863 im Judenedikt, also nach der Aufhebung der Begrenzung des Wohnrechts für Juden in Bayern, bis 1880 auf 675 Mit-

Fast hundert Jahre nach der Fertigung der Inschrift durch den Steinmetz Koppel ist sie lesbar. Das unterstreicht die Meisterschaft der Nördlinger Steinmetze.

glieder gewachsen. Das waren rund 2 Prozent der 34.516 Einwohner Regensburgs. Die Gemeinde pendelte sich in den folgenden Jahrzehnten zwischen 400 und 500 Personen ein und entwickelte sich wirtschaftlich und kulturell zum jüdischen Mittelpunkt der Oberpfalz. Im Januar 1882 trat Seligmann sein Amt in Regensburg an.

Meyers Rabbinat war von Beginn an gekennzeichnet durch einen Machtkampf zwischen ihm und dem Vorstand der Gemeinde bei der Beurteilung der Zuständigkeit in religiösen Fragen. Immer wieder kam es zu größeren und kleineren Konflikten. Der selbstbewusste und streitbare orthodoxe Rabbiner „*wollte mehr Macht und Einfluss auf die laufenden Geschäfte der Gemeinde haben, als der Vorstand gewillt war ihm zuzugestehen*". Immerhin hatte sich bei allen Streitigkeiten zwischen Vorstand, liberalem Teil der Gemeinde und Rabbiner während Meyers Amtszeit und mit seiner tatkräftigen Unterstützung ein vielfältiges kulturelles jüdisches Gemeindeleben entwickelt, und: Seine religiöse Arbeit in der Gemeinde, insbesondere seine Gottesdienste, fanden große Anerkennung.

Höhepunkt seiner Amtszeit war die Einweihung der neu erbauten Synagoge 1912 in der Schäffnerstraße 2, heute Am Brixener Hof. 1911 wurden die oberpfälzischen Gemeinden Floß und Weiden dem Distriktsrabbinat Regensburg zugeteilt. 1918 gehörte Meyer zu den Mitbegründern der Bayerischen Rabbinerkonfenz. Diese wählte ihn bis 1923 zu ihrem Vorsitzenden, eine Anerkennung für sein Wirken als Rabbiner und Gelehrter.

Ab dem Januar 1884 gab Seligmann Meyer in Regensburg eine eigene Zeitung „Die Laubhütte" heraus mit dem Untertitel „Israelitisches Familienblatt". Vorbild war die seit 1853 in Leipzig erscheinende Zeitschrift „Die Gartenlaube – Illustriertes Familienblatt", die mit „*gut-deutscher Gemütlichkeit*" unterhalten und dabei auch belehren wollte. Meyer wollte eine „Jüdische Gartenlaube machen, die auf dem Familientisch Platz ... *finden kann, die sich an Eltern und ältere Schüler wendet.*" Das Organ erschien wöchentlich mit einem Umfang von zehn Druckseiten, einer Auflage von 2.000 Exemplaren, war national und international weit verbreitet und trug sich wirtschaftlich selbst.

Nach 17 Jahren änderte Meyer sein Zeitungskonzept. Die „Laubhütte" war „*längst über den Rahmen eines rein belletristischen Blattes hinausgewachsen*". Ab dem 29. November 1900 erschien die „Deutsche israelitische Zeitung" (DIZ) mit der „Laubhütte" als Feuilleton-Beilage. Als Herausgeber und Redakteur beider Publikationen vertrat Seligmann Meyer nachhaltig seine modern-orthodoxen Interessen über Regensburg hinaus.

Bis zum Ende des Königreichs Bayern tritt ein Thema in beiden Zeitschriften immer wieder hervor: die Betonung der Treue gegenüber dem herrschenden König. Die Form, die Meyer hierfür wählt, sind

Predigten, veröffentlich in seinen Zeitschriften und als Broschüren. Die Dankbarkeit gegenüber dem jeweiligen Monarchen – daran lässt er keinen Zweifel – hat ihre Grenzen, begründet in Bibel und Talmud: Gott steht über dem Herrscher.

Im August 1914 begrüßte Seligmann Meyer den Beginn des Ersten Weltkriegs. Er stellte sich während der revolutionären Ereignisse 1918/19, die er entschieden verurteilte, in der DIZ mehrmals ebenso entschieden gegen die beteiligten Juden. Er hatte angesichts des Umbruchs vom Königreich zum Freistaat Bayern jedoch kein Problem, sich politisch neu zu orientieren. Die Sozialdemokratie lehnte er entschieden ab. In der Bayerischen Volkspartei (BVP) hingegen sah er einen Garanten der Verteidigung des Gottesglaubens, der zehn Gebote und der Heiligen Schrift.

Fünf Jahre lebte Meyer in Regensburg, als er und → Mathilde Hahn aus Göttingen 1886 heirateten. Sie zogen in die Von-der-Tann-Straße 26 und kauften 1900 das Haus. Hier befanden sich dann auch die Redaktion und Expedition der Zeitschriften „Die Laubhütte" und der DIZ sowie der Verlag „Laubhütte".

Mathilde Hahn wurde am 24. April 1861 in Göttingen geboren. Sie wurde nach dem Besuch der dortigen Höheren Töchterschule Malerin mit einer akademischen Ausbildung. Als Rebbetzin, als Frau des orthodoxen Rabbiners Seligmann, erfüllte sie die traditionellen Erwartungen: Sie war gebildet, gastfreundlich, kommunikativ, und sie engagierte sich sozial. Mathilde Meyer starb am 14. August 1936 in Regensburg. Das Paar hatte vier Söhne, die alle in den 1930er-Jahren emigrierten.

Seligmann Meyer prägte in seiner mehr als 40-jährigen Tätigkeit als Rabbiner das jüdische Leben in Regensburg. Durch seine Predigten und durch seine entschiedenen Stellungnahmen in verschiedenen religionspolitischen Kontroversen wirkte er weit in die jüdische Öffentlichkeit. Politisch dachte er national und monarchisch. Was ihn dabei jedoch in besonderer Weise kennzeichnet: Gegen den zunehmenden völkischen Antisemitismus im Königreich Bayern und in der Weimarer Republik nahm er immer wieder sehr entschieden Stellung.

In der Geschichte der Jüdischen Gemeinde Regensburg zählt Dr. Seligmann Meyer ohne Zweifel zu den hervorragenden Rabbinern. *KH*

Südlicher Teil

David Heidecker, 1907 zum 1. Vorsteher der Gemeinde gewählt. Eine Inschrift erinnert zudem an Alice Heiß, ermordet am 3. Januar 1944 im KZ Auschwitz.

Streiter und Versöhner

David Heidecker *Meta Heidecker, geb. Wollner*
1868–1930 *1877–1921*

„*Voll froher Zuversicht*" übergab der 1. Vorstand der Israelitischen Kultusgemeinde Dr. David Heidecker dem hochgeehrten Herrn Bürgermeister „*unsere Synagoge in Ihre getreue Obhut*". Es war der 12. August 1912, ein Tag mit viel begründeter Hoffnung und Zuversicht auf jüdisches Leben in Regensburg: frei im Glauben, frei als Personen und gleichberechtigt mit allen Staatsbürgern. Und Heidecker vertraute darauf, dass das „*neue Gotteshaus für alle Zukunft geschützt bleibt*". Er verwies auf den Stolz der Gemeinde, das neue Gotteshaus ohne Unterstützung von Stadt und Staat, aus eigener Kraft finanziert und erbaut zu haben. Die 13-jährige Tochter Alice beendete die feierliche Übergabe und überreichte den Schlüssel der Synagoge an die Stadt mit einem Prolog in Versform, endend mit den Zeilen „*Vertrau'n wir an das neue Heiligtum den Männern, welchen ird'sche Macht gegeben*".

Dr. David Heidecker war ein angesehener Bürger der Stadt und geschätzter Rechtsanwalt. 1907 wählte ihn der Vorstand der Jüdischen Gemeinde in Regensburg zu ihrem Vorsitzenden. Verheiratet war er seit 1898 mit Meta, geborene Wollner, Tochter aus wohlhabendem Haus. Ihre Eltern besaßen in Nürnberg eine große Pinselfabrikation. Tochter Alice wurde ein Jahr später geboren. Meta kam dem von Rabbiner → Seligmann Meyer in seiner Beilage „Laubhütte" beschriebenen Idealbild der jüdischen Frau als „*treue Gattin, als liebende, zärtliche, erziehende Mutter, als waltende, sittsame Hausfrau*" gemäß ihrer Erziehung und gesellschaftlichen Stellung sehr nahe.

Nach der Kriegsniederlage 1918 machte sich in Bayern erneut eine antisemitische und judenfeindliche Haltung in großen Teilen der Be-

Südlicher Teil

völkerung breit. Ursache war die extreme Mangelwirtschaft, die nationalistische, rechtsextreme Gruppierungen „bolschewistischen Juden" anlasteten. Trotz Hitlers gescheitertem Putsch am 9. November 1923 in München nahm die antisemitische NS-Propaganda in den folgenden Jahren an Stärke zu. Die hoffnungsvolle Zuversicht der jüdischen Minderheit aus den Aufbruchsjahren ins 20. Jahrhundert wich der Sorge vor Übergriffen.

Innerhalb der Jüdischen Gemeinde Regensburg nahmen in diesen Jahren die internen Auseinandersetzungen zwischen Religiösen und Liberalen um den richtigen Weg an Schärfe zu. Der zum Justizrat ernannte David Heidecker gehörte, wie die meisten der sechs jüdischen Rechtsanwälte der Stadt, dem liberalen Flügel an. Die Gemeindewahlen im Dezember 1926 gewann mit leichtem Vorsprung die „Vereinigung Jüdische-Religiöse Mittelpartei".

In diesen Jahren des Umbruchs hatte Heidecker schwere persönliche Verluste zu verarbeiten. Seine Frau Meta starb 1921 im Alter von nur 44 Jahren. Nur wenig später zeichnete sich der größte Konflikt für seine letzten Lebensjahre ab: Tochter Alice konfrontierte den Vater mit ihrem Wunsch, die Ehe mit einem nichtjüdischen Mann einzugehen: Alfons Heiß, Rechtsanwalt, katholisch und kunstsinnig. Die Trauung erfolgte zunächst nur standesamtlich. David Heidecker war schwer getroffen. Er soll sogar zunächst seine einzige Tochter enterbt haben. Doch die Geburt der Enkelin Helene Meta 1929 brachte die Versöhnung zwischen Vater und Tochter. Nur ein Jahr später starb David Heidecker im September 1930 im Alter von 62 Jahren.

Alice Heiß folgte konsequent dem von ihr eingeschlagenen Weg: Im Dezember 1931 erklärte sie auf dem Standesamt Regensburg ihren Austritt aus der jüdischen Gemeinde. Im November 1934 ließ sie sich in der Hauskapelle der Dompfarrei katholisch taufen, änderte ihren Namen in Elisabeth, und nur wenige Tage später erfolgte die katholische Trauung in der Domkapelle mit Alfons Heiß, im Beisein der fünfjährigen Tochter Helene Meta, genannt Muschi.

Ab 1935 lebte Alice nach den Bestimmungen der „Nürnberger Rassengesetze" in einer *„privilegierten Mischehe"*, setzte ab Januar 1939 ihrem Namen den Zusatz „Sara" hinzu und trug ab September 1941 den sechseckigen gelben Judenstern.

Alice Heiß, ermordet im Alter von 44 Jahren.

Das von den Eltern geerbte Vermögen und Wohnhaus in der Hans-Huber-Straße 5 sicherte den Lebensunterhalt der Familie, denn die Kanzlei von Rechtsanwalt Alfons Heiß blieb aufgrund des Boykotts ertraglos. Die große Chance Nazi-Deutschland zu verlassen, vergab die Familie am 1. September 1939 mit der freiwilligen Rückkehr von einem Schweiz-Aufenthalt nach Regensburg. Am 23. September 1943 erfolgte nachmittags eine Hausdurchsuchung bei Alice und Alfons Heiß, beide wurden festgenommen und in das Gefängnis in der Augustenstraße eingeliefert. Vorausgegangen war eine Denunziation, gemeinsam mit zwei befreundeten Ehepaaren „feindliche Sender" gehört zu haben.

Die 14-jährige Tochter Helene war zu diesem Zeitpunkt nicht anwesend und wurde nach ihrer Rückkehr von der Polizei über den Verbleib der Eltern informiert – so äußerte sich Alfons Heiß in einem Gesuch auf Strafunterbrechung zu dem Moment seiner Verhaftung. Das Gesuch wurde abgelehnt.

Vereint unter dem Dach der Haftanstalt, getrennt auf verschiedenen Stockwerken, verbrachten die Eheleute die letzten Wochen ihrer Gemeinsamkeit. Mit Hilfe der beiden Gefängnisgeistlichen und dem

Südlicher Teil

„Engel der Augustenburg", Friederike Menauer, einer regimekritischen Gefängnisaufseherin, gelang es Alice, ihrem Alfons kurze, sehnsuchtsvolle Nachrichten zukommen zu lassen und ihm ihre Sorgen über die nun alleingelassene Tochter mitzuteilen. Aber auch: *„Ich arbeite in der Nähzelle, flicke Wäsche oder stricke für die Beamten. Viele liebe Grüße von deiner tieftraurigen Liesl."* Ihre letzte Nachricht galt ihrer Tochter, ihrem *„liebsten Muschilein! Nun siehst du dein Mamilein nicht wieder. Denke an mich und bleibe brav. Im Büfett ist ein rundes silbernes Schüsselchen, das gib der Überbringerin dieser Nachricht. Mein liebes Kind lebe wohl. Vergiss mich nicht. Werde ein guter tüchtiger Mensch."*

Bevor Alice diese Zeilen schrieb, war der junge Gefängnisgeistliche Theodor Seitz bei ihr gewesen und hatte ihr zur Beichte und Kommunion geraten. Er hatte sie bereits in den Wochen zuvor mehrfach besucht und nun von ihrer Verschickung in den Osten erfahren. Alice wusste, was das bedeutete: *„Bin ich jetzt dran?"*

Pfarrer Seitz sprach 1979 mit großer Hochachtung von Alice, einer *„bemerkenswerten Frau"*, die ihrem *„Schicksal, das sie nun kommen sah, mit einer bewundernswerten Tapferkeit und Fassung"* entgegen sah. Zum Abschied gab sie ihm den silbernen Rosenkranz, den er ihrer geliebten Tochter weitergeben möge.

Um 17 Uhr am 25. November 1943 erfolgte die Deportation im Einzeltransport ins KZ Auschwitz. Die Fahrt endete im dunkelsten Bau des Vernichtungslagers – im Block 11, dem Gefängnis im Gefängnis des Stammlagers. Hier waren die Zellenfenster im Obergeschoss bis auf einen schmalen Lichtspalt zugemauert. Hier hatten die ersten Ermordungen von sowjetischen Kriegsgefangenen im abgedichteten Kellergeschoss im September 1941 mit Zyklon B begonnen. Hier wurden tausende Häftlinge im Innenhof von Block 10 und 11 an der „schwarzen Wand" erschossen. Hier wurde an Eisenhaken gehängt. Hier wurden Häftlinge stehend in den Blockzellen ausgehungert. Hier wurde totgeprügelt.

Welche Todesart hatten die Mörder für Elisabeth / Alice gewählt? Laut Sterbeurkunde endete ihr Leben nach mehr als 30 Tage Gefangenschaft im Block 11 am 3. Januar 1944 um 11 Uhr 55. Auch dass sie *„katholisch früher mosaisch war"*, ist darauf vermerkt.

CH

Rebbetzin und Malerin

Mathilde Meyer, geb. Hahn
1861–1936

Mathilde Meyer war eine Rebbetzin (Rabbinat), die Frau des Regensburger Rabbiners → Seligmann Meyer. Sie wurde am 24. April 1861 in Göttingen geboren, hatte 11 Geschwister und war das älteste Kind von Raphael und Hannchen Hahn, beide orthodoxe Juden. Ihr Vater, ein sehr erfolgreicher und wohlhabender Geschäftsmann, genoss in Göttingen großes Ansehen, auch als Kunstsammler. Er sammelte viele wertvolle jüdische Kultgegenstände aus Silber und jahrhundertealte jüdische Schriften, wie illustrierte Haggadot (Erzählung von der Befreiung der Juden aus der ägyptischen Sklaverei) und Megillot (Buch Ester), die er in Ausstellungen der Öffentlichkeit zugänglich machte. Nach seinem Tod 1915 übernahm sein jüngster Sohn Max Raphael Hahn die Sammlung und führte sie weiter.

Die Tochter Mathilde besuchte die Höhere Töchterschule in Göttingen. Wohl beeinflusst vom Kunstinteresse und Kunstverständnis des Vaters erhielt sie eine akademische Ausbildung als Malerin, was im 19. Jahrhundert für eine jüdische Frau ungewöhnlich war. 1886 heiratete sie den Regensburger Rabbiner Seligmann Meyer. Wann und wo die beiden sich kennengelernt haben, ist nicht bekannt. 1888 zogen die Meyers in die Von-der-Tann-Straße 26 und konnten wiederum zwei Jahre später, 1900, das dreistöckige Wohnhaus kaufen.

Als Frau des orthodoxen Rabbiners Seligmann erfüllte Mathilde die traditionellen Erwartungen an eine Rebbetzin und genoss großes Ansehen in der Regensburger Gemeinde: Sie war gebildet und sehr gastfreundlich. Die Frauen in der Gemeinde konnten sie stets ansprechen,

Unterhalb des kunstvoll verzierten Rundbogens ist die traditionell gestaltete Schabbatlampe dargestellt. Diese wird am Freitagabend von Frauen entzündet.

Mathilde Meyer

Übersetzung der hebräischen Eulogie
Hier ist geborgen
die Rabbinat, züchtig und begnadet
Ehrfurcht des Ewigen war ihr Schatz: weitbekannt ihre Einsicht,
Herzensweisheit – zu erdenken Gedanken zu wirken für
gottesdienstliches Werk:
Ihr Herz brachte sie dazu, das Haus unseres Gebets zu verschönern,
Krone als Gefährtin ihres Gatten und Pracht ihrer Kinder
Frau Matle, Weib von Tucht, Gattin des großen Rabbiners, Vorsitzenden des Rabbinischen Gerichts der Gemeinde Regensburg und des Sprengels, es bewahre sie ihr Fels und Erlöser des Lehrers und Meisters R. Issachar Meyer, das Andenken des Gerechten zum Segen,
Tochter des thorakundigen Herrn Rafael Hahn aus Göttingen,
der ‚Fels' behüte sie [die dortige jüdische Gemeinde]
Sie verschied in gutem Ruf im Alter von 76 Jahren am Rüsttag des
heiligen Schabbat, dem 26. im (Monat) ‚Tröster' Aw 5696.
M Vor den Frauen im Zelt gesegnet, unsere teure Mutter
T Ihr Herz bemüht, uns auf dem Pfad der Thora zu erziehen,
L Den Armen öffnet sie ihre Hände,
J Sandte aus ihre Hand den Elenden.
Aller Weltzeit Tage bestehe ihr Wohltun, ihr Andenken zum Segen.
Es sei ihre Seele eingebunden ins Bündel der Lebenden

Rückseite des Grabsteins
Frau Mathilde Mayer
Distiktsrabbinersgattin
geboren am 24. April 1861
in Göttingen
gestorben am 14. August 1936
in Regensburg

vor allem wenn es ihnen schwerfiel, mit dem Rabbi selbst zu sprechen, etwa bei intimen Fragen der weiblichen Sexualität.

Mathilde engagierte sich in der Gemeinde bei sozialen Problemen, aber sie blieb auch als Malerin aktiv. Ihr Sujet wurden Bilder aus dem

Südlicher Teil

Mathilde Meyer, Rebbetzin und ausgebildete akademische Malerin, wenige Jahre vor ihrem Tod.

religiösen Leben, mit denen sie ihre Wohnung schmückte. Acht Gemälde von ihr befassen sich mit wichtigen jüdischen Feiertagen (Purim, Pessach, Sukkot, Rosh Hashana, Yom Kippur, Chanukka, Havdala und Sabbat). Sie führte ein Tagebuch mit Skizzen von Blumen, Pflanzen und Porträts sowie mit Notizen zu wichtigen Ereignissen in der Familie und sammelte die entsprechenden Anzeigen über Verlobungen und Hochzeiten der Söhne und die Geburt von Enkeln. Im Tagebuch ist auch festgehalten, dass ihre Hochzeitsfeier mit Seligmann am 17. August 1886 in Fulda, auf halbem Weg zwischen Göttingen und Regensburg, stattfand. Sie kochte wohl gerne, denn in einem umfangreichen, handschriftlich geführten Kochbuch schrieb sie eine Vielzahl von Rezepten der jüdischen Küche auf.

Mathilde Meyer starb am 14. August 1936 in Regensburg. In der orthodoxen jüdischen Zeitschrift „Der Israelit" schrieb ein Mitglied der Israelitischen Kultusgemeinde zu ihrem Tod: *„Eine Frau ist mit ihr dahingegangen, die es stets dank ihrer Güte und Herzensbildung verstand, ihr Haus zum Mittelpunkt unserer Gemeinde zu machen. Ihr kunstver-*

ständiger Sinn kam in den von ihr geschaffenen jüdischen Gemälden zum Ausdruck, mit denen sie die Wände ihres Heimes schmückte. Trotzdem die Verschiedene zehn Jahre lang an den Krankenstuhl gefesselt war, verlor sie niemals ihr Gottvertrauen. All die Liebe und Wertschätzung, derer sich die Dahingegangene erfreute, tat sich bei der am Sonntag, den 16. August, stattgefundenen [Beisetzung] kund."

Unter denen, die am 16. August in ihren Trauerreden Mathilde Hahn würdigten, war auch der jüngste Sohn der Meyers, Nathan, der sich in Hamburg auf seine Emigration in die USA vorbereitete. Er nahm den Nachlass seiner Mutter mit sich: die genannten acht Gemälde, das Tage- und das Kochbuch sowie einige Fotos. Nach seinem Tod übergab seine Familie den Nachlass Mathildes dem Archiv des jüdischen Museums der Yeshiva University in New York City.

Mathilde und Seligmann Meyer hatten vier Söhne: Isaak, der älteste, wurde 1890 geboren; Jakob, der zweite Sohn, 1891; es folgten Leo, geboren 1893, und Nathan, der Jüngste, geboren 1896. Das Paar achtete sehr auf eine gute Ausbildung seiner Söhne. Isaak wurde Rechtsanwalt, Jakob Wirtschaftsprüfer, Leo und Nathan jeweils Arzt. Alle vier Söhne sind den Nazis entkommen: Dr. Isaak Meyer emigrierte angesichts des drohenden Berufsverbots 1933 mit seiner Familie aus Regensburg über Palästina in die USA. Dort starb er 1943 in New York City. Jakob Meyer, der nach seiner Ausbildung als Wirtschaftsprüfer ab 1921 in Hamburg lebte, emigrierte mit seiner Familie 1938 nach Palästina und starb 1938 in Kairo. Die Ärzte Dr. Leo Meyer und Dr. Nathan Meyer emigrierten 1938 bzw. 1937 in die USA. Ersterer starb 1967 in Massapequa im Bundesstaat New York, Letzterer im Juni 1977 in New Jersey City.

1938 leiteten die Brüder über einen Regensburger Notar den Verkauf des Hauses ihrer Eltern in der Von-der-Tann-Straße an die Bischöfliche Administration ein zum Preis von 50.000 RM, dem Marktwert. Obwohl alle Formalia erfüllt waren, scheiterte der Verkauf. Die NSDAP warf der Bischöflichen Administration *Häuserhandel* vor und setzte mit Hilfe der NSDAP-Gauleitung sowie der Kreisleitung Regensburg den Verkauf des Hauses für 30.500 RM an ein Parteimitglied durch. Der Verkaufserlös, deponiert auf einem Devisensperrkonto, ging an die Reichskasse. *KH*

Südlicher Teil

Auf dem Grabstein seiner Eltern erinnert eine Inschrift an Adolf Niedermaier, der am 4. April 1942 gemeinsam mit 213 Jüdinnen und Juden aus Regensburg in den Tod in das Durchgangslager Piaski deportiert wurde.

Der Deportationszug fuhr gen Osten

Adolf Niedermaier
1883–1942

Der Verkehr brandet durch das Jakobstor, Spaziergänger schlendern in Richtung Stadtpark, Jogger und Radfahrer ziehen vorbei. Auf einem Fenstersims am Platz der Einheit Nr. 1 und 2 pickt ein Kleiber Sämereien aus einem Futterhäuschen, das ein Bewohner aufgestellt hat. Die Sonne strahlt, ein paar Schäfchenwolken ziehen über den postkartenblauen Himmel und es ist schwer vorstellbar, dass es hier, am westlichen Rand der Regensburger Altstadt, nicht immer so friedlich war.

Vor 84 Jahren, vom 9. auf den 10. November 1938, zogen mitten in der Nacht Terrortrupps des Nationalsozialistischen Kraftfahrkorps (NSKK) durch Regensburg. Sie wurden begleitet von schwarz uniformierten SS-Kommandos, mit Karabinern bewaffneten SA-Burschen und jeder Menge Schaulustiger. Irgendwann nach Mitternacht kamen sie am Platz der Einheit vorbei, der damals Hans-Schemm-Platz hieß, benannt nach dem 1935 verstorbenen NSDAP-Gauleiter der Bayerischen Ostmark, Hans Heinrich Georg Schemm. Ziel der deutschlandweiten, vom nationalsozialistischen Regime organisierten und gelenkten Aktion, die später als Reichspogrom- oder Kristall-Nacht in die Geschichtsbücher Eingang finden wird: Gewaltmaßnahmen gegen Juden. Die Synagoge Am Brixener Hof stand bereits in Flammen, Scherbenhaufen türmten sich vor jüdischen Geschäften und Wohnungen, Plünderer streiften durch die Straßen.

In jener Nacht vom 9. Auf den 10. November kursierte die Gestapoliste mit den Anschriften aller jüdischen Einwohner, auf der auch Adolf Niedermaiers Name stand. Der gebürtige Regensburger wohnte im 2. Stock des viergeschossigen Doppelmietshauses im Neurenaissance-Stil am heutigen Platz der Einheit Nr. 1 und 2, ganz in der Nähe des Fenstersimses, auf dem jetzt der Kleiber in seinem Futterhäuschen nach Samen pickt. Fensterscheiben gingen zu Bruch, alkoholisierte Männer verschafften sich Zutritt, demolierten die Wohnung, verhafteten Adolf Niedermaier und schleppten ihn zur Polizeiwache am Minoritenweg, Dienstsitz der Gestapo mit Zellentrakt. Seine 83-jährige Mutter Johanna, die ebenfalls im 2. Stock des Hauses am Hans-Schemm-Platz wohnte, blieb in der verwüsteten Wohnung zurück.

Adolf Niedermaier gehörte zu den 60 Männern, die noch in derselben Nacht in LKW zur Exerzierhalle am militärischen Übungsgelände des NSKK gekarrt und von Angehörigen der Motorsportschule unter Führung des NSKK-Gruppenführers Müller-Seyfert schikaniert und gedemütigt wurden.

Am 10. November, zwischen 11 und 12 Uhr, wurde Adolf Niedermaier gezwungen, mit zirka 70 weiteren jüdischen Bürgern der Stadt an einem drei Kilometer langen „Schandmarsch" vom Georgenplatz durch die Innenstadt, am Alten Rathaus vorbei, über die Maximilianstraße zur Albertstraße teilzunehmen. Auch sein Schwager, Rechtsanwalt Dr. Fritz Oettinger, und sein 16-jähriger Sohn Paul mussten sich diesem Marsch anschließen. Paul Oettinger war einer der Träger des mitgeführten Transparents mit der Aufschrift „Auszug der Juden". Entlang der Strecke standen Schaulustige, die die gedemütigten Männer und Frauen verspotteten und verhöhnten. Adolf Niedermaier wurde von einem in der Albertstraße bereitstehenden Bus ins KZ Dachau verbracht und bekam dort die Häftlingsnummer 20187. Am 5. Dezember 1938 wurde er aus Dachau entlassen und kehrte mit kahl geschorenem Kopf nach Regenburg zurück.

Keine fünf Monate nach seiner Rückkehr, am 25. April 1939, starb seine Mutter Johanna. Fünf Tage zuvor war der Erlass erfolgt, dass Juden „arische" Wohnhäuser räumen und in sog. „Judenhäuser" umziehen mussten. Adolf Niedermaier verließ seine in der Reichspogromnacht von den Nationalsozialisten demolierte Wohnung Anfang Juli 1939 und lebte fortan bei jüdischen Verwandten und Bekannten: zweieinhalb Monate in der Wilhelmstraße 3, fünf Monate in der Von-der-Tann-Straße 29, dreieinhalb Monate in der Von-der-Tann-Straße 1, und ab 7. Juni 1940 in der Gesandtenstraße 10. Ab September 1941 trug er – wie alle anderen Juden auch – für alle sichtbar gekennzeichnet den gelben Judenstern.

22 Jahre zuvor prangte auf Adolf Niedermaiers Brust kein gelber Judenstern, sondern das Eiserne Kreuz – eine Auszeichnung, die ihm das deutsche Kaiserreich für seine Verdienste im Ersten Weltkrieg verliehen hatte. Damals hieß der heutige Platz der Einheit, der im Dritten Reich Hans-Schemm-Platz genannt wurde, noch Wittelsbacherplatz – zu Ehren der bayerischen Könige aus diesem Adelsgeschlecht. Als Adolf Niedermaier im Ersten Weltkrieg an der Westfront kämpfte, neigte sich die Herrschaftszeit der Wittelsbacher über Bayern nach über 700 Jahren unter Ludwig III. bereits dem Ende zu. Die deutsche Armee war dem deutschen Kaiser, Wilhelm II., unterstellt.

Wie alle Juden in Deutschland hatte die Familie Niedermaier mit der Gründung des Deutschen Reichs 1871 die rechtliche Emanzipation, physische Sicherheit und Entfaltungschancen erworben. Und so sah es der damals 30-jährige Adolf Niedermaier als seine Pflicht, sich 1914 gemeinsam mit 52 weiteren Regensburger Juden freiwillig zum Kriegsdienst zu melden.

Nach zwei Jahren an der Front, 1916, beantragte er die Aufnahme zum Reserveoffizier, der aufgrund seiner tadellosen Charaktereigenschaften und Umgangsformen sowie seines Mutes und seiner Zähigkeit nichts im Wege stand. Laut seiner Offiziersakte war er in fünf aufeinanderfolgenden Jahren in Kampfhandlungen verwickelt: 1914, 1915, 1916, 1917, 1918. Wie die anderen 51.000 aktiven Offiziere und 226.000 Reserveoffiziere des deutschen Heeres lag er mit seinen Truppen in den Schützengräben, erduldete tagelanges Trommelfeuer, führte Männer in den Nahkampf, sah Kameraden in Granattrichtern verbluten, im Gas ersticken, in Gewehrsalven krepieren. Am 30. Dezember 1918 kehrte er nach Regensburg zurück. Der Krieg war verloren, der bayerische König gestürzt, der deutsche Kaiser geflohen, die alte Ordnung zerbrochen.

Etwas hatte sich nicht verändert, zumindest noch nicht: Der heutige Platz der Einheit hieß nach dem Untergang der Wittelsbacher Monarchen und dem verlorenen Krieg immer noch Wittelsbacherplatz, die Umbenennung in Hans-Schemm-Platz kam erst später. Adolf Niedermaier kehrte in seine Wohnung im 2. Stock des Hauses Nr. 2 zurück,

Südlicher Teil

heiratete im Frühjahr 1919 die aus Rothenburg ob der Tauber stammende Therese Mann und bekam mit ihr viereinhalb Jahre später einen Sohn: Hans. Die Ehe zerbrach und wurde am 30. Juni 1926 rechtskräftig geschieden, da war das Söhnchen gerade mal zwei Jahre und acht Monate alt.

Adolf Niedermaier war gelernter Bankkaufmann und führte – zeitweise mit seinen Brüdern Max und → Louis – das von seinem Vater → Joseph und seinem Onkel Leopold ererbte Bankgeschäft „Niedermaier, Gebrüder". Zum Zeitpunkt seiner Scheidung, 1926, waren beide Brüder bereits verstorben und Adolf trug die Verantwortung für das in der Gesandtenstraße 6 ansässige Bankgeschäft alleine.

Für Geldinstitute herrschten in den 1920er-Jahren schwierige Zeiten. 1923 war die Hyperinflation über das Land hereingebrochen, das Geld war nichts mehr wert. In den Banken wurde viel gearbeitet, auch samstags und sonntags, denn es musste so viel Geld gezählt werden. Angestellte kamen mit Rucksack und Tragetasche zur Gehaltsauszahlung, doch die Millionen, später Milliarden Mark, die sie bekamen, waren fast nichts wert. Im November 1923 gab es für einen Dollar 4,2 Billionen Mark. Die Schuldenmacher profitierten, die Sparer verloren ihre Rücklagen, die Mittelschicht verlor praktisch alles, was sie sich im Laufe der Jahre angespart hatte. Banken, Sparkassen und Versicherungen erlitten herbe Verluste an Eigenkapital und blieben auf dem Papiergeld sitzen.

Adolf Niedermaier manövrierte seine Bank durch die Krisen der 1920er-Jahre, auch durch die Weltwirtschaftskrise, die mit dem New Yorker Börsencrash im Oktober 1929 begonnen hatte. Dann kamen 1933 in Deutschland die Nationalsozialisten an die Macht. In Regensburg fand aus Anlass der Ernennung Adolf Hitlers zum Reichskanzler am 30. Januar 1933 ein Fackelzug statt, am 9. März hissten die Nationalsozialisten am Rathaus die Hakenkreuzfahne und setzten elf Tage später den bisherigen Oberbürgermeister ab. Danach ging es Schlag auf Schlag: Bücherverbrennung, Berufsverbote und Boykottpropaganda gegen Juden, antisemitische Übergriffe.

Nach den Nürnberger Gesetzen vom 15. September 1935 galt Adolf Niedermaier als „Volljude", war dadurch kein Reichsbürger mehr, verlor das Bürger- und das Wahlrecht und wurde Zug um Zug aus dem

Wirtschaftsleben ausgegrenzt. Am Ende musste er das Bankhaus „Niedermaier, Gebrüder" zum 14. Mai 1937 liquidieren.

Am 13. Februar 2008 steht → Hans Rosengold bei eisigen Temperaturen vor dem Platz der Einheit Nr. 2. Es ist über siebzig Jahre her, dass er seinen leiblichen Vater, Adolf Niedermaier, das letzte Mal sah. Nach der einvernehmlichen Trennung von seiner Mutter Therese war dieser ihm weiterhin ein guter Vater gewesen. Gegenüber der Mittelbayerischen Zeitung erinnert er sich an ihn als guten Bürger der Stadt, guten Soldaten des Kaisers, ja: als einen Regensburger, wie man ihn sich nicht besser wünschen könnte. Im Oktober 1939 war Hans Rosengold mit seiner Mutter nach Argentinien emigriert und 16 Jahre später nach Regensburg zurückgekehrt. Sein leiblicher Vater, für den Hans Rosengold gemeinsam mit dem Aktionskünstler Gunther Demnig vor dem Platz der Einheit Nr. 2 einen Stolperstein legt, war trotz aller Widrigkeiten in Nazi-Deutschland geblieben.

Am 20. Januar 1942 beschlossen die Nationalsozialisten auf der Wannseekonferenz, alle europäischen Juden zu ermorden. Zweieinhalb Monate später, am 4. April 1942, wurde Adolf Niedermaier im Rahmen der Aktion Reinhardt zum Regensburger Bahnhof gebracht und nach Polen ins Durchgangsgetto Piaski deportiert, das als Verteiler für die Mordstätten Belzec und Sobibor genutzt wurde. Von den 213 deportierten Regensburger Juden überlebte keiner.

Der Aktion Reinhardt fielen in den Jahren 1942 und 1943 ca. 1,8 Millionen Juden zum Opfer, darunter auch Hans Rosengolds leiblicher Vater. Laut Beschluss des Amtsgerichtes Regensburgs vom 8. Juli 1954 wurde Adolf Niedermaier amtlich für tot erklärt, die genauen Umstände seiner Ermordung sind nicht bekannt. Auf dem Grabstein seiner Eltern Joseph und Johanna Niedermaier findet sich eine Erinnerungsinschrift – und vor dem Haus am Platz der Einheit Nr. 2 der von seinem Sohn Hans mit verlegte Stolperstein. *SL*

Südlicher Teil

Grabstein des Ehemannes Salomon Schwarzhaupt. Mit einer Erinnerungstafel ist Betty Schwarzhaupt präsent.

Ein emanzipiertes Leben

Betty Schwarzhaupt,
geb. Mandelbaum
1873–1951

Salomon Schwarzhaupt
1865–1919

Prinzipalin – ein Titel, der auf Betty Schwarzhaupt gewiss zutrifft. Sie war das erste Kind von Gustav und Bertha Mandelbaum, geboren 1873 in München. Denkbar, dass sie den kaufmännischen Weitblick ihres Vaters, Fabrikant in Sachen Leder, geerbt hatte. Sie war 21 Jahre alt, als sie sich 1894 mit Salomon Schwarzhaupt in München vermählte. Auch er Kind einer erfolgreichen Kaufmannsfamilie in Regensburg – eine gelungene Verbindung, wie es scheint.

Im November 1894 wurde Tochter Rosa in Regensburg geboren, die zweite Tochter – Irma – starb schon drei Monate nach der Geburt 1895; Sohn Heinrich schließlich kam im August 1900 zur Welt.

Der Beginn eines neuen Jahrhunderts: Wohl kaum gibt es ein vielversprechenderes Datum für eigene Aufbruchspläne. Entsprechend groß auch die Pläne von Betty und Salomon! Die Modemanufaktur von → Emanuel Schwarzhaupt, dem Firmengründer, sollte aus der Rote-Hahnen-Gasse in die eigens hergerichteten Gebäude am Watmarkt 1 und 3 umziehen – zwei überaus repräsentative Gebäude, die in Ecklage zueinander standen und nach Entwürfen des bekannten Regensburger Architekten Josef Koch neu bzw. umgebaut worden waren. Das „*Haus der Vertrauensqualitäten*" warb mit „*bedeutendster Auswahl, billigsten Preisen und strengster Reellität*" und präsentierte sich als attraktives Modehaus. In den unteren Etagen befanden sich die Verkaufs- und Geschäftsräume, in den oberen zudem Wohnungen. Eine perfekte Kombination.

Südlicher Teil

Inwieweit der Gründer des Unternehmens, Emanuel Schwarzhaupt, diese Pläne begrüßte, ist nicht überliefert. Dass er sie kannte, ist mehr als wahrscheinlich. Die Eröffnung der neuen Räumlichkeiten 1904 haben er und seine Frau Babette noch erlebt, beide starben jedoch, kurz hintereinander, ein Jahr später.

Und Betty? Sie dürfte sich mit der ihr eigenen Geschäftstüchtigkeit nun ganz dem Modehaus zugewandt haben. Früh schon hatte sie den beiden jüngeren Brüdern Hugo und → Guido Mandelbaum signalisiert, dem sich ausweitenden Geschäft der Mode in Regensburg ihr kaufmännisches Geschick zur Verfügung stellen zu können, bot ihnen eine Chance, die sie so in München nicht hatten. Vater Gustav und Bruder Josef leiteten dort gemeinsam die Firma. Die Brüder nahmen die Offerte an.

Wann genau sie nach Regensburg kamen, lässt sich dem Familienbogen nicht entnehmen. Wohl aber, dass beide 1911 das Bürgerrecht der Stadt gegen eine Gebühr von 60 Mark erhielten. Hugo firmierte bereits 1912 als Mitinhaber des Modehauses Schwarzhaupt, so der Eintrag im städtischen Adressbuch.

Zwei Jahre später begann der Erste Weltkrieg, Hugo wurde Soldat. Er war einer von 53 namentlich bekannten Kriegsteilnehmern jüdischen Glaubens aus Regensburg. Auch Bettys Sohn Heinrich, beseelt von patriotischem Pflichtgefühl, meldete sich als Kriegsfreiwilliger. Eigentlich war er zu jung, machte sich aber zwei Jahre älter, um überhaupt genommen zu werden, und kämpfte dann in einem Freikorps.

Das Modehaus Schwarzhaupt überstand die Kriegszeit. Im Februar 1919 – drei Monate nach dem Waffenstillstand – starb Salomon im Alter von 54 Jahren. Und nur ein Jahr später starb auch Hugo, er war 40. Ob sein früher Tod die Folge von Kriegsverletzungen war, ist nicht bekannt; Sohn Heinrich kehrte unversehrt zurück.

Da stand Betty nun, ohne Ehemann Salomon, ohne Bruder Hugo. Beide waren wichtige Mitarbeiter im Geschäftsbetrieb gewesen. Allein mit ihrer Trauer über den Verlust und allein mit der Verantwortung für das Modehaus – und die übernahm sie, allem zum Trotz. Inwieweit und mit welchen Aufgaben ihr jüngster Bruder Guido in den Geschäftsbetrieb eingebunden war, erschließt sich aus den vorhandenen Unterlagen nicht.

Betty Schwarzhaupt: Bürgerin und Kaufhaus-Prinzipalin in ihren besten Jahren. 1940 gelang ihr die Emigration nach Buenos Aires; sie wurde 80 Jahre alt.

Die Nachkriegsjahre, die sog. Goldenen Zwanziger, dürften auch für das Modehaus eine gute Zeit gewesen sein. Besondere Gründe für Betty, 1926 das Geschäftshaus am Watmarkt 1 an Julius Spitz zu vermieten, sind nicht ersichtlich. Sie verpflichtete sich zugleich, auch weiterhin im Geschäft tätig zu sein, und erhielt dafür eine jährliche Vergütung von 15.000 RM. Zugleich übernahm sie eine Hypothek von 70.000 RM zum Zweck der Kreditbeschaffung für Spitz. Der verpflichtete sich im Gegenzug, Bettys Sohn Heinrich für die Dauer von fünf Jahren gegen ein Jahresgehalt von 6000 RM zu beschäftigen.

Im selben Jahr übernahm Betty Schwarzhaupt auch noch einen aktiven Part in der jüdischen Gemeinde. Diese war in der Mitte der

Südlicher Teil

20er-Jahre gespalten über eine grundsätzliche Frage: die Zukunft der Gemeinde reformatorisch oder orthodox gestalten? Beispielhaft dafür war der Streit, ob Rabbiner → Seligmann Meyer die Oberaufsicht über das seit langem geplante jüdische Altersheim erhalten sollte. Betty kandidierte als Mitglied des Frauenvereins, der Liste der Liberalen zugehörig. In einem Wahlaufruf heißt es unter anderem: „*Ihr alle, die ihr Mitglieder des Frauenvereins seid und nicht der Vergangenheit, sondern der Zukunft, nicht dem Wort, sondern der Tat zum Siege verhelfen wollt, wählt Betty Schwarzhaupt ...*" Aber die Liste der Liberalen mit all ihrer Tatkraft konnte keine Mehrheit verbuchen, sie unterlag knapp.

1929 feierte das Modewarenkaufhaus Schwarzhaupt sein 25-jähriges Geschäftsbestehen mit einem großen Jubiläumsverkauf. Ende des Jahres dann der beispiellose wirtschaftliche Einbruch, die Weltwirtschaftskrise begann: zunehmende Deflation, zunehmend hohe Arbeitslosigkeit. Und dazu politisches Ringen um den Erhalt der neuen Republik.

Bei allen Schwierigkeiten dieser krisenhaften Zeit hatte Betty Schwarzhaupt aber auch noch im Privaten herbe Schläge auszuhalten: Ihr elfjähriger Neffe Hanns Gustav, Sohn von Bruder Guido, wurde 1932 von einem Metzgerfuhrwerk überfahren und starb noch am selben Tag. Guido nahm sich zwei Jahre später das Leben.

Als ob diese privaten Schicksalsschlägen nicht genug gewesen wären, kam ein politischer hinzu: 1933 erhielt die Nazi-Partei die Herrschaft übertragen. Trotz ihrer antisemitischen und rassistischen Gesinnung, der Feindseligkeit gegenüber jüdischen Menschen, dem demonstrativen Boykott jüdischer Geschäfte und Unternehmen im April 1933.

Bettys Schwager Karl, der seit mehr als dreißig Jahren die Modefabrikation Schwarzhaupt in Straubing führte, gab 1935 resigniert auf und ging mit seiner Frau Emma, einer Schwester von Betty, nach München. Von dort wurden beide sechs Jahre später ins KZ Theresienstadt deportiert und starben.

Allein stand Betty Schwarzhaupt nun dem Hass der Nazis gegenüber. Deren Begehren galt schon lange der „Schwarzhauptvilla" am Klarenanger 12, heute D.-Martin-Luther-Straße, eine repräsentative Villa, seit vielen Jahren das Zuhause der jüdischen Familie. Noch im selben Jahr verfügte die Nazi-Partei mit Unterstützung des Oberbürgermeisters über ihre Beute. Willkürlich beschlagnahmt. Nach Umbaumaßnahmen zog die NSDAP-Kreisleitung ein. Den Kaufpreis von 61.500 RM erhielt Betty Schwarzhaupt nie, das Geld kam gleich auf ein Sperrkonto. Betty musste ausziehen und nahm Quartier im Watmarkt 3, ihrem Geschäftshaus.

Die Lage der Juden verschlechterte sich täglich: gezielt entrechtet, gedemütigt und drangsaliert. Die Nazis glaubten keine Raubmörder zu sein, wenn sie ihren Verbrechen gegen die jüdischen Bürger „gesetzliche" Mäntelchen umhängten: Über eintausend antijüdische Gesetze und Verordnungen erließ der NS-Staat.

Betty Schwarzhaupt erkannte die vernichtende Bedrohung und bereitete die Auswanderung vor, zunächst für die Kinder: Heinrich, seine Frau Lore und die älteste Tochter Eva emigrierten im Juli 1938 zunächst nach Palästina. Ihr gerettetes Vermögen war hier schnell aufgebraucht. Sie zogen weiter nach Argentinien, gründeten in Beccar ihre neue Existenz. Ein Jahr später folgte Heinrichs Schwester Rosa mit den beiden anderen Töchtern.

Bereits 1937 begann Betty, ihre eigene Emigration vorzubereiten, indem sie das Geschäft samt Einrichtung und Inventar zum Preis von 25.000 RM an Ludwig Hafner „verkaufte", nicht freiwillig allerdings. Diese Summe wurde nach einem halben Jahr aufgrund eines Gutachtens der IHK auf 10.000 RM reduziert. Die „Entjudung" jüdischer Geschäftsleute war Programm der Nationalsozialisten – einer von ihnen Ludwig Hafner. Betty kannte ihn gut, denn er war Mieter im Gebäude am Watmarkt 3 und scharrte mit den Hufen. Er kannte das Haus, schätzte das gut gehende Modegeschäft und verfügte über einen finanzstarken stillen Teilhaber. Das eigentliche Schnäppchen wollte Hafner mit dem Kauf der Häuser Watmarkt 1 und 3 machen.

1939 kam er unter den Bedingungen der „Zwangsarisierung" zum Zug. Nachdem Hafner den Wert der Immobilie mit Hilfe von Gutachtern, der Industrie- und Handelskammer und Landesbehörden im Preis erfolgreich runterverhandelt hatte, wurde der Kaufvertrag am 16. Januar 1939 unterzeichnet, zum Preis von 250.000 RM für beide Häuser. Bestandteil des Kaufvertrags war ein empörendes Gutachten, das sämtliche Kosten, inclusive Schönheitsreparaturen, geltend machte –

garniert mit dem Hinweis, ein *„höherer Betrag an die Jüdin auszuzahlen würde einer Belohnung für ihre Nachlässigkeit bei der Erhaltung des Grundstücks gleichkommen"*. Der offensichtliche Unrechtsgehalt dieses Vertrags veranlasste selbst die Regierung von Niederbayern und der Oberpfalz zu der Feststellung, *„Kosten für Schönheitsreparaturen"* könnten bei der Bemessung des Kaufpreises nicht berücksichtigt werden.

Aber auch das hatte für Betty Schwarzhaupt keine Bedeutung mehr, denn der Vertrag wurde ohnehin nur unter der Auflage genehmigt, dass der Kaufpreis *„auf ein Sperrkonto bei einer Devisenbank einbezahlt wird"*. Mit anderen Worten: Sie verkaufte für eine Nullsumme, denn sie hatte über das Geld keinerlei Verfügungsgewalt. Der Kaufvertrag wurde bereits im Januar unterzeichnet, im August 1939 aber erhielt Betty von der Stadt Regensburg noch eine Rechnung über Grundsteuern und Reinigungsgebühren für die Zeit von Februar bis August 1939.

Unter welcher Nervenanspannung mag sie in dieser Zeit gestanden haben? Ohne Genehmigung des Kaufvertrages gab es für sie keine rettende Emigration. Noch ein weiteres Jahr musste sie diese Anspannung durchstehen. Am 5. Juni 1940 endlich: Die Polizeidirektion teilte dem Finanzamt mit, dass die *„Jüdin Betty Sara Schwarzhaupt"* einen Antrag auf Ausstellung eines Auslandspasses zur Auswanderung nach Argentinien gestellt habe. Im November reiste Betty über Madrid und Bilbao, dann weiter über den Atlantik zu ihren Kindern und Enkeln nach Buenos Aires. Welch ein glücklicher Ausgang für sie und ihre Familie! Ab Oktober 1941 waren die Grenzen geschlossen, eine Emigration aus Nazideutschland nicht mehr möglich. CH

Das Regensburger Hilfswerk lindert die Not

Louis Niedermaier
1884–1926

In Louis Niedermaiers Grabstein ist das Abbild eines brennenden Öllämpchens eingraviert. Abgesehen von der symbolischen Bedeutung dieses Lichts in Religionen und Heraldik weist es auf eine tiefe universelle Erfahrung hin: Hoffnung in Zeiten der Dunkelheit. Und so ein hoffnungsvolles Licht hat der Bankier Louis Niedermaier gemeinsam mit den Kaufleuten Ludwig Eckert und Adolf Weber entzündet: Mit der Gründungsversammlung am 23. November 1923 um 18 Uhr entsteht das Regensburger Hilfswerk, kurz: Rehi.

An jenem Abend finden sich im geschichtsträchtigen Reichssaal des Regensburger Rathauses neben den drei Rehi-Gründungsmitgliedern auch geladene Gäste ein. Anwesend sind namhafte Persönlichkeiten aus Handel, Industrie, Landwirtschaft, Reichswehr, Landespolizei und Gendarmerie sowie Führer der Arbeiterschaft und Vorstände der staatlichen Behörden. Auch Regierungspräsident Dr. von Winterstein und Fürstin Margarete von Thurn und Taxis sind anwesend. In einer Begrüßungsrede betont Oberbürgermeister Dr. Otto Hipp den Grundgedanken der Hilfsaktion: Es müsse unter allen Umständen verhütet werden, *„dass in Regensburg auch nur eine Person des Hungers oder vor Kälte sterbe".*

Die Not ist groß in jenem Krisenjahr 1923. Nach Ende des Ersten Weltkriegs kann die Weimarer Republik die geforderten Reparationszahlungen der Siegermächte trotz aufgenommener Kredite nicht vollständig bedienen. Das Geld verliert an Wert, Ersparnisse und Rücklagen schrumpfen, es kommt zu einer Hyperinflation. Hat im Januar 1922 ein Kilo Rindfleisch noch zwischen elf und sechzehn Mark ge-

Nördlicher Teil

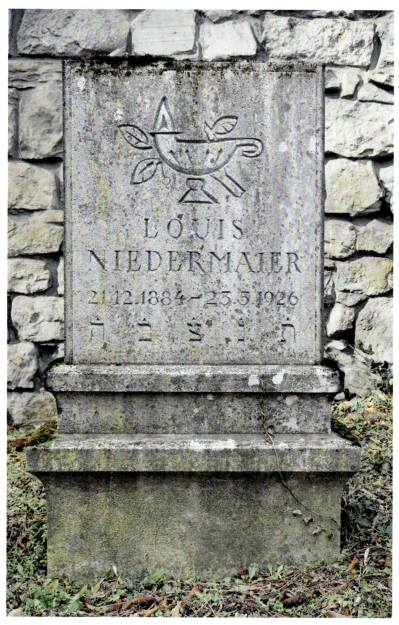

Das Öllämpchen auf dem Grabstein von Louis Niedermeyer steht für das ewige Licht, wie es auch in der Synagoge als Symbol für die Gegenwart Gottes brennt.

kostet, liegt der Preis im November 1923 zwischen zehn und zwanzig Milliarden Mark. Doch für viele Regensburger Familien ist an Rindfleisch ohnehin nicht zu denken, sie können sich ihr tägliches Brot nicht mehr leisten.

Niedermaier, Eckert und Weber gelingt es, im Rahmen persönlicher Gespräche und Sammelaktionen die Regensburger Bevölkerung zu einer gemeinsamen Hilfsaktion zu bewegen. Der Erfolg ist überwältigend: Rund 100.000 Goldmark kommen zusammen. Im Dezember 1923 steigt auf dem Rathausplatz ein von Kirchenglocken, Fanfaren und Chören eingeleitetes Weihnachtsfest. Über 6.000 Not leidende Personen, darunter vor allem kinderreiche Familien, werden über vier Tage reich beschenkt. Es gibt Schuhe, Wäsche, Kleidung, Lebensmittel (darunter auch Rindfleisch und Kaffee), Seife, Brennmaterial, Schreibwaren, Puppenküchen, Schaukelpferde und Bücher. Fürst Albert von Thurn und Taxis dehnt anlässlich dieser Gründungsfeier des Regensburger Hilfswerks die Speisung der bereits 1919 ins Leben gerufenen Notstandsküche auf das ganze Jahr aus.

Im Januar 1924, nur wenige Wochen nach der Rehi-Gründung, schreibt Eugen Trapp, Studienrat am Neuen Gymnasium in Regensburg, in seiner Erinnerungsschrift zur Weihnachtssammlung des Regensburger Hilfswerks: „*... hat der Bankier Louis Niedermaier in uneigennütziger Weise eine sehr kräftige finanzielle Grundlage gegeben, die für die weitere Entwicklung des Hilfswerkes von größter, wenn nicht von ausschlaggebender Bedeutung war*".

Wer ist dieser Louis Niedermaier, der im Dezember 1923, kurz nach der Rehi-Gründungsfeier, 39 Jahre alt geworden ist? Er wird am 21. Dezember 1884 als sechstes Kind von → Joseph und Johanna Niedermaier in Regensburg geboren. Es ist die Zeit des Deutschen Kaiserreichs, der Handlungsspielraum der bayerischen Herrscher ist durch die Eingliederung Bayerns in das Kaiserreich stark eingeschränkt. König Ludwig II. zieht sich mehr und mehr aus der Öffentlichkeit zurück und frönt seiner Bau- und Verschwendungssucht. Louis' Vater Joseph betreibt mit seinem Bruder Leopold das Bankgeschäft „Niedermaier, Gebrüder" in der Ludwigstraße 8. Mutter Johanna bringt insgesamt zehn Kinder zur Welt, drei davon sterben vor dem Erreichen des ersten Lebensjahres.

Nördlicher Teil

Louis Niedermaier lernt Apotheker, heiratet 1911 Amalie Niedermaier, die Tochter seines Onkels Leopold, und zieht mit ihr in die Straubinger Straße. 1912 kommt Sohn Fritz zur Welt. Im selben Jahr gibt Louis seinen Apothekerberuf auf und wird Bankier. Das von seinem 1910 verstorbenen Vater und seinem Onkel Leopold übernommene Bankgeschäft befindet sich seit einigen Jahren in der Gesandtenstraße 6. Eigentümer der Privatbank sind Louis' Brüder Max und → Adolf.

1914 bricht der Erste Weltkrieg aus. Adolf Niedermaier meldet sich freiwillig zum Kriegsdienst und kehrt erst am 30. Dezember 1918 nach Regensburg zurück. Louis und Max kümmern sich während der Abwesenheit ihres Bruders alleine um das Bankgeschäft. Mitten im Krieg, 1916, bringt Louis' Frau Amalie ihren zweiten Sohn zur Welt: Herbert.

Dokumente des Stadtarchivs Regensburg weisen darauf hin, dass Louis Niedermaier im Dezember 1917 die Funktion des Kassenwarts („Kassier") bei der Israelitischen Kultusgemeinde innehat. Letztere verwaltet in jener Zeit verschiedene Stiftungen und Fonds, beispielsweise den Armen- und den Friedhofsfonds, die Regensburgerische Wohltätigkeits- und die Lippmann'sche Brautausstattungsstiftung.

Die Israelitische Kultusgemeinde legt Teile des Stiftungskapitals in Deutsche Reichsanleihen an, mitunter gezeichnet im Bankgeschäft der Gebrüder Niedermaier. Louis kümmert sich in seiner Funktion als Kassenwart um die Auszahlung von Zinserträgen aus Stiftungskapital und der Kultusgemeinde überlassenen Erbschaften an die von der Stiftungsverwaltung bestimmten bedürftigen Empfänger.

Die Zeit des Ersten Weltkrieges fällt in die Ära des → Dr. Seligmann Meyer, der der Israelitischen Kultusgemeinde in Regensburg ab 1881 als Rabbiner und zwischen 1897 und 1918 als Distriktsrabbiner zur Verfügung steht. Spannungen zwischen orthodoxen und reformfreudigen Israeliten nehmen in dieser Zeit zu.

Im September und Dezember 1916 beklagt sich Justizrat Dr. Heinrich Frankenburger, Rechtsanwalt, in schriftlicher Form über die Einflussnahme des Rabbiners im Rahmen der Stiftungsverwaltung und droht mit sofortigem Abzug seines Stiftungskapitals. Er habe beobachtet, dass die bayerischen Rabbiner eine hierarchische Stellung innerhalb der Gemeinde anstrebten, die mit dem Geist des Judentums nicht vereinbar sei. Deshalb möchte er jegliche Einmischung der Rabbiner hinsichtlich Verwaltung, Beaufsichtigung der Stiftung sowie Verteilung der Zinsen ausgeschaltet und ausgeschlossen wissen, indem er fordert, dass Meyer der Stiftung „*nichts, absolut nichts, zu sagen habe*".

Nach dem Ersten Weltkrieg, im Jahr 1920, wird Louis Niedermaier noch als Mitgesellschafter des Bankgeschäfts „Niedermaier, Gebrüder" aufgeführt. Doch bald geht er eigene Wege. 1923 erscheint im Regensburger Adressbuch eine halbseitige Anzeige seines gemeinsam mit dem Bankier Josef Göschl gegründeten „Louis und Co., Bankhaus" mit Geschäftssitz in der Maximilianstraße 6.

Drei Jahre später, am 23. Mai 1926, stirbt Louis Niedermaier im Alter von 41 Jahren. Wenige Jahre nach seinem Tod legt sich die Dunkelheit in Form des Nationalsozialismus über die Weimarer Republik. Nach der Machtübernahme der Nationalsozialisten geht das 1923 gegründete Regensburger Hilfswerk unter. Witwe Amalie Niedermaier emigriert nach Buenos Aires, Sohn Fritz gelingt die Flucht nach Palästina.

Im Jahr 1954 ersteht die Rehi-Hilfsorganisation unter dem Namen „Regensburger Kinderweihnachtshilfswerk" wieder auf und bekommt 2012 mit der bis heute bestehenden „Aktion Kinderbaum" ein eigenes Logo und einen neuen Namen. SL

Die junge Mutter Irma Levite starb im 30. Lebensjahr in dunkler Zeit; ihre Töchter überlebten die Shoah.

Früher Tod und großes Leid

Irma Levite
1902–1932

Irma Levite war eine der drei Töchter von Emma und Karl Schwarzhaupt. Sie starb 1932 im Alter von nur 30 Jahren. Eine Ursache für den Tod der jungen Mutter ist nicht bekannt. Sie hinterließ zwei kleine Töchter, Ilse und Lieselotte, drei und sieben Jahre alt. Ihr Ehemann Max Levite arbeitete seit 1924 als Geschäftsführer in der Modemanufaktur Schwarzhaupt in Straubing, deren Eigentümer sein Schwiegervater Karl Schwarzhaupt war.

Emma, Schwester von → Betty, → Guido und Hugo Mandelbaum, hatte sich 1896 mit Karl Schwarzhaupt vermählt, Betty hatte zwei Jahre zuvor Karls Bruder → Salomon geheiratet. Eine eher seltene Konstellation: Emma und Betty, die beiden Mandelbaum-Schwestern, verbanden sich mit zwei Schwarzhaupt Brüdern; eine familiäre Doppelbindung.

Karl hatte 1890 die drei Jahre zuvor von seinem Vater Emanuel gegründete Filiale übernommen. „Mode-Manufaktur und Weisswaren" sowie „Damen-Konfektion" – das war das Angebot. Und es hatte Erfolg: Das Handelshaus Schwarzhaupt entwickelte sich zu einem der größten Geschäfte in Straubing. Hier wurden auch die Kinder Regina (1898), Irma (1902) und Gertrude (1910) geboren.

Emma und Karl Schwarzhaupt hatten schon vor dem landesweiten Judenboykott am 1. April 1933 die tödliche Feindseligkeit der Nationalsozialisten erlebt. Ihr befreundeter Nachbar Otto Selz war am 15. März frühmorgens aus dem Haus gezerrt und am Dreifaltigkeitsberg bei Weng misshandelt und erschossen worden. Der sich anschließende dauerhafte Judenboykott und die ständigen SA-Trupps vor ihrem Geschäft, die die Kundschaft abzuschrecken versuchten, mögen dazu beigetragen haben, Straubing zu verlassen. Sie gaben 1935 auf, überließen Max Levite das Geschäft und gingen nach München, Emmas Geburtsstadt. Max erkannte die nationalsozialistische Gefahr jedoch rechtzeitig und emigrierte wenige Jahre nach dem Tod seiner Frau mit den Töchtern noch vor der Pogromnacht 1938 in die USA.

Sechs Jahre verblieben Emma und Karl in München – eine Zeit mit zunehmenden Feindseligkeiten und Restriktion gegenüber jüdischen Menschen, Gewalttaten mit dem vorläufigen Höhepunkt der Pogromnacht 1938. Eine Zeit voller Unruhe und Ungewissheit, die für sie im Oktober 1941 endete mit der Einweisung in das Internierungslager in der Clemens-August-Straße in München, dann am 3. Dezember 1941 in das Barackenlager Knorrstraße 148. Auch Emmas Bruder Josef wurde durch dieses Lager geschleust.

Am 19. Juni 1942 geschah es: Mit der Transport-Nummer 316 kamen Emma und ihr Ehemann mit Transport II/7 nach Theresienstadt. Karl lebte dort noch fünf Monate und starb am 20. Januar 1943, Emma 14 Monate später am 8. März 1944. Die Töchter Regina und Gertrud überlebten die Shoah.   CH

Und dann zerbrach sein Lebenswille

Guido Mandelbaum
1883–1934

Es war eine vielversprechende Offerte an die Brüder Guido und Hugo: Ihre Schwester → Betty Mandelbaum, schon seit 1894 in Regensburg ansässig, betrieb hier mit ihrem Mann → Salomon Schwarzhaupt eine Modemanufaktur, die Salomons Vater, Emanuel Schwarzhaupt, 30 Jahre zuvor gegründet hatte. Die Geschwister stammten aus einer Kaufmannsfamilie in München. Gustav Mandelbaum, der Vater, führte dort eine Lederfabrikation, gemeinsam mit seinem ältesten Sohn Josef. Die Wirkungsmöglichkeiten der jüngeren Brüder im väterlichen Unternehmen in München waren also entsprechend begrenzt. Umso willkommener dürfte das Angebot von Betty und ihrem Mann gewesen sein.

Die Brüder erhielten 1911 das Bürgerrecht der Stadt Regensburg gegen eine Gebühr von jeweils 60 Mark. Hugo firmierte bereits 1912 als Mitinhaber des Modehauses Schwarzhaupt – so weist es das Adressbuch aus. Er war mittlerweile mit Frieda Kraus verheiratet, Tochter Lotte wurde 1912 geboren, ein Jahr später Fritz Jakob. Der vielversprechende Start in Regensburg war Hugo offensichtlich gut gelungen.

Der Beginn des Ersten Weltkriegs 1914 und die aktive Kriegsteilnahme beendeten sein Wirken im Modehaus Schwarzhaupt jedoch für immer. Ob Hugos Tod 1920 die Folge von Kriegsverletzungen war, wissen wir nicht. Er starb mit 40 Jahren.

Über viele Jahre führte Guido Mandelbaum mit Erfolg die Weiß- und Wollwarenhandlung am Domplatz 4. Eigentümer war das in Regensburg ansässige Textilunternehmen von Nathan Forchheimer,

Nördlicher Teil

Guido Mandelbaum, Geschäftsmann, dem Schicksalsschläge die Lebenskraft nahmen.

einem der größten Arbeitgeber der Stadt für die knappen Frauenarbeitsplätze. Guido hatte sich 1919 mit Martha Marschütz aus Bamberg vermählt; auch sie kam aus einer Kaufmannsfamilie. Die beiden lebten in der Weißenburgstraße. Knapp zwei Jahre später wurde Sohn Hanns Gustav geboren. Ihm war nur ein kurzes Leben vergönnt: Im Alter von 11 Jahren, am 25. April 1932 gegen 16 Uhr, wurde er in der Von-der-Tann-Straße von einem Metzgerfuhrwerk überfahren und starb am selben Tag im Krankenhaus der Barmherzigen Brüder.

Nur zwei Jahre nach dem schmerzlichen Unfalltod des Söhnchens ereilte den Vater ein erneuter Schicksalsschlag: Das gerade erst vom alten Standort umgezogene Verkaufsgeschäft in die Pfauengasse 2 wurde zum 1. Juli 1934 liquidiert. Der wiederholte Boykottaufruf der Nazis gegen Geschäfte mit jüdischen Inhabern zeigte Wirkung. Guido Mandelbaum wählte den Freitod und vergiftete sich in der Nacht vom 20. auf den 21. Juli 1934 mit Leuchtgas, einem in dieser Zeit üblichen Brenngas, das meistens in städtischer Regie durch Kohlevergasung hergestellt und auch zum Betreiben von Gasherden und Beleuchtungen verwendet wurde. Guido wurde unmittelbar neben dem Grab seines kleinen Sohnes bestattet. Nur die gemeinsame Einfassung beider Gräber bezeugt heute noch ihre familiäre Verbundenheit, denn die Grabinschrift des Steins von Hanns Gustav ist kaum noch lesbar.

Martha, die Mutter, überlebte die Familientragödie. Das letzte auffindbare Lebenszeichen von ihr ist der amtliche Eintrag: *„Die Kaufmanns Witwe Martha hat die Genehmigung erhalten, an Stelle des bisherigen Vornamens Martha Mathel zu führen"* – Mitteilung der Polizeilichen Dienststelle Regensburg vom 18. Oktober 1938.

Die Chance, Nazi-Deutschland zu überleben, war nur bei rechtzeitiger Emigration gesichert. Immer wieder aufgeschobene Auswanderungspläne machten schließlich eine Verwirklichung unmöglich. Das gilt auch für Guidos Bruder Josef; die Schwester Emma und ihr Ehemann Karl hatten dies gar nicht erst erwogen. Die Bürde des Neuanfangs in einem fremden Land bei gleichzeitigem Verlust der Heimat: Das war für viele deutsche Juden nicht zu ertragen.

Der Auswanderungsantrag von Josef Mandelbaum und seiner Frau Irma war bereits gestellt, sie wollten mit ihrem jüngsten Sohn Kurt in die USA. Dorthin war Sohn Gustav bereits 1937 geflüchtet. Doch der von der Gestapo straff organisierte Auftakt zur ersten Massendeportation der Münchener Juden am 20. November 1941 erfasste knapp eintausend Menschen, unter ihnen auch Josef, Irma und Kurt Mandelbaum. Nur noch vier Tage hatten sie zu leben, drei davon in einem überfüllten Zug, Ankunftsort: Kaunas. Die Menschen aus Berlin, München und Frankfurt verbrachten ihre letzte Nacht im Gefängnis und im Hof. Statt der am darauffolgenden Morgen angekündigten „Morgengymnastik" standen die Henker bereit, Maschinengewehre im Anschlag. An diesem Morgen, dem 25. November 1941, stürzten 2.934 Menschen erschossen in die bereits ausgehobenen Gruben im Hof. Unter ihnen waren auch Josef (61), seine Frau Irma (46) und Sohn Kurt (16). CH

Koscheres Fleischernes zum Kiddusch

Nathan Regensburger *Nannette Regensburger*
1870–1936 *1873–1926*

Als im April 1933 die Nazis das Schlachten nach jüdischem Ritus verboten, endete für den frommen Nathan Regensburger der Sinn seines beruflichen Lebens. Über dreißig Jahre hatte er als Schächter der Gemeinde dafür gesorgt, dass am Schabbatmorgen nach dem Gebet nur koscheres Fleischernes zum Kiddusch auf den Tisch kam. Jetzt war dem ein Ende gesetzt. Drei Jahre später starb der fromme Nathan Regensburger mit 66 Jahren. Alles, was er liebte, hatte er verloren. Seinen letzten Wunsch, neben seiner geliebten Frau auf immer zu ruhen, erfüllte ihm der 26 Jahre alte Philipp, bevor auch er, wie seine beiden Brüder, aus Nazi-Deutschland emigrierte.

Noch vor der Jahrhundertwende waren die jungverheirateten Eheleute Regensburger 1898 aus dem oberpfälzischen Sulzbürg in die Stadt gezogen, deren Namen sie trugen. Zielstrebig und fleißig brachte es das Paar schon 1903 zu einem eigenen Geschäft in der Gesandtenstraße 15. Die koschere Metzgerei Regensburger zählte zur festen Adresse der jüdischen Bürgerfamilien. Für Nathan und Nannette konzentrierte sich das Leben auf zwei wichtige Bezugspunkte: die Synagoge am Brixener Hof und das Geschäft mit der Wohnung im ersten Stock. Hier kamen die fünf Kinder zur Welt, von denen jedoch zwei bereits als Säuglinge starben. Hier wuchsen die drei Söhne Alfred, Philipp und Jakob zu klugen jungen Männern heran, die früh die mörderische Gewalt des Nazi-Regimes gegen alles Jüdische erkannten.

Als Erster der drei Söhne verließ der hochbegabte Alfred die Stadt, um zunächst in München, dann an der Technischen Hochschule Karlsruhe Chemie zu studieren. Aus Neigung und Kalkül: 1932 erhielt

Metzgermeister Nathan Regensburger: Der Schächter der Gemeinde versorgte über 30 Jahre lang seine Kundinnen und Kunden mit koscherem Fleischernen.

Nathan und Nannette Regensburger

Nannette Regenburger war – frisch vermählt – 1898 mit ihrem Ehemann aus Sulzbürg in die Stadt gezogen, deren Namen die beiden trugen.

Nördlicher Teil

Übersetzung der hebräischen Eulogien

Hier ist begraben	Hier ist begraben
Unser teurer Vater, sanft	die bescheidene, gute und
und gradlinig	gradlinige Frau
R' Nosson Sohn des Chower	die biedere Frau, Krone ihres
R' Mosche	Gatten und ihrer Söhne
Regensburger sel.	Frau Nannette Regensburger
Verstorben mit gutem	Verstorben mit gutem Namen
Namen am	am Dienstag,
28. Nissan und begraben	den 25. Marcheschwan,
am 1. Tag Rosch Chodesch	und begraben in Ehren
Ijar 5696	am Donnerstag, den 27.ds. 5687
Gottesfurcht war seine Tugend	

der junge Professor Dr. Alfred Regensburger ein Angebot aus der japanischen Hafenstadt Yokohama. Gemeinsam mit seiner Frau Amalie verließ er Deutschland für immer.

Dem Beispiel des älteren Bruder folgend, verließ auch der jüngste, Jakob, 1934 die Stadt mit dem Ziel Palästina. Nach dem Tod des Vaters 1936 sortierte sich auch Philipp neu: Zügig wickelte er in Vollmacht der beiden Brüder alle anfallenden Steuer- und Erbschaftsfragen ab und überwies nach Abzug von Reichfluchtsteuer und Devisenabschlag (68 %) den Brüdern ihr mageres Erbe.

Mit einem Schuss Chuzpe und noch mehr Naivität suchte Philipp im Frühjahr 1938 die Gestapo am Minoritenweg auf und beantragte dort die Ausstellung eines Reisepasses. Freimütig erklärte er, dass er seine Auswanderung nach Palästina plane, die neue Heimat aber zuvor im Juli auf einer sechswöchigen Inforeise kennenlernen wolle. So berichtete es die Gestapo dem Finanzamt, das sofort Maßnahmen einleitete: 8000 RM Sicherheitsleistungen, Verweigerung von Pass und Unbedenklichkeitsbescheinigung.

Auch das glaubte Philipp Regensburger schnell erledigen zu können. Zwei vom Vater geerbte Immobilien waren zu verkaufen: Für das dreigeschossige Wohn- und Geschäftshaus in der Gesandtenstraße 15 mit den fünf Wohnungen plus Anbauten fand sich mit Zustimmung der NSDAP rasch ein Käufer mit Parteibuch. Für die zweite Immobilie, Am Bienenheimweg 6, gab es mit dem Gastwirt Marchsreiter einen NSDAP-Interessenten, der schon lange auf das Anwesen scharf war.

Anfang November 1938 meldete sich Philipp zur Vorbereitung auf Palästina in einem jüdischen Lehrlingswohnheim der Alijah in Frankfurt an. Die Reichspogromnacht am 9. November traf ihn dort mit voller Härte: SA-Trupps stürmten das Lehrlingsheim, verhafteten alle Bewohner, verschleppten diese zur Gestapo. Zwei Tage später passierte Philipp das Lagertor des KZ Buchenwald.

Mit Glück schaffte er sein Entkommen: Als das Finanzamt Regensburg erfuhr, dass der Steuerzahler 4/2629, Philipp Regensburg, die Judenvermögensabgabe, die Kontributionszahlung für die Schäden der Pogromnacht, zum Termin nicht zahlen konnte, weil er im KZ-Buchenwald gefangen war, wurde es aktiv. Zwei Monate nach seiner Verhaftung wurde Philipp „*zur Regelung seiner Steuerangelegenheiten aus Buchenwald entlassen*".

Ausgeplündert, aber mit einem Reisepass im knappen Gepäck, passierte Philipp Regensburger Ende Mai 1939 die Grenze nach Schweden. Sein Visum war für Halmstad ausgestellt, eine Küstenstadt zwischen Malmö und Göteborg. *WB*

Nördlicher Teil

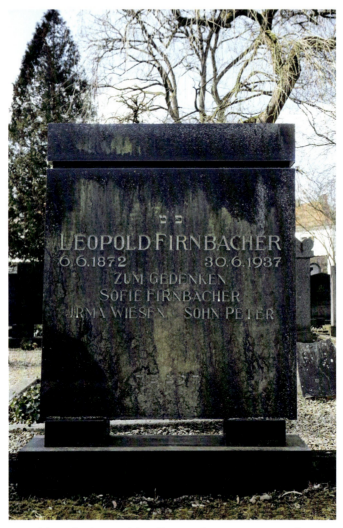

Leopold Firnbacher, Viehhändler, Kaufmann, Bürger: Aufbruch in das 20. Jahrhundert in Regensburg

Ein weltläufiger Viehhändler

Leopold Firnbacher *Sofie Firnbacher, geb. Bermann*
1872–1937 *1884–1942*

Es ist eine blühende jüdische Gemeinde, die den Aufbruch ins 20. Jahrhundert feiert. Fast ein Jahrhundert hatte der Kampf um die volle Gleichberechtigung gedauert, die sich mit der Reichsgründung 1871 manifestierte. Von den diskriminierenden Matrikelvorschriften befreit, wagen die Landjuden den Aufbruch in die Städte. Sie kommen, um sich wirtschaftlich und kulturell zu entfalten, bringen neue Ideen mit. Durch die engen Gassen der Regensburger Altstadt weht ein frischer Wind.

Pünktlich zum neuen Jahrhundert trifft am 2. Januar 1900 der 28 Jahre alte Leopold Firnbacher aus dem mainfränkischen Goßmannsdorf in Regensburg ein. Bei der Meldestelle gibt er selbstbewusst Religion und Gewerbe an: *„Israelitisch und Viehhandel."* Das einträgliche Gewerbe hatte er von Vater Moses gelernt, der seinen vier Söhnen beibrachte, was ein erfolgreicher Viehhändler können muss: neben dem Fachwissen und handwerklichen Fähigkeiten Kenntnisse über die alten Handelswege und die jeweiligen Landessprachen. Zwei der Brüder, Leopold und der ältere → Abraham, werden in Regensburg ansässig, zwei in Straubing. Das heimatliche Goßmannsdorf verlassen auch die drei Schwestern.

Für Leopold Firnbacher geht es in den ersten Regensburger Jahren flott voran. Bereits 1903 ist die Viehhandlung Am Klaranger 3 für die Bauern aus dem Umland eine geschätzte Adresse. Diese Weltläufigkeit machte im Regensburger Schlachthof Eindruck und das Urteil der Brüder Firnbacher war gefragt. Die Kreisbauernkammer berief

Leopold in eine Kommission, die im Auftrag der Handelskammer nach Tirol reiste, um den Vieheinkauf vertraglich abzuschließen.

Gut zehn Jahre nach ihrer Ankunft erhalten die beiden Brüder die Bürgerrechte der Stadt. Es ist im Oktober 1911 ein feierlicher Akt, dem Preis von 60 Goldmark angemessen. Nicht einmal zehn Prozent der Einwohner Regensburgs besitzen damals die Bürgerrechte, eine Voraussetzung zur Teilnahme an städtischen Wahlen.

Für ihre gemeinsamen Geschäftsaktivitäten gründen die Brüder eine offene Handelsgesellschaft, die „Firma Gebrüder Firnbacher OHG" ein. Weil sie etwas von Fleischqualität verstehen und wissen, was schmeckt, erwerben sie das Eckgebäude in der Osten-/Kalmünzergasse und eröffnen das Wirtshaus „Zum Rappen" mit gutbürgerlicher, bayerischer Küche. Über 25 Jahre sollte die „Brauhaus Regensburg AG" den „Rappen" beliefern, und hochzufrieden ist deren Inhaber Fritz Schricker mit Umsatz und Profit. Beim großen Raubzug auf jüdisches Vermögen ab 1939 wird das NSDAP-Mitglied, Braudirektor Schricker, jedoch schnell zur Stelle sein, um ohne jede Skrupel einen Extraprofit zu realisieren.

Leopold Firnbacher war ein etablierter junger Mann von 34 Jahren, als er die 22-Jährige Sofie Bermann aus Gunzenhausen ehelichte. Das Paar zog zunächst zur Miete in den 1. Stock in der Roritzerstraße 10a, um das stattliche Bürgerhaus einige Jahre später zu erwerben, als es zum Kauf angeboten wurde.

Hier kamen ihre drei Kinder zur Welt: 1907 Max jr. – zur Unterscheidung von seinem älteren Cousin Max –, 1909 Tochter Irma und im April 1924 der Nachzügler Fritz. Damit war die Familie von Leopold Firnbacher komplett. Es ging ihr gut.

Vielleicht war es die ihm eigene Weltläufigkeit, die von Nazis verhasste kosmopolitische Haltung, die den Familienvater mit der Machtübernahme der Nazis ans Auswandern denken ließ. 1933 ist „Auswandern oder Bleiben " ein vieldiskutiertes Thema in der Jüdischen Gemeinde Regensburgs. Nach einer von der Gemeinde angefertigten Liste verlassen ein Drittel der Mitglieder, 107 Männer, Frauen und Kinder, 1933 die Stadt. Insgesamt werden bis September 1938 die Namen von 282 Gemeindemitgliedern notiert. Den Vernichtungswil-

Leopold und Sofie Firnbacher

len der Nazis zu begreifen, überstieg das Vorstellungsvermögen der bürgerlichen, meist konservativen Juden.

Im Sommer 1935 nimmt die Option „Auswandern nach Palästina" konkrete Formen an. Das gilt für den nunmehr 28 Jahre alten Sohn Max jr., der dem Vater in seiner Berufswahl als Kaufmann gefolgt war. Als Leopold im Oktober 1935 die Zustimmung für einen Zuschuss für die Auswanderung seines ältesten Sohnes nach Palästina beim Finanzamt beantragt, stimmt dieses zu. Max Firnbacher jr. emigrierte im März 1938.

Ein Foto von Leopold Firnbacher mit ungefähr 60 Jahren zeigt einen breitschultrigen, kräftigen Mann. Doch im Juni 1937 unterzog er sich einer Operation in einer Münchner Klinik, an deren Folgen er verstarb. Er wurde 65 Jahre alt.

Nichts, aber auch gar nichts hatte seine 53-jährige Witwe Sofie auf diesen Schicksalsschlag vorbereitet. Von Überforderung, aber auch von einem großen Vertrauen in die Redlichkeit von Finanzbeamten zeugen ihre Briefe, die sie zur Aufstellung ihres Vermögens und ihres Wohneigentums zuschickt. Aus Unwissenheit macht sie sich reicher als sie tatsächlich ist. Sie konnte nicht ahnen, dass der NS-Staat ab 1933 die „nationalsozialistische Weltanschauung" zum Maßstab für Finanzbeamte machte; wann immer es um jüdische Steuerzahler ging, entfiel der Ermessensspielraum.

Den Übergriffen und Ausplünderungen nach der Reichspogromnacht 1938 ist Sofie Firnbacher schutzlos ausgeliefert. Und nichts schützt sie, als die NSDAP-Kreisleitung Regensburg nach der „Verordnung über den Einsatz jüdischen Vermögens" im April 1939 entscheidet, dass Sofies Wohnhaus in der Roritzerstraße in das Eigentum des Polizei-Oberwachtmeisters Alois Hoch, eines alten Nazi-Kämpfers, übergeht.

Zu diesem Zeitpunkt kann die vermögende Witwe über ihre Konten bei den Banken nicht mehr verfügen. Diese unterliegen der Kontrolle durch die Devisenstelle, die 500 RM Lebensunterhalt für ausreichend hält.

Die Sorge um ihren jüngsten Sohn, den 15-Jährigen Fritz, diktierte nach dem Scheitern einer gemeinsamen Auswanderung und dem Entzug von Wohnhaus und Vermögen das Handeln der Mutter. Vergebens bat sie im Juli 1939 in einem Brief an die Genehmigungsbehörde, man möge ihr von ihrem Konto 13.000 RM für die Auswanderung ihres Sohnes mit der Jugend-Alija nach Palästina auszahlen. Abgelehnt! Trotzdem gelang ihr im Nazi-Überwachungsstaat das Unmögliche: Am 7. August 1939 trat der junge Fritz Firnbacher die Ausreise aus Nazi-Deutschland an.

Am 15. September 1940 erhielten die im sicheren Ausland lebenden Söhne „*Maxl und Fritzl*" einen Brief ihrer Mutter aus Regensburg: „*Meine sehr Lieben! Mit großer Sehnsucht warte ich wieder auf Post von Euch meine Lieben.*" Bemüht optimistisch schreibt sie, was Mütter eben so schreiben, um Kummer und Leid vor den Kindern zu verbergen. Ahnungsvoll ist ihr letzter Wunsch: „*Meine Gedanken sind so viel bei Euch meine Geliebten, vergesst mich nicht, wenn wir nicht so viel von einander hören.*"

Am 4. April 1942 wurde die 58-jährige Witwe aus Regensburg deportiert. 213 Juden bestiegen in Regensburg den Todeszug in ein Lager im Osten. Sofie Firnbacher starb in einer Gaskammer im Vernichtungslager Belzec.

Ihre einzige Tochter Irma, verheiratet mit dem Arzt Peter Wiesen, lebte in Eisenach. 1944 wurde die Familie mit Sohn Peter nach Auschwitz deportiert. Die 35-jährige Irma Wiesen und der zehnjährige Peter starben in den Gaskammern von Auschwitz. Erich Wiesen überlebte, verließ Deutschland und wanderte nach New York aus.

Sofie Firnbachers letzter Brief an die Söhne blieb erhalten. Vom Empfänger Max jr. gelangte er in die Hände des in Neuseeland geborenen Enkels Leigh Firn, beheimatet in Dover, nahe Boston in Amerika.

WB

Regensburg – Shanghai – Regensburg

Max Hirsch
1895–1969

Max Hirsch wurde am 1. Mai 1895 in Wronke an der Warthe geboren. Sein Vater, Jakob Hirsch, war Kaufmann; bei ihm lernte Max diesen Beruf. Wronke, auf Deutsch Krähennest, hatte damals rund 3.500 Einwohner, 15 Prozent waren jüdisch, die dominierende Sprache war Deutsch. Die Stadt gehörte zur preußischen Provinz Posen im Deutschen Reich. In der alten Festung der Stadt war das Zentralgefängnis von Posen untergebracht. Prominente Gefangene von Oktober 1916 bis Juli 1917 war Rosa Luxemburg. Bis heute ist das Gefängnis das größte in Polen.

Am Ende des Ersten Weltkriegs wurde die Provinz Posen im Versailler Vertrag dem neugegründeten polnischen Staat zugeteilt. Die deutschen Bewohner mussten wählen zwischen der polnischen und der deutschen Staatsangehörigkeit. Da die Gründung Polens unter extrem nationalistischen Vorzeichen stattfand und mit schweren antisemitischen Ausschreitungen verbunden war, verließen die meisten jüdischen Deutschen der Provinz Posen das Land. Sie zogen nach Berlin oder wanderten aus in die USA, nach Großbritannien oder Australien.

Max Hirsch optierte am 4. Januar 1922 auf dem Deutschen Generalkonsulat in Posen für die deutsche Staatsangehörigkeit und zog nach Berlin. Während der Weimarer Republik lebte er dort, bis er im Januar 1933 nach Regensburg zog, wo er am 1. Februar 1933 Sabine Hammer heiratete. Sie war die Tochter des Kaufmanns Joachim Mejer Hammer, dem das „Bekleidungshaus zum Propheten" am Krauterermarkt 1 und

Max Hirsch, Kaufmann und Emigrant, kehrte im Juni 1947 nach Regensburg zurück. Er gehört zu den Gründern der Jüdischen Gemeinde Regensburg im August 1950.

Übersetzung der hebräischen Eulogie
Hier ist begraben
R' Meir Simsche Hirsch
Sohn des R' Zvi Jakov sel.
gest. am 15. Tewet
und begraben am 16. Tewet 5730

die Filiale am Frauenbergl 2 gehörten. 1934 trat Hammers Schwiegersohn Alfred Alexander in die Firma ein, die so zu einer Offene Handelsgesellschaft (OHG) wurde. Als Joachim Hammer 1937 starb, erbte seine Frau Berta die Geschäfte. Kurz darauf starb auch Alfred Alexander, und im Januar 1938 trat Max Hirsch in die Firma ein.

Die Nazis hatten längst ein Auge auf die Geschäfte geworfen. Zunächst schalteten sie Max Hirsch aus, der trotz aller Bedrängnis die Geschäfte erfolgreich geführt hatte. Das Mittel der Wahl, um ihn zu bedrängen: Verleumdung, Denunziation und Anschuldigung von „Rassenschande" in gleich mehreren Fällen. Nach den rassistischen Nürnberger Gesetzen waren sexuelle Kontakte zwischen Juden und Nichtjuden verboten und wurden mit Zuchthaus bestraft. Max Hirsch musste 1938 aus der OHG ausscheiden, wurde angeklagt und zu einem Jahr und 10 Monaten Zuchthaus verurteilt. Die Geschäfte wurden im Oktober 1938 „arisiert".

Seine Frau Sabine ließ sich im August 1939 scheiden. *„Die Ehe wurde ... aus Verschulden des Ehemannes geschieden."* Wieweit dabei Druck auf Sabine Hirsch ausgeübt wurde, ist aus den Quellen nicht ersichtlich.

Max wurde nach dem Ende der Haft 1940 freigelassen und musste Regensburg umgehend verlassen. Er emigrierte nach Shanghai. Hier benötigte er kein Visum für die Einreise.

Sabine, die nach der Scheidung in Regensburg geblieben war, musste sich am Karsamstag, dem 4. April 1942, auf dem Platz der zerstörten Synagoge an der Schäffnerstraße zusammen mit 213 Juden aus dem Regierungsbezirk Oberpfalz/Niederbayern aufstellen. Diese waren für die erste große Deportation aus Regensburg *„in den Osten"* bestimmt. Der Transport ging nach Piaski, dem polnischen Durchgangslager, vor der Ermordung in der Gaskammer von Belzec. Max Hirsch überlebte dank der Hilfsorganisationen in Shanghai.

Im November 1946 beschloss der Regensburger Stadtrat einstimmig, alle emigrierten jüdischen Regensburger *„zur Rückkehr in die alte Heimat einzuladen"*. Auf Veranlassung der Militärregierung und des Bayerischen Innenministeriums wurde im Juni 1947 der von 51 bayerischen Juden gewünschte Rücktransport aus Shanghai durchgeführt, darunter Max Hirsch. Er erhielt die Zuzugsgenehmigung für Regensburg und den Anspruch auf eine Wohnung, da er vor seiner Emigration hier gelebt hatte.

In seiner Zeit in Regensburg hatte er Rita Eisenhut kennengelernt, der er nach seiner Emigration mehrere Briefe aus Shanghai schrieb. Nach seiner Rückkehr heirateten die beiden im September 1947. Rita, am 23. November 1919 in Regensburg geboren, katholisch, konvertierte nach der Eheschließung zum Judentum.

Am 1. August 1950 erfolgte die Gründung der Jüdischen Gemeinde Regensburg. Der erste Vorstand der neuen jüdischen Gemeinde bestand aus sechs Personen. Von ihnen gehörte nur Max Hirsch vor 1945 als Mitglied der Regensburger Gemeinde an. Er starb am 24. Dezember 1969, seine Frau Rita sieben Jahre später, am 11. März 1976. Ihr Grab befindet sich neben dem ihres Mannes Max Hirsch. *KH*

Der Kürschner aus Czernowitz

David Reif
1909–1971

Pola Reif, geb. Schwimmer
1921–2020

Zwangsarbeit und Konzentrationslager – das war das Leben in den besten Jahren ihrer Jugend. Über vier lange Jahre. Von 1941 bis zum Tag ihrer Befreiung am 27. Januar 1945, als Soldaten der Roten Armee auch diese beiden Überlebenden aus dem KZ-Außenlager Groß Rosen-Bunzlau befreiten: Paula Schwimmer, 24 Jahre, aus dem niederschlesischen Frauenlager, David Reif, 35, aus dem Männerlager Bunzlau I. Keine zwei Monate später, im März 1945, ließen die beiden ihre Eheschließung im Standesamt Kattowitz dokumentieren.

In Czernowitz, der deutschsprachigen Bukowina, geboren und aufgewachsen, hatte David Reif die deutsch-rumänische Schule besucht und das Handwerk der Kürschner gelernt. Nach seiner Ausbildung wurde er rasch zum gefragten Pelze-Schneider, erhielt Angebote aus Bukarest, wo er seinen Meister machte.

Bei einem Verwandtenbesuch 1939 im polnischen Sosnowiec verhinderte der Kriegsüberfall von Nazi-Deutschland auf Polen die Heimreise. Alles ging dann sehr schnell und der junge Mann geriet in die Fänge von nachfolgenden NS-Polizeieinheiten und Gestapo, als diese auf Menschenraub ausgingen. Von der Straße weg wurden Männer, Frauen und Jugendliche zur Zwangsarbeit in den schlesischen Industriebetrieben verschleppt. So erging es auch David Reif, der als Zwangsarbeiter in Sosnowiec überall dort eingesetzt wurde, wo es die deutschen Besatzer bestimmten. *„Ab 1941 wurde ich über eine Reihe kleinerer Konzentrationslager geschleust und kam dann endgültig in das KZ-Bunzlau"*, beschreibt er in seinem Lebenslauf, was ihm widerfuhr.

Nördlicher Teil

David und Pola Reif, geb. Schwimmer: Mit dem Angriffskrieg von Nazi-Deutschland auf Polen begann ihr Leid. Zwangsarbeit und Auschwitz – das war ihr Leben in ihren jungen Jahren.

Übersetzung der hebräischen Eulogie
Hier ist begraben
R' David Jizchak Sohn des R' Dov Reif sel.
Verstorben 22. Kislew 5732
begraben 22. Kislew 5732
62 Jahre alt

Fast parallel mutet das Schicksal seiner späteren Ehefrau an. Für die damals 18-jährige Pola Schwimmer, die mit ihrer Familie ebenfalls in Sosnowiec lebte, hatte die Zwangsarbeit unmittelbar nach dem Überfall der Wehrmacht auf Polen begonnen. Für junge Jüdinnen und Juden war Zwangsarbeit obligatorisch – davon hing die Zuteilung von Lebensmittelkarten für die Familie ab. Der Zwangsarbeit folgte 1941 die Einweisung ins KZ Auschwitz, wo sie auf der berüchtigten Rampe zur weiteren Zwangsarbeit selektiert wurde. Ihren beiden jüngeren Schwestern, der knapp 15 Jahre alten Genia und der 13-jährigen Cela, widerfuhr das gleiche Elend: Ein Hilfstrupp der Gestapo war im November 1941 in das Elternhaus eingedrungen und hatte die beiden Mädchen verschleppt. Zielort: die Spinnerei und Weberei der Gebrüder Walzel im sudetendeutschen Parschnitz. Genia und Cela sollten ihre Eltern, Abraham Hersz und Ester Schwimmer, sowie den Bruder David (11) nie wieder sehen. Sie starben in den Gaskammern von Auschwitz. Das gleiche Schicksal des gewaltsamen Todes in einem Konzentrationslager erfuhren die Eltern von David Reif nach der Deportation aus Czernowitz.

Ein glücklicher Zufall führte nach der Befreiung die jüngeren Schwestern und das Ehepaar Paula und David Reif in der Heimatstadt Sosnowiec wieder zusammen. Gleich bei der Ankunft, beim Verlassen des Bahnhofs im Mai 1945, liefen sie der älteren Schwester buchstäblich in die Arme. Gemeinsam verließen die vier Polen für immer.

Nach einem längeren Aufnahmeverfahren in Münchberg bei Hof erreichten sie im Herbst 1946 Regensburg. Hier fanden sie, was sie suchten: eine jüdische Gemeinschaft von Überlebenden der Shoah.

Nach Schätzungen flüchteten in der Nachkriegszeit bis zu 300.000 osteuropäische Juden in das besiegte Deutschland, vorzugsweise in die amerikanische Besatzungszone. Die relativ intakte Infrastruktur mit einer dichten Wohnbebauung machte Regensburg zum Sammelpunkt jüdischer KZ-Überlebender in Ostbayern. Die im September 1945 gegründete *Jewish Community Regensburg* mit ihrem Präsidenten Jakob Gottlieb zählte 1.250 „Displaced Persons" (DP) zu ihren Mitgliedern. Ihr Ansprechpartner in dieser Zeit war Staatskommissar Philipp Auerbacher. Von der amerikanischen Militärregierung eingesetzt, ging er dazwischen, wenn im Regensburger Rathaus die Nazis in alte Rollenmuster fielen.

Wie alte Seilschaften zusammenhalten, sollte der staatenlose Ausländer David Reif in seinem zehnjährigen Kampf um Einbürgerung leidvoll erfahren. Zupackend, die Chancen nutzend, begann der Neuanfang des Ehepaares Reif in Regensburg. In seinem Beruf als Kürschner fand David die Basis für eine erfolgreiche Karriere: *„Im Herbst 1946 zog ich nach Regensburg. Hier habe ich sofort die Arbeit in meinem Beruf aufgenommen. Bis 1947 hatte ich ein Pelzgeschäft in der Schlossergasse 4, ab 1947 habe ich mein Pelzgeschäft in der Ludwigstraße 2. Im Jahre 1950 habe ich mir ein Wohnhaus in der Prebrunnstraße 21 gebaut."* Sachlich nüchtern zählte er in seinem Lebenslauf die sichtbaren Erfolge der sechs Jahre in Regensburg auf. Erneut versicherte er dem Stadtrat: *„Man kann es mir nicht verargen, dass ich endlich aufhören möchte ‚heimatlos' zu sein und dort Staatsbürger werde, wo ich mir mit ehrlicher Arbeit eine Existenzbasis geschaffen habe."*

Das sahen die wiedererstarkten alten Nazis in den bayerischen Amtsstuben von Regensburg bis München ganz anders. Im völkischen Verständnis tauschten sie *„streng vertrauliche Briefe"* über das Begehren des verdächtig erfolgreichen Kürschnermeisters aus, der keine *„Entlassungspapiere aus dem KZ"* vorlegen konnte, aber einen *„komfortabeln Hausbau"* und den *„modernen Umbau seines Geschäftes in der Ludwigstraße"* zustande gebracht hatte. Da war er wieder, der Nazi-Neid und Hass auf jüdische Erfolge – und das gegenüber einem KZ-Überlebenden.

Das Echo der NS-Zeit wird hörbar, wenn Handwerkspräsident Zöllner seine Stellungnahme abgibt: *„Die Handwerkskammer Regensburg kann einen Einbürgerungsantrag nicht befürworten. Reif befindet sich ständig in Kollision mit dem Gesetz gegen unlauteren Wettbewerb."*

David Reif 1946 in Regensburg; zwei Jahr nach seiner Befreiung legte er den Grundstein für eine erfolgreiche Karriere als Kürschner.

Ganz im völkischen Sinne beurteilte Stadtrechtsrat Dr. Silbereisen für die Stadtverwaltung die Frage der Einbürgerung: „*Ob der Antragsteller einen wertvollen Zuwachs der deutschen Volksgemeinschaft bildet, kann nicht positiv beantwortet werden.*" Akteneinsicht wird dem eingeschalteten Anwalt mit der scheinheiligen Begründung verwehrt, „*Einbürgerung sei ein Gnadenakt und kein Grund Akteneinsicht zu gewähren*". Das bayerische Innenministerium lässt den „*heimatlosen Ausländer David Reif, Regensburg*" wissen: „*Durch einen allzu leichten Vollzug der Einbürgerungen werde der Erwerb der deutschen Staatsangehörigkeit entwertet.*"

Weil die gesetzlichen Bestimmungen jedoch auch in Bayern galten, überreichte Regierungspräsident Ulrich am 10. August 1956 dem Ehepaar David und Paula Reif dennoch die Einbürgerungsurkunde der Bundesrepublik Deutschland.

Dieser lange, hindernisreiche Weg zum deutschen Reisepass blieb in der ersten Jüdischen Gemeinde der Nachkriegszeit kein Einzelfall. Mit viel Mut und Standfestigkeit holten sich die Holocaust-Überlebenden zurück, was ihnen die Nazis genommen hatten: das Recht, ihren Glauben zu leben.

Ende der 50er-Jahre verabschiedeten sich David und Paula Reif aus Regensburg und starteten ihren beruflichen Neuanfang im multikulturellen Berlin. Privat und familiär blieben sie mit Regensburg verbunden. Doch der bittere Erfolg brachte David Reif früh ins Grab: Er starb mit 62 Jahren. Paula, die nach Regensburg zurückkehrte, wurde 99 Jahre alt.   *WB*

Zeitzeuge und Chronist: „Als Gott und die Welt schliefen"

Otto Elias Schwerdt
1923–2007

Gela Schwerdt
1922–2010

1998 erschien die Lebensgeschichte Otto Schwerdts „Als Gott und die Welt schliefen". Der Titel des Buches entstand in Erinnerung an die Selektionen auf der Rampe im Vernichtungslager Auschwitz-Birkenau. Die Einteilung der ankommenden Männer, Frauen und Kinder zum Leben oder zum Tod ließ Otto Schwerdt an Gott zweifeln. Aber er scheute sich zu sagen: *„Es gibt keinen Gott."* Nachdem er 1945 befreit war, überlegte er, *„dass ja nicht Gott der Schuldige ist, sondern der Mensch".* Er wollte glauben.

Otto Schwerdt wurde am 3. Januar 1923 in Braunschweig geboren. Die Eltern → Max und Eti Schwerdt, geb. Udelsmann, waren aus Polen nach Deutschland ausgewandert und heirateten hier 1920. Max baute in Braunschweig eine Textilhandlung auf. Die Schwerdts und ihre Kinder, Otto, dessen ältere Schwester Meta und sein jüngerer Bruder Sigi, führten in der Weimarer Republik das Leben einer assimilierten jüdischen Familie.

Nachdem die Nazis 1933 die Verfassungsgrundlage der Weimarer Republik ausgehebelt hatten, grenzten sie mit einer Fülle von Gesetzen und Verordnungen die jüdische Bevölkerung immer mehr aus der „Volksgemeinschaft" aus. *„Eine Flutwelle von Verboten brach über uns herein."* Die Familie versuchte, der rasch wachsenden Verfolgung durch einen Umzug in die Großstadt Berlin auszuweichen. Aber 1936, ein Jahr nach den rassistischen „Nürnberger Gesetzen", entschieden sich die Schwerdts, in ihr Herkunftsland Polen zu ziehen, nach Kattowitz, denn dort wurde auch deutsch gesprochen. In Kattowitz begann

Nördlicher Teil

Doppelgrabstein der Eheleute Otto Elias und Gela Schwerdt.

Übersetzung der hebräischen Eulogien

Hier ist begraben
Otto Elijahu Schwerdt
21. Tewet 5768

Hier ist begraben
Gela Schwerdt
15. Kislew 5771

Otto Schwerdt eine Malerlehre. Aus finanziellen Gründen zogen die Eltern nach Dombrowa (Dąbrowa Górnicza) bei Kattowitz. Dort war das Leben billiger.

Am 1. September 1939 begann mit dem Überfall Deutschlands auf Polen der Zweite Weltkrieg. Zwei Tage später besetzte die deutsche Wehrmacht Dombrowa und errichtete Anfang der 40er-Jahre ein Getto, in das auch die Schwerdts ziehen mussten. Von nun an war das Leben der Familie ausschließlich durch die Nazi-Verfolgung bestimmt. Ihr Weg führte durch mehrere Gettos bis zur Deportation in die Mordstätte Auschwitz-Birkenau im August 1943. Dort wurden Otto und sein Vater von der übrigen Familie getrennt. Die beiden schafften es schließlich, der Hölle von Auschwitz zu entkommen. Sie meldeten sich für einen Transport in das Arbeitslager Fünfteichen, ein Außenlager des KZ Groß-Rosen. Dieses wurde im Januar 1945 evakuiert, die Gefangenen von der SS zum KZ Groß-Rosen getrieben. Einen Monat später deportierte die SS die Gefangenen von dort ins Lager Leitmeritz, das größte Außenlager des KZ Flossenbürg. Im April 1945 mussten Otto und sein Vater zum KZ Theresienstadt marschieren, das Anfang Mai von der Roten Armee befreit wurde. Otto Schwerdt erkrankte dort schwer an Typhus und war tagelang bewusstlos. Als er erwachte, saß eine russische Ärztin an seinem Bett, die Jiddisch mit ihm sprach: *„Die Milchome hot geendigt, brojchst nit kejn Mojre mer hobn."* (Der Krieg ist zu Ende, Du brauchst keine Angst mehr zu haben.)

Nach der Gesundung fuhren er und sein Vater mit Unterstützung des Internationalen Roten Kreuzes nach Kattowitz, um nach ihrer Familie zu suchen. Dort erfuhren sie, dass Ottos Bruder, seine Schwester und seine Mutter in Auschwitz ermordet worden waren. *„Die Nazis vergasten sie ... im Jahr 1943."*

1946 kamen Vater und Sohn nach Regensburg. Otto absolvierte im Juli 1947, 24 Jahre alt, an der Oberrealschule in Weiden (heute Kepler-Gymnasium) ein Notabitur. Am 22. September 1947 schrieb er sich an der Philosophisch-Theologischen Hochschule in Regensburg (PTH) für das Wintersemester 1947/48 ein. Als Studienfach wählte er Chemie. Die PTH, die 1939 geschlossen worden war, konnte mit Erlaubnis der amerikanischen Militärregierung im November 1945 ihren Lehrbetrieb wieder aufnehmen. Sie war 1923 aus einem staatlichen Lyzeum hervor-

Otto Schwerdt, langjähriger Vorsitzender der Jüdischen Gemeinde und Zeitzeuge. In seinem Buch „Als Gott und die Welt schliefen" berichtet er, wie er Auschwitz überlebte.

gegangen und blieb, den katholischen Fakultäten der Universitäten gleichgestellt, eine Ausbildungsstätte für „Priesteramtskandidaten". Sie bot auch naturwissenschaftliche Seminare an. Nach 1945 waren die drei bayerischen Landesuniversitäten und die Technische Hochschule München dem Andrang von Studierenden nicht gewachsen, woraufhin die PTH Regensburg erweitert wurde, damit sie Studierende aller Fachrichtungen zunächst für zwei Semester aufnehmen konnte.

1948 kamen Gesandte der Hagana, der Untergrundmiliz des neu gegründeten Staates Israel, auch nach Regensburg. Sie suchten Teilnehmer für den Aufbau und die Verteidigung des Landes, das sich militärisch in großer Bedrängnis befand. Die UNO hatte im November 1947 einen Teilungsplan für das britische Mandatsgebiet Palästina verabschiedet, der die Gründung eines jüdischen und eines arabischen Staats auf diesem Gebiet vorsah. Die Briten beendeten in der Nacht vom 14. auf den 15. Mai 1948 ihr Mandat. Am Nachmittag des 14. Mai proklamierte David Ben Gurion, der spätere Ministerpräsident, in Tel Aviv den Staat Israel. Noch in der Nacht des 14. Mai marschierten Armeeeinheiten Ägyptens, Transjordaniens, Syriens, des Irak und des Libanon in Palästina ein, um die Gründung eines jüdischen Staats mit allen Mittel zu verhindern. Die arabischen Staaten und die Vertretung der Palästinenser hatten den UNO-Teilungsplan nicht akzeptiert. Dieser erste Nahostkrieg endete 1949 mit dem militärischen Sieg des neugegründeten Staates Israel.

Otto Schwerdt meldete sich 1948 zum Einsatz in Israel. Er brach sein Chemie-Studium ab und nahm mit vier weiteren jungen Männern aus Regensburg in Geretsried, südlich von München, an einem Trainingslager teil. Nach Abschluss des Lehrgangs wurden sie nach Israel gebracht, wo sie im Juni 1948 ankamen und sofort am Unabhängigkeitskrieg teilnahmen. Otto wurde als Fahrer eingesetzt und direkt an die Front beordert.

Otto Schwerdt lebte bis 1954 in Israel. 1949 heiratete er in Tel Aviv Elfriede Marie Steffan (Gela). Sie wurde am 18. August 1922 in Kattowitz geboren. Ihre Eltern, Franz und Franziska Steffan, geb. Rikirsch, stammten aus Hamburg. Gela emigrierte nach Palästina.

Das Paar bekam in Israel zwei Kinder, die Tochter Eti und den Sohn Roni (Jacob). Als sein Vater 1954 schwer erkrankte, kehrte Otto mit seiner Familie nach Regensburg zurück. Dort wurde 1957 die Tochter Mascha geboren. Im Frühjahr 1955 starb Ottos Vater, der mit seiner zweiten Frau Rachela eine Schrotthandlung und Metallschmelze aufgebaut hatte, in Zürich, wo er sich aufgrund einer Krebserkrankung zur Heilung aufhielt. Otto führte mit seiner Stiefmutter diesen Betrieb bis zu dessen Auflösung 1996 weiter.

Gemeinsam mit Hans Rosengold, seinem Kollegen im Vorstand der Jüdischen Gemeinde Regensburg, prägte er über Jahrzehnte das Bild der Gemeinde in der Öffentlichkeit. Von 1996 bis 2007 war er Vorsitzender des Landesausschusses des Landesverbandes der Israelitischen Kultusgemeinden in Bayern.

Otto Schwerdt starb nach einem schweren Sturz am 30. Dezember 2007, kurz vor seinem 85. Geburtstag. Im März 2009 erhielt die Ganztagshauptschule in Regensburg-Burgweinting den Namen Otto-Schwerdt-Schule, heute Otto-Schwerdt-Mittelschule. An der Feier in Burgweinting konnte noch seine Witwe Gela Schwerdt teilnehmen. Sie starb am 21. November 2010. *KH*

Rückkehr mit argentinischem Pass

Hans / Juan Rosengold
1923–2011

Auf seinem feinsten Briefpapier, linksbündig der eingravierte Namenszug *„Juan Rosengold, Schillerstraße 6"*, rechts das Datum 4. Juli 1979, schilderte er 24 Jahre nach seiner Heimkehr aus der argentinischen Emigration dem Einwohneramt der Stadt Regensburg seinen Standpunkt: *„Als geborener Regensburger habe ich durch Geburt die deutsche Staatsangehörigkeit erworben. Aufgrund der Judenverfolgung im Dritten Reich musste ich 1939 Deutschland verlassen und konnte mit meiner Mutter nach Argentinien fliehen. Mein Vater Max Rosengold verstarb 1942 im Polizeigefängnis Alexanderplatz in Berlin. / Das Hitlerregime erkannte den deutschen Staatsbürgern jüdischen Glaubens die deutsche Staatsangehörigkeit ab. Eine Ausbürgerungsurkunde besitze ich nicht. / Im Jahre 1942 erhielten meine Mutter und ich die argentinische Staatsangehörigkeit. Im Jahre 1955 bin ich zusammen mit meiner Mutter wieder nach Regensburg übersiedelt. Ich bitte um die Wiederverleihung der deutschen Staatsangehörigkeit, da ich mich wieder voll ins Regensburger Leben integriert habe."*

Die Nachkommen der NS-Täter hatten es nicht eilig, Wiedergutmachung zu leisten, den Verfolgten ihre Ehre und Rechte, das geraubte Vermögen und die deutsche Staatsbürgerschaft zurückzugeben. Seinen Bittbrief um einen deutschen Pass schrieb Hans Rosengold 1979 in Regensburg als argentinischer Staatsbürger. Gleichwohl war er seit 1963 im Vorstand der Jüdischen Gemeinde und galt gemeinsam mit → Otto Schwerdt als *„Gesicht und Stimme"* des Jüdischen in dieser Stadt. Er war gefragter Zeitzeuge in Schulen, setzte Akzente im Kul-

Hans Rosengold, geboren in Regensburg, überlebte als Emigrant in Argentinien und prägte die jüdische Nachkriegsgemeinde.

turleben und war der eigentliche „Chef" im einst geraubten Modehaus Carlson.

Hans Rosengold, für Vertraute stets „Hansi", erzählte am liebsten „*schöne Regensburger Geschichten*" aus seinem Kindheitsbilderbogen. In einem jüdisch-liberalen Elternhaus geboren, geprägt von bürgerlicher Kultur und Lebensführung, begleiteten zwei Väter die frühen Kinderjahre. Hans war zwei Jahre alt, als sich seine Mutter Therese von ihrem Ehemann, dem Bankier → Adolf Niedermaier, scheiden ließ. Es war eine einvernehmliche Trennung, die zur zweiten Ehe mit dem Kaufmann Max Rosengold führte. Er adoptierte den kleinen Hans, was dieser als *„großes Kindheitsglück mit zwei Vätern"* in Erinnerung behalten sollte. Sein Adoptivvater, Inhaber des Herren- und Knabenbekleidungsgeschäftes Gebr. Manes in der Goliath-/ Ecke Brückstraße, machte binnen eines Jahres aus dem biederen Kaufhaus ein neues, modernes Modehaus.

Das behagliche Leben der Familie Rosengold in der stattlichen Villa in der Gumpelzhaimer Straße 15 beendete die Machtübernahme der Nazis 1933: Hetze, Boykott, Ausgrenzung. Als im Jahr darauf der elfjährige Hans die Oberrealschule, das heutige Goethe-Gymnasium, verlassen musste, weil er jüdisch war, zog Max Rosengold den Schlussstrich: Er verkaufte die Villa, verlegte seinen Wohnsitz nach Berlin, um von seinem Haus in der Hauptstadt die Auswanderung zu organisieren. Im dortigen Ortsteil Grunewald beendet Hans seine zuvor begonnene Lehre als Koch, was ihm in der Emigration einmal zugutekommen sollte.

Nach dem in Berlin erlebten Novemberpogrom 1938 trieb Max Rosengold den Verkauf seiner Regensburger Immobilien voran. Mit dem Aschaffenburger Unternehmer Büttner glaubte er einen Käufer für sein Modehaus gefunden zu haben. Alles lief glatt, bis der notariell beurkundete Vertrag der NSDAP-Gauleitung vorgelegt wurde. Diese setzte fest: Der Vertrag hatte keinen Bestand. Zum Zuge kamen stattdessen die NSDAP-Parteifreunde von Oberbürgermeister Schottenheim, ein Trio von dekorierten NSDAP- und SS-Mitgliedern mit dem NS-Ehrenzeichenträger Walter Carlson an der Spitze. Unter dessen Namen sollte das Modehaus die Kriegs- und Nachkriegszeit noch viele Jahre überstehen.

Hans Rosengold in seinen letzten Lebensjahren

Von dem Erlös der verkauften Immobilien sah die Familie Rosengold keinen Pfennig. Das Geld lag auf einem Devisensperrkonto, unerreichbar und einkassiert vom NS-Reichsfinanzminister.

Im Oktober 1939 legte im Hafen von Triest der Dampfer „Oceania" zur Überfahrt nach Buenos Aires, Argentinien, ab. An Bord waren der 16 Jahre alte Hans und seine 43-jährige Mutter Therese Rosengold. Sie warteten vergeblich auf den Ehemann und Adptivvater Max. Das Finanzamt hatte seine Ausreise verhindert, um letzte Steuerfragen zu klären. Bald darauf wurde er in seiner Wohnung am Kurfürstendamm verhaftet. Max Rosengold starb am 11. Juni 1942 im Keller der Gestapo an den Folgen von Misshandlungen. Er wurde 60 Jahre alt.

16 Jahre nach seiner Emigration kehrte Hans Rosengold mit seiner Mutter Therese 1955 nach Regensburg zurück. Nach einer ersten Kurzvisite fünf Jahre zuvor war der Entschluss gereift, für immer zu bleiben. Es war eine schwierige Entscheidung für den 32-Jährigen, der beim spanischen „Juan" geblieben war, mit dem argentinischen Pass als Rückversicherung in der Tasche.

Er sprach nie öffentlich über den Tod der beiden Väter seiner Kindheit: Adolf Niedermaier, deportiert am 4. April 1942, ermordet im

59. Lebensjahr in der Gaskammer des Vernichtungslagers Belzec. Sein Adoptivvater, Max Rosengold, erschlagen im Gestapokeller in Berlin. Für Hans Rosengold bedeutete die Rückkehr nach Regensburg ein Heimkommen in die bayerische Heimat. Daneben gab es die engagierte Mitarbeit in der neugegründeten Jüdischen Gemeinde, die von den Überlebenden der Shoah getragen wurde. Es gab nur wenige deutsche Juden wie ihn, die aus der Emigration in ihrer Heimatstadt zurückkehrten.

In dieser Jüdischen Gemeinde, bestehend aus KZ-Überlebenden aus Ost-Europa, fühlte sich der weltläufige Mann zu Hause. Hier lernte er Rasel Baris kennen, Tochter eines jüdischen Bankprokuristen aus Istanbul. Das Paar heiratete 1958, drei Jahre darauf wurde die einzige Tochter Cornelia geboren.

Über viele Jahre beschäftigte die Familie Rosengold auf quälende Weise die Passfrage, die selbst dann zum Problem wurde, wenn sie nur mal nach Österreich verreisen wollte. Der Weltmann Juan Rosengold brauchte noch viele Jahre seinen argentinischen Pass, seine Ehefrau Rasel Rosengold ihren türkischen, wenn sie mit zuvor beantragter Aufenthaltserlaubnis über die Grenze fahren wollten. Irgendwann nach seinem 55. Lebensjahr löste sich auch die leidige Einbürgerungsfrage für den langjährigen Vorsitzenden der Jüdischen Gemeinde Regensburg.

1983 ehrte die Stadt Regensburg Hans Rosengold mit der Verleihung der Silbernen Bürgermedaille. Bescheiden, liebenswürdig, bis ins hohe Alter rauchend, brachte er sich ein, wenn es galt, Ziele zu verwirklichen. Das war so, als die Jüdische Gemeinde sich für die Verwirklichung des Bodenreliefs *Misrach* des israelischen Bildhauers Dani Karavan einsetzte. Das als Begegnungsstätte konzipierte Kunstwerk auf dem Neupfarrplatz, das den Grundriss der 1519 zerstörten Synagoge aufnimmt, wurde am 13. Juli 2005 eingeweiht. Das begehbare Kunstwerk inmitten der Stadt erfüllt bis heute die Vorstellungen der Initiatoren, Max Rosengold und Otto Schwerdt, von einem *„guten Ort"* des Dialogs. Hans Rosengold starb im Alter von 87 Jahren. WB

Rachela Schwerdt, KZ-Überlebende und Zwangsarbeiterin in der deutschen Kriegsproduktion

Zwangsarbeit in der Kriegsproduktion

Rachela Schwerdt, geb. Siegel
1925–2014

Max Schwerdt
jid. Name: Moses Naftaly Szwerd
1898–1955

Das fein entwickelte Sensorium für drohende Gefahr rettete ihnen oft das Leben. Bereits in jungen Jahren wuchs ihnen in einer sich verrohenden, antisemitischen Gesellschaft das Gespür für drohende Gewalt an Leib und Leben zu. Beide entkamen dem KZ Auschwitz, das ihnen zum Lebenstrauma wurde. In den Gaskammern starben die Menschen, die sie liebten. Die Eltern von Rachela Schwerdt, der Schneider Leo und die Mutter Cäcilie Siegel. Sie starben 1943, als aus dem polnischen Chrzanów in der Wojewodschaft Krakau nach dem Überfall der Nazis auf Polen der deutsche Landkreis Krenau wurde und zum Generalgouvernement gehörte.

Auch der stets heimatlose Max Schwerdt, 1898 geboren, verlor in Auschwitz seine erste Familie: seine Frau Eti und zwei seiner drei Kinder, die 23 Jahre alte Meta und Siegfried Samuel, 20 Jahre alt. Die Nazis vergasten sie 1943. Sein dritter Sohn → Otto Elias Schwerdt wurde nach dem Krieg zum authentischen Chronisten des eigenen und des Überlebens seines Vaters.

Als Moses Naftaly Szwerd wanderte Max nach dem Ersten Weltkrieg gemeinsam mit seinem Bruder Chaim nach Deutschland aus. Sie kamen aus dem galizischen Schtetl Pruchnik, der Habsburgermonarchie zugehörig, geprägt von der Kultur einer jiddisch-orthodoxen Gemeinde, in das bunte Leben der säkularen Großstadt Braunschweig. Max wandelte sich. Er legte den Kaftan ab, schnitt die Pejeß (Schläfenlocken) des Talmudschülers ab und schloss sich den liberaltraditionsbewussten Juden an. Wie selbstverständlich wurde aus

Moses Naftaly Szwerd der Kaufmann Max Schwerdt. Dieser Wechsel vom jiddischen Namen in einen amtlichen Namen, übernommen aus dem 19. Jahrhundert, sollte dem KZ-Überlebenden viele Jahre später in Regensburg Kummer und Bürokratie einbringen.

Als Ergebnis des Ersten Weltkrieges brachte der Friede von Versailles dem geteilten Polen die eigene Staatlichkeit zurück, ein Großteil Galiziens wurde polnisch. Wie viele andere galizische Juden verließ auch die junge Sara Udelsmann das Dorf, um sich in Deutschland ein besseres Leben aufzubauen. In Braunschweig begegnete sie Max Schwerdt. Schon bald darauf heirateten die beiden. Kurz nacheinander kamen die drei Kinder Meta, Otto und Siegfried zur Welt. Doch das Zeitfenster für das gute Leben in Braunschweig schloss sich 1933, als die Nazis die Macht übernahmen.

Die Familie flüchtete vor den Drangsalierungen der Nazis zunächst nach Berlin. 1936 kehrten die Schwerdts nach Polen zurück. Sie wählten als Wohnort das oberschlesische Kattowitz, weil es hier Arbeit gab und neben Polnisch auch Deutsch gesprochen wurde.

Mit dem Überfall der deutschen Wehrmacht auf Polen am 1. September 1939 begann die Entrechtung und Ausgrenzung der bedeutenden Minderheit der jüdischen Bevölkerung. Die Synagogen brannten, jüdische Männer und Frauen, gekennzeichnet mit dem blauen Davidstern auf weißen Armbinden, wurden in Gettos gedrängt, von den Straßen weg verhaftet und in Zwangsarbeitslager gesperrt. So geschah es auch Max Schwerdt: Verschleppt in das Lager Kleinmangersdorf. *„Nach etwa drei Monaten stand er eines Abends plötzlich vor uns. Dünn geschunden, und krank. Zu dieser Zeit wurden kranke Häftlinge noch ins Getto zurückgeschickt. Wenig später war Krankheit ein sicheres Todesurteil."* Etliche Male, wenn Polizeieinheiten und Gestapo zur „Judenjagd" das Getto durchkämmten, widerfuhr dies Max Schwerdt und seinen beiden Söhnen.

Beim Barackenbau für Neu-Srodula hörten sie Anfang 1943 zum ersten Mal aus dem Mund eines geflohenen Gefangenen, was in Treblinka geschah: *„Die Juden werden vergast."* Ein Schock, tödliches Erschrecken, der Verstand verweigerte, es zu begreifen.

Im August 1943 umstellte die SS das Getto Dombrowa. Zwangsauflösung. SS-Razzia in allen Häusern. Versteckte werden herausgezerrt.

Max Schwerdt, Überlebender des KZ Auschwitz, nach seiner Befreiung im Herbst 1945 in Regensburg. Er starb 1955 in Zürich im Alter von 57 Jahren.

Ein Zug mit Waggons steht an den Gleisen bereit. Das Ziel: Auschwitz-Birkenau. Selektion an der Rampe. Der geschundene 43 Jahre alte Max Schwerdt wird der linken Reihe zugeschoben, die beiden Söhne Sigi und Otto nach rechts eingereiht. *„Mein Vater hatte in seiner Jackentasche noch ein Stück Brot. Er drehte sich um, sah Sigi unter den Häftlingen und hob das Brot hoch. ‚Vater bring mir das Brot.' Mein Vater ging ohne Angst und ohne auf jemanden zu achten in die rechte Reihe und überlebte."* Ehefrau Eti (Sara) und Tochter Meta, Mutter und Schwester von Sigi und Otto, sollten sie nach der Ankunft im Todeslager Birkenau nie wieder sehen.

Das Achten auf den Anderen, der Vater auf die Söhne – die Söhne auf den Vater. Es hilft, die ersten Monate Auschwitz, Zwangsarbeit und Misshandlungen, zu überstehen. Auch die mehrfachen Selektionen. Von einem Arbeitskommando kehrte der 20-jährige Sigi nicht mehr zurück. Max Schwerdt und Sohn Otto blieben zusammen. Mit Umsicht und Klugheit gelang dem Vater die Einteilung für einen Arbeitseinsatz im KZ-Außenlager Fünfteichen. Dort, im Kreis Breslau, hatte das Krupp-Berthawerk KZ-Gefangene als Zwangsarbeiter für die Rüstungsproduktion angefordert. Bis Ende 1944 sollten es bis zu 7000 Gefangene werden.

Als im Barackenlager neben dem Werk Häftlinge mit guten Sprachkenntnissen für die Schreibstube gesucht wurden, meldete sich Max Schwerdt. Mit Bestechung erhielt Otto ebenfalls einen Arbeitseinsatz in der Schreibstube, brutale, willkürliche Misshandlungen inbegriffen.

Im Januar 1945 – die Artillerie der Roten Armee rückte hörbar näher – begann die Evakuierung. Ein Todesmarsch bei bitterer Kälte von etwa 4.500 Gefangenen über 100 Kilometer ins Hauptlager Groß-Rosen. Eine Blutspur im Schnee markiert das Sterben von mehr als der Hälfte der geschwächten Gefangenen.

Das Kriegsgeschehen vor dem Ende von Nazi-Deutschland bestimmte in diesen letzten Wochen das Überleben oder Sterben für die KZ-Gefangenen. Der Fanatismus der SS-Wachmannschaft trieb die zu Tode Erschöpften Ende Februar 1945 zu ihrem letzten Arbeitseinsatz: Leitmeritz, größtes Außenlager des KZ-Flossenbürg im besetzten Tschechien. Zwangsarbeit für die Rüstung im unterirdischen Stollen Richard I. Für einen Tag Schufterei im Panzerbau mobilisierte Max Schwerdt seine letzten Reserven. Die Rettung brachte Otto, dem mit viel Glück die Versetzung des Vaters in den Stubendienst gelang.

Die sich nähernde Front beendete die „Panzermontage für den Endsieg". Zum letzten Mal gab die SS-Wachmannschaft das Kommando zum Abmarsch mit dem Ziel Theresienstadt. Im sich auflösenden Bewachungsgeflecht der SS erreichten die Schwerdts im Zug von 100 Gefangen das bereits von Häftlingen übernommene Lager. Am späten Abend des 8. Mai befreiten Soldaten der Roten Armee das KZ Theresienstadt.

Ende Mai begann die Entlassung der zuvor vom Internationalen Roten Kreuz betreuten Gefangenen in ihre Heimatländer. Für Vater und Sohn Schwerdt bedeutete dies die Rückkehr ins polnische Kattowitz. Es war eine traumatisierende Reise, die ihnen bestätigte, was sie befürchtet hatten: den Tod ihrer Familie in den Gaskammern von Auschwitz.

Am 8. August 1945 ließ sich Max Schwerdt bei den städtischen Meldestellen in Regensburg als Neubürger registrieren. Seine Entscheidung für diese Stadt hatte mit der großen, selbstbewussten *Jewish Community* zu tun. Er traf auf Menschen, die er kannte und die – so wie er – nur knapp überlebt hatten.

Hart an der Grenze von Leben und Tod verliefen die Jahre der Zwangsarbeit auch für die 22-jährige Rachela Siegel. Als Jugendliche, 16-jährig, lebte sie ab 1940 in einer Einzimmerwohnung im Getto von Krenau. Eltern, drei Kinder und der Großvater. Die Familie wird zu Straßenräumungsarbeiten zwangsverpflichtet. Es folgte die Zwangsarbeit in der Schneidersammelwerkstatt außerhalb des Gettos: Uniformnähen im Drei-Schichten-Rhythmus. Als im Februar 1943 das Getto von SS und Gestapo geräumt, über 3000 Menschen nachts auf den Marktplatz getrieben und in einer Selektion über Leben und Tod entschieden wurde, riss ein Uniformierter der älteren Schwester Rachela die jüngere Estera von der Hand. Sie sollte Schwestern und Eltern nie wiedersehen.

Bis zu ihrer Befreiung im April 1945 war die junge Rachela den Zwangsarbeitslagern der Organisation Todt (OT) ausgeliefert. Schuften für deutsche Kriegsproduktion unter oft tödlichen Bedingungen. Wie im riesigen Munitionswerk Christianstadt, Außenlager des KZ Groß-Rosen. Bewacht von SS-Frauen mit Gewehren und großen Hunden. Giftiges Munitionspulver färbte die Haare der Frauen orangerot.

Nach der Befreiung und der Suche nach Überlebenden blieb Rachela im Zug nach Berlin in Regensburg hängen. Im Januar 1947 heiratete Max Schwerdt, damals 49, die hochschwangere Rachela, die nur wenige Tage später eine Tochter zur Welt brachte. Möglicherweise plante der zum zweiten Mal verheiratete Kaufmann, die blutgetränkte deutsche Erde mit seiner Familie zu verlassen, als er nach der Geburt der Tochter Cäcilia *„die Ausstellung eines Reisepasses zur Auswanderung nach Palästina beantragte"*. Mit diesem Begehren brachte er einen Amtsapparat in Stellung, der die Ideologie der Nazis aus den

Nürnberger Gesetzen verinnerlicht hatte. Die Antwort an den jüdischen KZ-Überlebenden war vernichtend: Dem Antrag könne nicht stattgegeben werden, *„weil Max Schwerdt in Wirklichkeit Moses Naftaly Szwerd heißt. Eine Verdeutschung dieses Namens auf Schwerdt ist nicht zulässig."* In roter Korrekturschrift wurde dem Kaufmann seine deutsche Staatsangehörigkeit gestrichen und durch die polnische ersetzt. Sein Widerspruch endete mit der amtlichen Feststellung: *„Staatenlos."* Dabei blieb es viele Jahre lang, in denen Max Schwerdt seine berufliche Existenz aufbaute. Eine Großhandlung für Alteisen, Metall und Papier.

Mit viel Energie brachte er sich in die neugegründete Jüdische Gemeinde Regensburg ein und übernahm Verantwortung als Vizepräsident des Landesverbands der jüdischen Kultusgemeinden Bayerns. Nach einer Krebserkrankung suchte er Heilung in Zürich, wo er im April 1955 verstarb und begraben wurde. Max Schwerdt wurde 57 Jahre alt.

Vier Jahre nach seinem Tod, am 24. April 1959, erhielt die Witwe Rachela Schwerdt die amtliche Nachricht, dass sie und ihr Kind Cäcilia ab diesem Tag durch Einbürgerung Deutsche seien. Sie wurde 89 Jahre alt.

WB

Ein zweites Leben mit italienischen Schuhen

Janina / Janka Lustanowski, *Chaim Lustanowski*
geb. Dawna *1918–2015*
1922–2007

Die Klangfarbe des melodischen, weichen Jiddisch, die Muttersprache, klang durch, wenn Chaim Lustanowski erzählte, wie damals zu Hause im polnischen Schtetl Jom Kippur gefeiert wurde. Das Versöhnungsfest, der höchste jüdische Feiertag. Dann stand in Petrikau (Piotrków), das Leben für 25 Stunden still. Denn im jüdischen Kalender dauert der Tag vom Vorabend bis zum Abend des Tages. Für Frauen ab 12 und Männer ab 13 Jahren ist er ein Fastentag. „*Wenn du dann am Abend in die Synagoge kommst, gehst du zu deinem größten Feind, reichst ihm die Hand und versöhnst dich.*" An diese Regel seines Vaters David Jakob Lustanowski, Gerber und Schuhmacher in Petrikau, hielt sich Chaim auch in seinem zweiten Leben in Regensburg.

Bis zu seinem 20. Lebensjahr 1938 war das Leben der polnischen Familie Lustanowski, wie sie es sich wünschte: Der Arbeitsalltag in der Schuhmacherwerkstatt stand im Einklang mit den Feiertagen des Jüdischen Jahres. Am Vorabend des Überfalls von Nazi-Deutschland auf Polen zählte Petrikau 51.000 Einwohner, davon waren etwa 25 000 Juden, viele von ihnen eingewandert aus Deutschland wie die 1.500 nichtjüdischen deutschen Nachfahren eingewanderter Siedler aus Preußen und Schwaben. Es war in den Jahren der polnischen Teilung, als Petrikau zur südpreußischen Provinz gehörte. Sie brachten die industrielle Fertigung in das aufstrebende Städtchen.

Nach dem Überfall der Deutschen Wehrmacht auf Polen 1939 blieb in Petrikau nichts mehr, wie es war. Die nachrückenden NS-Polizeieinheiten und die SS errichteten das erste Getto für die jüdische Bevöl-

Nördlicher Teil

Grabstein von Janka und Chaim Lustanowski, KZ-Überlebende und erfolgreiche Kaufleute in der neuen Heimat Regensburg

kerung und organisierten die Zwangsarbeit. Ab 1942 begannen die Deportationen von 22.000 Juden aus dem Getto in das Vernichtungslager Treblinka. Unter ihnen David Jakob und Sara Lustanowski. Keiner von ihnen überlebte.

Für den jungen Sohn Chaim begannen die qualvollen Jahre der Zwangsarbeit zunächst im Getto, dann in den Außenlagern des KZ Buchenwald. Nach sechs Jahren in der Hölle befreite ihn die Rote Armee im Frühjahr 1945 aus dem KZ Theresienstadt.

Die vergebliche Suche nach Überlebenden seiner Familie führte ihn Anfang 1946 nach Regensburg. Hier wurde er am 5. Februar 1946 Mitglied der neugegründeten *Jewish Community Regensburg*. So steht es in seiner Identity Card, die er für immer bewahren sollte.

In dieser ersten jüdischen Gemeinde nach dem Holocaust, im Oktober 1945 gegründet, organisierten sich etwa 1.250 KZ-Überlebende. Displaced Persons (DP), heimatlos und verhasst, wartend auf die Überfahrt nach Palästina.

Hier lernte Chaim seine künftige Frau kennen: Janina (Janka) Dawna, 24 Jahre alt, aus dem polnischen Lublin. Ein ähnliches Schicksal verband beide. Auch ihr widerfuhr als 18-Jährige die Selektion zur Zwangsarbeit im berüchtigten Getto Radom, die Ermordung ihrer Eltern 1943 im Vernichtungslager Lublin-Majdanek und im Januar 1945 die Befreiung durch die Rote Armee im KZ Auschwitz. Nach ihrer Heirat, jüdisch-orthodox und standesamtlich, hielten sie zunächst noch an ihrem Traum fest: Auswandern nach Amerika.

Zur Wirklichkeit wurde jedoch das Leben in Regensburg – mit italienischen Schuhen in den zwei Schuhgeschäften in der Max- und der Ludwigstraße. Von Anfang an war das Geschäftsmodell des Ehepaars Lustanowski ein großer Erfolg. Chaim, der in jungen Jahren beim Vater in Petrikau gelernt hatte, wie man gute Schuhe macht und diese noch besser verkauft, und Janka, die wusste, wie aus einem Geschäft ein Salon wird, der zum Anprobieren einlädt.

Ihr großer Kinderwunsch erfüllte sich für das Paar nicht. Janka war nach Jahren der Zwangsarbeit im Getto Radom ins KZ Auschwitz verschleppt worden, wo sie medizinischen Menschenversuchen ausgeliefert war. *„In Auschwitz hat man es so gemacht, dass ich keine Kinder bekommen konnte."*

Identity Card der Jewish Community Regensburg von Chaim Lustanowski, 1946

Für das Paar wurde das religiöse Leben in der Gemeinde zur Erfüllung. Chaim war glücklich, wenn er an Rosch-ha-Schana, dem Jahrestag der Weltschöpfung im jüdischen Kalender, die Thora-Rolle im kunstvoll verzierten Mantel aus dem Schrein heben konnte. Gerne übernahm er im Gemeindevorstand den Bereich „Besondere Verwendung und Aufgaben", als ab 1994 die jüdischen Kontingentflüchtlinge aus den Ländern der ehemaligen Sowjetunion kamen und die Gemeinde rasch auf das Zehnfache anwuchs.

Da keimte auch der Traum von einer neuen Synagoge bei Chaim und Janka auf. Sie ließen den Gemeindevorstand wissen, was sie glücklich machen würde: *„Einen Gemeindesaal über dessen Eingang die Namen Janka und Chaim Lustanowski stehen."* Dafür wollten sie ihr beachtliches Vermögen verwendet sehen, so wollten sie es in einem Testament festlegen.

Was dann folgte, ist tragisch: Überraschend verstarb Janka Lustanowski im Frühjahr 2007. Aber ihren gemeinsamen Willen hielt der Witwer unverzüglich in einem notariell abgefassten und hinterlegten Testament fest. Über viele Jahre blieb es bei diesem letzten Willen zugunsten der Jüdischen Gemeinde.

Doch das änderte sich kurz vor seinem Tod, als der fromme Jude Lustanowski alt und gebrechlich an Leib, Geist und Seele wurde. Da kümmerte sich das nichtjüdische „Ladenmädchen" von einst mit vielen Besuchen um den Lebensabend des gebrechlichen ehemaligen Chefs in einem privaten Pflegeheim. Chaim Lustanowski änderte überraschend seinen letzten Willen zu Gunsten seines ehemaligen „Ladenmädchens" und starb bald darauf, einen Tag nach seinem 97. Geburtstag.

Die bittere Essenz der Geschichte: Im 2019 gebauten Gemeindezentrum der Jüdischen Gemeinde gibt es keinen Raum, der den Überlebenden gewidmet ist, die durch die Hölle gingen. Sein Millionenerbe ging an die Nachkommen der „Gnadenlosen" – so nannten die KZ-Überlebenden die Angehörigen des „Tätervolks". WB

Nördlicher Teil

Berek Goldfeier wurde nur 14 Jahre alt. Die abgebrochene Säule steht für sein kurzes Leben, das ihm viel zu früh genommen wurde. Geboren 1931 in Heidelberg, überlebte er als einziger seiner Familie den Holocaust. Er wurde am 20. Dezember 1945 am Postamt II in der Bahnhofstraße in Regensburg erdrosselt aufgefunden. Seine Brieftasche mit Ausweispapieren und Lebensmittelkarten, seine Armbanduhr und ein silberner Siegelring waren gestohlen. Der Raubmord wurde nie aufgeklärt.

1945 – KZ überlebt

Im Wartestand in Regensburg

„*Der deutsche Wolf hat wieder seinen Schafspelz angezogen. Haben sie wirklich den Krieg verloren? Soll dies die Umerziehung einer Generation, eines ganzen Volkes sein, das 90 Prozent seiner Stimmen den größten Weltverbrechern, ihren Führern gab? Wo ist ein Hauch von Reue ob der Millionen von Ermordeten?*" Unversöhnlich und voller Hass begegnet der jüdische Journalist, Schriftsteller und Dichter Mendel Man im März 1947 in seinen Artikeln der deutschen Nachkriegsgesellschaft, als sich diese im beginnenden „Kalten Krieg" lautstark dem zügigen Wiederaufbau der Wirtschaft widmet. Das Wirtschaftswunderland sieht über seine Opfer hinweg. Gnadenlos sarkastisch ätzt Mendl Man, „*das Volk der Täter kämpfe schon jetzt konsequent für das militärische Potential eines vierten Reiches*".

Mit den Augen der KZ-Überlebenden, der nur knapp dem Tode Entkommenen, blickten die Herausgeber, Journalisten und rund 7.000 Leser der Zeitung „Der najer moment" im ersten Jahr nach der Befreiung von Faschismus und Krieg auf die besiegten Deutschen. Es ist ein kalter, distanzierter Blick auf das Volk der *Gnadenlosen.*

Das Tätervolk hingegen sprach nicht von der „Befreiung vom Faschismus", sondern vom „Zusammenbruch" und sah mit feindseligen Blicken auf die befreiten Opfer. Einen Dialog wollten beide Seiten nicht. Das war auch nicht möglich, denn „Der najer moment" richtete sich an ein ausgewähltes Publikum: gedruckt in jiddischer Sprache, gesetzt in hebräischen Lettern. In 49 Ausgaben, von März 1946 bis November 1947, erschien die ungewöhnlichste Zeitung Regensburgs, hergestellt von Verleger Karl Esser, „*dem Anführer der Sozialdemokratischen Partei, einer der aufrichtigen Menschenfreunde und überzeugter Demokrat, ehemaliger Häftling in Dachau*". So bedanken sich die Zeitungsmacher in der ersten Ausgabe bei Verleger Esser, der von der amerikanischen Militärregierung die Lizenz Nr. 5 erhalten hatte und die Rotation laufen ließ.

Etwa 15.000 deutsche Jüdinnen und Juden waren aus den Konzentrationslagern befreiten worden, hatten versteckt im Untergrund überlebt und kehrten aus der Emigration zurück. Daneben sammelten sich nach 1945 aber auch über 200.000 jüdische Überlebende aus Osteuropa in den westlichen Besatzungszonen. Die Mehrzahl stammte aus Polen.

Nach Kriegsende waren die befreiten polnischen Juden zunächst in ihr Zuhause zurückgekehrt. Wo einst das polnische Schtetl stand, fanden sie meistens nur noch Ruinen vor. Ihr Eigentum war geraubt, ihre Familien und Freunde fast alle getötet, das Land ein riesiger jüdischer Friedhof: Von 3,3 Millionen polnischen Juden hatten etwa zehn Prozent überlebt.

Als 1946 der latente Antisemitismus in Polen mit dem Pogrom in Kielce am 4. Juli aufflammte, 42 jüdische Menschen ihr Leben verloren, verließen zehntausende Juden das Land. Unter ihnen waren Mendl Man und seine Familie. Weite Strecken legten sie zu Fuß zurück. Im Rucksack trug der Schriftsteller und Maler das vierjährige Söhnchen Zvi von Polen durch Böhmen nach Regensburg.

Aus Kattowitz kamen Vater Max und Sohn → Otto Schwerdt, nachdem sie vergebens nach ihren Angehörigen in Auschwitz geforscht hatten. Gemeinsam mit den beiden Schwestern Schwimmer traf im Herbst 1946 das Ehepaar → David und Pola Reif aus Sosnowiec in Regensburg ein, aus Lodz kamen der junge Schuhmacher und Gerber → Chaim Lustanowski und seine spätere Frau Janina Dawna. Beide hatten ihre Eltern in den Vernichtungslagern Treblinka und Majdanek verloren.

Die alliierten Siegermächte bezeichneten die jüdischen Überlebenden aus Osteuropa als „Displaced Persons", „DPs", als Personen am falschen Ort. Über 70 Prozent hielten sich in der amerikanischen Zone auf, bevorzugt in Bayern. Hier setzte sich der von den Amerikanern eingesetzte jüdische Staatskommissar Philipp Auerbach fortlaufend für eine Auswanderung in das Sehnsuchtsland Palästina ein – im Gegensatz zu den britischen, französischen und sowjetischen Zonen, die den Exodus nach Palästina weitgehend bis vollständig verweigerten. Im Herbst 1946 lebten über 97.000 jüdische DPs in Bayern, fast die Hälfte von ihnen im Bezirk Oberbayern.

Für alle KZ-Überlebende stand die Versorgung mit dem Lebensnotwendigsten, mit Nahrung, Kleidung, Wohnung, mit Medikamenten und ärztlicher Hilfe im Mittelpunkt. Diese Aufgabe übernahm zunächst die UNO-Hilfsorganisation UNRA (United Nations Relief and Rehabilitation Administration), die 1943 in den USA gegründet worden war. Sie war zur Stelle, als im Mai 1945 ein Zug mit befreiten Überlebenden aus dem KZ Theresienstadt in Regensburg eintraf, viele mit einem Körpergewicht von nur noch 30 bis 40 Kilo. Mit zusätzlicher Nahrung, der KZ-Zulage von täglich mindestens 2.200 Kalorien zu den allgemeinen Lebensmittelmarken, gelang das Überleben.

Die Nachfolgeorganisation wurde 1947 die IRO, die „Internationale Flüchtlingsorganisation" (International Refugee Organization), die die Suche nach Angehörigen und Überlebenden unterstützte. Weltweit suchten auseinandergerissene Familie nach überlebenden Eltern und Kindern. Zumeist wurde aus der Ahnung die befürchtete Gewissheit.

Für die Schwachen und Dauerkranken unter den DPs hatte die IRO ein Krankenhaus mit 270 Betten in der Landshuter Straße eingerichtet. Ihre Pflege leisteten die Barmherzigen Schwestern vom Heiligen Kreuz. Ab 1950 übernahm der Caritas-Verband das heutige St. Josef-Krankenhaus.

Als größte jüdische Gemeinde etablierte sich im Oktober 1945 die „Jewish Community", zunächst im Zentral-Café in der Pfauengasse 1, ab 1947 dann in der Gabelsbergerstraße 11. Im Juni 1946 wählte die auf über 1.800 Mitglieder angewachsene Gemeinde Josef Glatzer zu ihrem Rabbiner, der damit gleichzeitig „Chief-Rabbi" des Regionalkomitees Niederbayern-Oberpfalz der befreiten Juden in der US-Zone wurde.

Glatzer wurde 1909 in Polen geboren, ausgebildet als Rabbiner und Lehrer, verhaftet 1944 in Krakau vom SS-Sicherheitsdienst und ins KZ-Buchenwald eingewiesen, im April 1945 von US-Truppen im KZ Flossenbürg befreit. Er verlor seine erste Familie bei SS-Mordaktionen im Getto, heiratete in Regensburg eine polnische Studentin, die 1948 einen Sohn zur Welt brachte. Die Familie verließ Regensburg im Mai 1949 und wanderte nach New York aus.

Ganz ähnlich verlief der Lebensweg von Jakob Gottlieb, dem 1. Vorsitzenden der Jewish Community in Regensburg, 1902 als Sohn eines Industriellen im damaligen russischen Radom geboren. Beruflich spezialisierte er sich auf Gießereierzeugnisse, heiratete in jungen Jahren und wurde Vater von Zwillingen, Dora und Peppa. 1943 wurde Gottlieb in Krakau verhaftet, dem Kriegsverlauf folgend von Lager zu Lager zur Zwangsarbeit eingesetzt. Seine Befreiung erlebte er im KZ-Flossenbürg. Seine Familie gab es nicht mehr. Die Zwillinge waren im Getto Radom, seine Frau im Vernichtungslager Treblinka ermordet worden. Sein zweites Leben begann, als er sich im August 1946 in Regensburg als *free-living dp* eine Wohnung in der Altstadt mietete. Im Dezember heiratete der politisch selbstbewusst auftretende Präsident der Jewish Community die aus Lodz stammende Helene Flint. Im Jahr darauf kam sein Sohn in Regensburg zur Welt. Im April 1949 verließ die Familie Gottlieb Regensburg mit dem Ziel Philadelphia, USA.

Der große Wunsch vieler Shoah-Überlebender nach einer Familie führte auch in Regensburg zu schnellen Eheschließungen. Es waren meist Männer in der Mitte des Lebens, um die 40, die Frauen und Kinder verloren hatten und nun mit jungen Frauen, von der Zwangsarbeit befreit, die Ehe eingingen. Das Verhältnis von Männern zu Frauen war zwei Drittel zu einem Drittel. Bis Ende 1948 kam es in Regensburg zu etwa 180 Eheschließungen zwischen Paaren, deren Kinderwunsch groß, aber auch risikobehaftet war, besonders wenn die Frauen zu brutalen medizinischen Versuchen in den Lagern missbraucht worden waren. Es wurde nicht erfasst, wie viele dieser Wunschkinder, geboren von geschwächten Müttern, ihren ersten Geburtstag nicht erlebten. Sie starben in den Jahren 1946 bis 1948, als Hunger, Mangelwirtschaft und Lebensmittelmarken die Ernährung bestimmten. Einige dieser Kinder, wie das 1946 gestorbene Söhnchen von R'Dov Strikowski, sind im südlichen Teil des Friedhofs, unmittelbar an der Mauerbegrenzung, begraben. Nicht alle Eltern konnten die Kosten für einen Grabstein aufbringen, der die Jahrzehnte überdauerte.

Gemeinsam war allen KZ-Überlebenden das dringlichste Anliegen: „Öffnet die Tore von *Eretz Israel [Land Israel]!*" So schrieb es der

Schriftsteller Mendel Man in der jiddischen Zeitung „Unzer moment": *„Lasst uns aus dem europäischen Schlachthaus heraus!"* Dieser Schrei nach einer sicheren Heimstatt erfüllte sich mit der Staatsgründung Israels am 14. Mai 1948. Zügig verließen die DPs die *„blutgetränkte Erde"* Deutschlands. Die Camps und Kibbuzims leerten sich, die große Mehrheit wanderte nach Israel aus, alternativ in die USA.

Die Auflösung der „Jewish Community" ging fast gleichzeitig am 1. August 1950 mit der Gründung der Jüdische Gemeinde Regensburg einher. 288 Mitglieder zählte die neue Gemeinde. Bei den ersten Vorstandswahlen 1951 stellte sich schnell heraus, dass die Shoah-Überlebenden aus Polen, die mit ihrer Ankunft in Regensburg Verantwortung für ein religiöses Leben übernommen hatten, auch die Zukunft gestalten wollten. In den neuen Vorstand wurden gewählt: → Max Hirsch, → Max Schwerdt, Chajim Pomeranz, Dr. Marian Rottenberg, Josef Ciecierski und Markus Kalfus. 1952 wurde der Vorstand erweitert um: Jakob Neuburger, Siegfried Mangel, Aron Schwarzbart, Wolf Lubelski, → David Reif und Moses Citronenbaum. Präsident der Gemeinde war Jakob Parasol.

Die meisten von ihnen fanden ihre letzte Ruhestätte im Regensburger *bejt olam*, dem „Haus für die Ewigkeit". WB

Anhang

Dank

Die Veröffentlichung dieses Buches ermöglichte die Jüdische Gemeinde Regensburg mit einem Druckkostenzuschuss, so dass eine Leerstelle in der deutsch-jüdischen Stadtgeschichte des 19. Jahrhunderts geschlossen werden konnte. Mein persönlicher Dank gilt dem Vorstand der Gemeinde und der Vorsitzenden Ilse Danziger. Dank gebührt aber auch den „guten Geistern", die geholfen haben, Akten zu erforschen, Zusammenhänge einzuordnen und Unsichtbares auf alten Grabsteinen wieder sichtbar zu machen. Ich bedanke mich für die Überlassung von Sterbeverzeichnissen bei Elena Semmler sowie bei Rabbiner Josef Chaim Bloch und Religionslehrer Benjamin Kochan für die Übersetzung von hebräischen Grabsteininschriften.

Für die Transkriptionen der umfangreichen Eulogien (Lobpreisungen) auf den Grabsteinen des 19. Jahrhunderts konnte ich auf die Arbeit des verstorbenen Freundes der Jüdischen Gemeinde, Andreas Angerstorfer, zurückgreifen. Für zusätzliche Transkriptionen bedanke ich mich bei dem Judaisten Michael Brocke. Nathanja Hüttenmeister vom Salomon L. Steinheim-Institut danke ich für die spontane Bereitschaft, den Ausfall eines Autors zur jüdischen Friedhofskultur zu kompensieren.

Meinem Mann, Klaus Himmelstein, danke ich für die fundierte Recherche zur Baugeschichte des Jüdischen Friedhofs. Seine Erarbeitung des „Wegweisers" zu den 41 Grabsteinen (s. Karte im Anhang) kommt den Leserinnen und Lesern zugute.

Für die engagierte Spurensuche in Archiven und auf dem Friedhof danke ich Christel Herrmann, die sich intensiv mit den Lebens- und Herkunftsspuren der Großfamilien Schwarzhaupt und Mandelbaum auseinandersetzte.

Eine wichtige Rolle bei den historischen Recherchen zu diesem Buch kam dem Bestand des Stadtarchivs zu, das den digitalen Zugang zum historischen Archiv der jüdischen Gemeinde ermöglichte. Für hilfreiche Unterstützung danke ich Archivleiter Lorenz Baibl und den Mitarbeiterinnen Bianca Kammerer und Falka Meerheim.

Der Lektorin Christiane Tomasi gilt mein herzliches Dankeschön für die kreative wie fachkundige Zusammenarbeit an diesem Buch.

Autorinnen und Autoren

WALTRAUD BIERWIRTH (WB), Herausgeberin, Journalistin und Autorin
CHRISTEL HERRMANN (CH), Sozialwissenschaftlerin und Autorin
NATHANJA HÜTTENMEISTER, Wissenschaftl. Mitarbeiterin am Salomon Ludwig Steinheim-Institut für deutsch-jüdische Geschichte an der Universität Duisburg-Essen, Forschung zur jüdischen Sepulkral- und Memorialkultur
KLAUS HIMMELSTEIN (KH), Dr., Bildungs- und Erziehungshistoriker
SYLVIA LISCHER (SL), Reporterin und Autorin

Fotos

GERHARD EISENSCHINK, Regensburg

Transkription und Übersetzung

ANDREAS ANGERSTORFER †, Dr., ehemals Wissenschaftl. Angestellter an der Fakultät für Katholische Theologie der Universität Regensburg, lehrte Griechisch, semitische Sprachen und Judaistik.
JOSEF CHAIM BLOCH, Rabbiner der jüdischen Gemeinde Regensburg.
MICHAEL BROCKE, Prof. em. der Judaistik, ehemals Direktor des Salomon Ludwig Steinheim-Instituts für deutsch-jüdische Geschichte an der Universität Duisburg-Essen.
NATHANJA HÜTTENMEISTER, Wissenschaftl. Mitarbeiterin am Salomon Ludwig Steinheim-Institut für deutsch-jüdische Geschichte an der Universität Duisburg-Essen.

Bildnachweis

Alle Fotos vom Friedhof: Gerhard Eisenschink, außer folgenden:
Archiv der Jüdischen Gemeinde Regensburg: S. 264
Archiv des Museums der Yeshiva University New York: S. 196
Bilddokumentation Stadt Regensburg: S. 41, S. 114, S. 266
Kick, Wilhelm: Sag es unseren Kindern, Berlin/Vilseck 1985: S. 191
Meyer, Isaak: Zur Geschichte der Juden in Regensburg, Berlin 1913: S. 82
Staatliche Bibliothek Regensburg: S. 23 (AII), S. 147 (AVI)
Stadtarchiv Regensburg: S. 19 (CAHJP, D/Re/34), S. 33 (CAHJP, D/Re/224), S. 38 (Zentralregistratur 1 3252), S. 172 (Familienbögen), S. 207 (Familienbögen), S. 241 (Familienbögen), S. 257(Familienbögen)
The Central Archives for the History of the Jewish People (Sign. P160-22): S. 69
Uwe Moosburger (www.altrofoto.de): S. 246, S. 252
Yad Vashem, Fotosammlung: S. 184

Anhang

Übersichtskarte des Friedhofs an der Schillerstraße 29

1 Friederike & Philipp Reichenberger (S. 81)
2 Moses Levi Koch (S. 87)
3 Jakob Weil, Rabbiner (S. 93)
4 David Philippsohn Wertheimber (S. 98)
5 Sigmund Weil (S. 102)
6 Rosa & Jonas Schwabacher (S. 108)
7 Ricka Niedermayer (S. 119)
8 Marie Schwarzhaupt (S. 125)
9 Jakob & Max Koch (S. 127)
10 Therese/Ester Grünhut (S. 135)
11 Moritz Uhlfelder (S. 139)
12 Bernhard & Peppi Degginger (S. 141)
13 Emanuel & Babette Schwarzhaupt (S. 146)
14 Julius Uhlfelder (S. 151)
15 Joseph Niedermaier (S. 155)
16 Bernhard & Carolina Gutmann (S. 161)
17 Jakob Degginger (S. 165)
18 Sara & Abraham Firnbacher (S. 169)
19 Isidor Grünhut (S. 175)
20 Seligmann Meyer, Rabbiner (S. 181)
21 David & Meta Heidecker (S. 189)
22 Mathilde Meyer, Rebbetzin (S. 193)
23 Adolf Niedermaier (S. 199)
24 Betty & Salomon Schwarzhaupt (S. 205)

Übersichtskarte des Friedhofs an der Schillerstraße

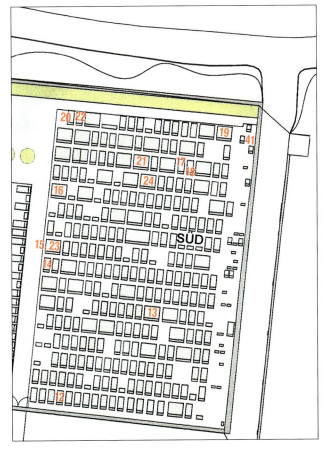

Jüdischer Friedhof
Schillerstraße 29,
Regensburg.

Gartenamt
Regensburg

25 Louis Niedermaier (S. 211)
26 Irma Levite (S. 217)
27 Guido Mandelbaum (S. 219)
28 Nathan & Nannette Regensburger (S. 223)
29 Leopold & Sofie Firnbacher (S. 229)
30 Max Hirsch (S. 233)
31 David & Pola Reif (S. 237)
32 Otto Elias & Gela Schwerdt (S. 243)
33 Hans/Juan Rosengold (S. 249)
34 Rachela & Max Schwerdt (S. 255)
35 Janina/Janka & Chaim Lustanowki (S. 261)
36 Benjamin/Berek Goldfeier (S. 267)

37 Otto Selz (S. 25)
38 Johanna & Fritz Kahn (S. 25)
39 Julius/Joel Lilienthal (S. 25)
40 Josef Lilienfeld (S. 44)
41 Kindergrab Chajje (S. 75)

Anhang

Quellen- und Literaturverzeichnis

Quellen

Archiv der KZ-Gedenkstätte Dachau
Haftzeit von Adolf Niedermaier.

Archiv der Gemeinde Reichelsheim
Meyer, Isaak: Väterliche Ahnenreihe der Brüder Meyer aus Regensburg.

Archiv des Yeshiva University Museum New York
Nachlass Mathilde Hahn.

Bayerisches Hauptstaatsarchiv – Kriegsarchiv
Offizierspersonalakte Adolf Niedermaier

Staatsarchiv Amberg
Regierung der Oberpfalz, KdI 3035:
Verzeichnis der in der K. Kreishauptstadt Regensburg ansässigen Juden-Familien innerhalb der Matrikel-Normal-Zahl nach dem Stande vom Schluss des Jahres 1851.
Verzeichnis der in der K. Kreishauptstadt Regensburg ansässigen Juden-Familien außerhalb der Matrikel-Normal-Zahl nach dem Stande vom Schluss des Jahres 1851 (17 Familien).

Regierung der Oberpfalz, KdI 8304:
Verzeichnis dahier wohnender israel. Familien und zwar: a – der wirklich dahier heimatberechtigten, b – dahier domizilierenden, jedoch nicht ansässigen Familien, 16. August 1863 (55 Familien, 227 „Seelen").

Staatsarchiv Nürnberg
Sondergericht Nürnberg, AZ726/1943.

Staatsarchiv Nürnberg-Lichtenau
Bund 15459, Kaufvertrag über den jüdischen Friedhof 1943.
Bund 15457, Schnellbrief G.F. Nr. 99/J, Reichssicherheitshauptamt, II a Nr. 2 567/42176.

Stadtarchiv Regensburg
Adressbuch Stadt Regensburg: 1872, 1876, 1881, 1884, 1908, 1910, 1912, 1914, 1918, 1920, 1923, 1926, 1929/30, 1931/32, 1934/35, 1936/37.

Quellen- und Literaturverzeichnis

Central Archives for the History of the Jewish People (CAHJP) D/Re5 Archiv der Israelitischen Kultusgemeinde Regensburg:

CAHJP, D/Re5/34, Bestellungs-Dekret des königlich-preußischen Hofkammeragenten Philipp Reichenberger zum fürstlichen Hoffaktor in Regensburg durch den Reichsfürst von Thurn Taxis Carl Alexander, 1805.

CAHJP, D/Re5/146, Korrespondenz des Bezirksrabbinats, Rabbiner Weinberg mit der Kultusgemeinde Regensburg u. a., 1920–1935.

CAHJP, D/Re5/224, Der israelitische Friedhof in Regensburg, 1820–1876.

CAHJP, D/Re5/228, Bau eines neuen Leichenhauses auf dem Friedhof, 1871.

CAHJP, D/Re5/232, Erweiterung des Friedhofs, 1921–1924.

CAHJP, D/Re5/233, Rechnungsbelege und Quittungen den Friedhof betreffend, 1923.

CAHJP, D/Re5/303, Anlagen und Anleihen der israelischen Kultusgemeinde zugehörigen Stiftungen und Fonds, 1917–1918.

CAHJP, D/Re5/507, Korrespondenz, Belege u. Rechtsangelegenheiten jüdischer Stiftungen, 1917–1926.

Familienbögen und Meldekarten.

Zentralregistratur 1, 3251.
Zentralregistratur 1, 3252.
Zentralregistratur 2, 9094.
Zentralregistratur 2, 9096.
ZRIII/774, Schreiben aus den Jahren 1946 und 1947.

Veröffentlichte Quellen

Bayerischer Rundfunk, BR-ONLINE, alpha Forum; Otto Schwerdt, Vorsitzender Jüdische Gemeinde Regensburg im Gespräch mit Andreas Bönte, Sendung am 11.09.2001.
Allgemeine Zeitung des Judentums, 9. Jg., Nr. 24: 09.06.1845, S. 357–358.
Allgemeine Zeitung des Judentums, 25. Jg., Nr. 6: 05.02.1861, S. 1–2.
Allgemeine Zeitung des Judentums, 25. Jg., Nr.10: 5. März 1861, S. 133–134.
Allgemeine Zeitung des Judentums, 25. Jg., Nr. 20: 14. Mai 1861, S. 279.
Der Israelit, 68 Jg., Nr. 20: 19. Mai 1927, S. 5.
Der Israelit, 77. Jg., Nr. 36: 03.09.1936, S. 13.
Deutsche Israelitische Zeitung, 43. Jg., Nr. 1/2: 29. 1.1926, S. 1–16.
Königlich-Baierisches Regierungsblatt, München, den 17. Juli 1813, Spalte 921–932: Edikt über die Verhältnisse der jüdischen Glaubensgenossen im Königreich Bayern.
Die Laubhütte 1884, Nr. 1, S. 4.
Regensburger Wochenblatt, 14. Juli 1874.
Süddeutsche Zeitung, Nr. 269: 20./21.2021.

Anhang

Gespräche und Auskünfte
Melanie Brunner, Abteilungsleiterin Amt für allgemeine Stiftungsverwaltung, Stadt Regensburg.
Ilse Danziger, Vorsitzende der Jüdischen Gemeinde Regensburg.
Bianka Kammerer und Falka Meerheim, Amt für Archiv und Denkmalpflege, Stadt Regensburg.
Luise Peithner, Regensburg.
Irmgard Prommersberger, Heimatforscherin, Landkreis Roth.
Till Strobel, Staatsarchiv Amberg.
Anna Zissler, Vorsitzende der Israelitischen Kultusgemeinde Straubing.

Literatur

Albrecht, Dieter: Regensburg im Wandel. Studien zur Geschichte der Stadt im 19. und 20. Jahrhundert, Regensburg 1984.
Angerstorfer, Andreas: Die jüdischen Friedhöfe in Regensburg, in: Himmelstein, Klaus (Hg.): Jüdische Lebenswelten in Regensburg – Eine gebrochene Geschichte, Regensburg 2018, S. 92–106.
Angerstorfer, Andreas: Chronik der Verfolgung: Regensburger Juden während des Nationalsozialismus, in: Brenner, Michael/Höpfinger, Renate (Hrsg.): Die Juden in der Oberpfalz, München 2009, S. 183–196.
Angerstorfer, Andreas: Jüdische Displaced Persons in Regensburg und im Großraum Regensburg 1945–1952: Eine noch zu schreibende Geschichte, in: Ein Tag im jüdischen Regensburg mit Joseph Opatoshu und Marc Chagall, hrsg. von Sabine Koller, Passau 2009, S. 85–101.
Barmherzige Brüder Straubing (Hg.): Sie waren unsere Nachbarn. Stolpersteine in Straubing 2008 & 2013, Straubing (o. J.) (Otto Selz).
Bassermann, Friedrich: Der jüdische Friedhof in Regensburg, in: Regensburger Almanach 1993, Bd. 26, Regensburg 1992, S. 154–159.
Bauer, Karl: Regensburg – Kunst-, Kultur- und Alltagsgeschichte, Regensburg, 5., erw. und verb. Auflage, 1997.
Beyrau, Dietrich: Antisemitismus und Judentum in Polen, 1918–1939, in: Geschichte und Gesellschaft, 8 (1982), S. 205–232.
Bierwirth, Waltraud/Himmelstein, Klaus: Das Novemberpogrom 1938 und der lange Weg zu einer neuen Synagoge, Regensburg 2013.
Bierwirth, Waltraud: „Die Firma ist entjudet" – Schandzeit in Regensburg 1933–1945, Regensburg 2017.
Biographisches Gedenkbuch der Münchner Juden 1933–1945, 5026 verzeichnete Personen, https://gedenkbuch.muenchen.de
Borut, Jakob: Die Juden in Regensburg 1861–1933, in: Himmelstein, Klaus (Hg.): Jüdische Lebenswelten in Regensburg – Eine gebrochene Geschichte, Regensburg 2018, S. 134–159.

Brocke, Michael/Carlebach, Julius: Teil 2, Die Rabbiner im Deutschen Reich 1871–1945, Bd. 2, München 2009, S. 433–434.

Chrobak, Werner: Jüdische Friedhöfe in Regensburg und der Oberpfalz, in: Jüdisches Regensburg – Zeugnisse und Spuren im Stadtbild. (Beiträge des 33. Regensburger Herbstsymposions für Kunst, Geschichte und Denkmalpflege vom 23. bis 25. November 2018), Regensburg 2019, S. 80–99.

Daxelmüller, Christoph: Der Gute Ort – Jüdische Friedhöfe in Bayern, Augsburg 2009.

125 Jahre Schlaraffia Ratisbona. Ein Rückblick ins Heute, Regensburg (ca. 2004).

Erben, Birgit: Das Regensburger Hilfswerk 1923/1924 (Facharbeit am Von-Müller-Gymnasium, Regensburg), Regensburg 1988.

Ferera, Lisetta/Tollmien, Cordula unter Mitarbeit von Hahn, Michael und Meen, Sharon: Das Vermächtnis des Max Raphael Hahn – Göttinger Bürger und Sammler, Göttingen u. a. 2015.

Gedenkbuch „Opfer der Verfolgung der Juden unter der nationalsozialistischen Gewaltherrschaft in Deutschland 1933–1945", www.bundesarchiv.de/gedenkbuch

Halter, Helmut: Stadt unterm Hakenkreuz – Kommunalpolitik in Regensburg während der NS-Zeit, Regensburg 1994.

Heigel, Peter: Regensburg unterm Hakenkreuz – Ein Stadtrundgang von 1933–1945, Regensburg 1994.

Himmelstein, Klaus: Isaak Meyer – Chronist der Israelitischen Kultusgemeinde Regensburg, in: Himmelstein, Klaus (Hg.): Jüdische Lebenswelten in Regensburg – Eine gebrochene Geschichte, Regensburg 2018, S. 203–214.

Himmelstein, Klaus: *Brücke zwischen Gestern und Morgen* – Jüdische Displaced Persons in Regensburg, in: Himmelstein, Klaus (Hg.): Jüdische Lebenswelten in Regensburg – Eine gebrochene Geschichte, Regensburg 2018, S. 296–319.

Himmelstein, Klaus: Seligmann, Meyer – Die jüdische Stimme aus Regensburg, in: VHVO, 160. Band 2020, S. 253–275.

Hofmann, Klaus: Die Verdrängung der Juden aus öffentlichem Dienst und selbständigen Berufen in Regensburg 1933–1939, Frankfurt a. M. u. a. 1993.

Kick, Wilhelm: Sag es unseren Kindern, Widerstand 1933–1945 – Beispiel Regensburg, Berlin/Vilseck 1985.

Koller, Sabine: Der jiddische Autor Mendl Man in Regensburg, 1946–48, in: Himmelstein, Klaus (Hg.): Jüdische Lebenswelten in Regensburg – Eine gebrochene Geschichte, Regensburg 2018, S. 320–342.

Krenn, Dorit-Maria: „Hier ruht in Frieden …" Altstadt – Heimat der Toten, in: Altstadtbilder um St. Peter. Sonderausstellung Gäubodenmuseum Straubing im November 1997, Katalog des Gäubodenmuseums Nr. 26, S. 41–53.

Kuhn, Peter: Ein schwerer Weg mit schweren Folgen – Der Leichentransport des „Reichstagsjuden" Esaias Alexander von Regensburg nach Pappenheim und seine Nachgeschichte, in: VHVO, 160. Band 2020, S. 181–196.

Ludyga, Hannes: Die Rechtsstellung der Juden in Bayern von 1819 bis 1918, Berlin 2007.
Man, Mendel: Mahnen und Fordern – aber nicht Mitarbeiten, in: Undser moment, Nr. 24 (6), 20.02.1947, S. 2 (hrsg. u. übersetzt von Sabine Koller):
Meyer, Isaak: Zur Geschichte der Juden in Regensburg, Berlin 1913.
Moosburger, Uwe/Wanner, Helmut: Schabbat Schalom. Juden in Regensburg – Gesichter einer lebendigen Gemeinde, Regensburg 1998.
Osterhammel, Jürgen: Die Verwandlung der Welt – Eine Geschichte des 19. Jahrhunderts, München ³2020.
Schwerdt, Otto/Schwerdt-Schneller, Mascha: Als Gott und die Welt schliefen, Viechtach 1998.
Smolorz, Roman P.: Juden auf der Durchreise. Die Regensburger Jewish Community 1945–1950, Regensburg 2010.
Strobel, Till: Jüdisches Leben unter dem Schutz der Reicherbmarschälle von Pappenheim 1650–1806, Epfendorf 2009.
Tachles – Spuren jüdischen Lebens im südlichen Mittelfranken, hrsg. von der Stadt Pappenheim, Markt Thalmässing und Gemeinde Georgensgmünd, (o. O.) 2021.
Tobias, Jim G.: „Sie sind Bürger Israels" – Die geheime Rekrutierung jüdischer Soldaten außerhalb von Palästina/Israel 1946 bis 1948, Nürnberg 2007.
Trapp, Eugen: Das Regensburger Hilfswerk 1923 – Weihnachts-Sammlung für die notleidende Bevölkerung, Regensburg 1924.
Wabra, Michael (Hg.): Von-Müller-Gymnasium in den Jahren 1933–1936, Regensburg 2019.
Wetzel, Hubert: „Erster Weltkrieg – Leutnantdienst tun heißt: seinen Leuten vorsterben", in: Süddeutsche Zeitung vom 4. Juli 2017, www.sueddeutsche.de/politik/erster-weltkrieg-leutnantdienst-tun-heisst-seinen-leuten-vorsterben-1.3513920-0
Wittmer, Siegfried: Die sechs Friedhöfe der Regensburger Juden, in: VHVO 141. Band, Regensburg 2001, S. 81–93.
Wittmer, Siegfried: Regensburger Juden. Jüdisches Leben von 1519 bis 1990, Regensburg, 2. verb. Aufl., 2002.
„Wo man im Judentum hinschaut, ist es interessant!" – Alte und neue Leitung des Steinheim-Instituts im Gespräch, in: Kalonymos, 24. Jg. 2021, Heft 3–4, S. 1–4 (Das Gespräch führte Harald Lordick).
Zehrer, Martin: Die Entwicklung der Naturwissenschaften an der Philosophisch-Theologischen Hochschule Regensburg (1923–1968), in: Acta Albertina Ratisbonensia, Bd. 47 (1991), S. 169–205.